북한 기독교 100장면

북한 기독교 100장면

이찬영 지음

한국기독교총연합회
북한교회재건위원회

이 책을

_____님께

드립니다.

■ 권두언

북녘의 문이 열리고 있습니다

　4만 한국교회, 1천 2백만 기독성도 여러분! 역사적인 "남북정상회담"을 통해 55년 간 막혔던 정치·경제·문화·체육·사회·종교의 문이 조금씩 열리고 있으며, 이 시점에서 교회의 역할과 사명이 무엇인지 기도하며 힘을 모을 때가 왔습니다.
　저희 한국기독교총연합회는 50개 교단과 16개 기관단체가 가입된 한국교회 대표기관으로서 민족의 국시인 "평화통일"과 한국교회의 공동선교과제인 "북한복음화"를 위해 분투의 노력을 다하고 있는 중, 금번 『북한기독교 100장면』을 발간하게 되었습니다.
　이 책은 그 옛날의 북한교회를 다시 재건코자하는 한국교회의 불타는 소망과 숭고한 뜻을 기리고, 범교단적인 북한교회재건운동에 박차를 가하고자 만들어진 것입니다.
　북한교회재건운동은 단순히 교회당을 짓는 운동이 아니요. 북한에 유무형교회를 같이 일으키는 운동입니다. 해방 전 북한에 존재한 교회는 3,040개로 집계됩니다. 현재 한국교회와 해외 한인교회가 동참하여 재건할 북한교회를 두고 기도하며 재건기금을 모으고 재건지역별 북한동포돕기와 선교에 앞장서고 있습니다.

북한기독교 100장면

　이제 닫혔던 북녘의 문이 열리고 있습니다. 통일의 날이 눈앞에 다가오고 있습니다. 평화통일과 북한교회재건을 위해 준비된 성도, 준비된 교회가 필요합니다. 통일과 북한교회재건은 준비 없이 뛰어들 수 없는 특수선교사업이기에 교회마다 이젠 〈평화통일과 북한교회재건사업〉을 위한 과감한 지원과 참여가 필요합니다.
　통일과 북한교회재건을 위해 우리 한국교회가 먼저 변화해야 합니다. 이대로는 안됩니다. 하나님의 메시지는 분명합니다. 한국교회는 국민적 회개와 변화에 앞장서야 합니다. 정돈된 나라와 교회가 되는 것이 급선무입니다. 통일을 유지할 수 있는 기독교적인 힘을 지속적으로 길러야 합니다. 그 힘은 복음입니다. 정치적, 영토적 분단을 해결한 다음에도, 필요한 것은 심리적, 정신적 통일입니다. 그러기에 복음의 능력이 필요합니다. "살려주는 영성"인 "복음의 능력"은 한국교회의 개혁과 갱신과 부흥으로 나타나는 것입니다.
　그리고 동시에 교회, 교단, 기독단체별로 통일과 북한복음화를 위한 특별선교회나 기도모임을 결성하여 전 교회적인 동참과 일사불란한 네트워크를 형성해야 합니다.

북한기독교 100장면

　한민족의 통일을 위해 가장 위대하고 절대적인 역할을 감당할 주체세력은 교회요, 성도입니다. 한국교회는 민족의 숙원과제인 평화통일과 교회의 선교과제인 북한복음화를 위해 외적으로는 구체적인 실천과제를 목표로 삼아 적극적으로 참여하고, 내적으로 개혁과 갱신과 부흥으로 나아가 복음의 역량을 확대하여 한국을 살리고, 북한을 살리며, 동북아에 평화를 가져다 주고, 세계를 복되게 하는 제사장 민족으로 쓰임 받기를 간절히 기원합니다.

한국기독교총연합회 대표회장
이 만 신 목사

■ 발간사

북한교회 재건운동

　새 천년을 맞아 『북한기독교 100장면』을 발간하게 되어 하나님께 감사와 영광을 돌립니다. 이 책을 통해 한국교회가 무너진 북한교회를 재건하는데 도움이 되었으면 합니다.

　한기총 북한교회재건위원회는 한국교회의 숙원과제인 무너진 북한의 교회를 다시 세우는 〈북한교회재건운동〉을 추진하기 위해 1995년 5월에 조직되었습니다.

　제1기 사역으로 1997년까지 해방 전 북한에 존재한 교회사료를 발굴하는데 총력을 기울였으며, 제2기 사역으로 1999년까지 발굴된 3,040교회를 한국교회와 해외한인교회에 재건담당을 시키는 동원 및 결연 사업에 매진하였습니다.

　그리고 2000년부터는 제3기 사역으로 합의된 재건 3원칙인 『단일교단, 연합사역, 독립운영』의 원칙 아래 북한교회재건의 현재성, 현장성, 미래성을 확보하는 종합사역기간으로 확대 발전하고 있습니다.

　한기총의 〈북한교회재건운동〉은 한국교회의 북한선교 준비작업에 획기적인 전기를 마련한 교회사적인 사건으로 평가할 수 있습니다.

북한기독교 100장면

〈북한교회재건운동〉은 '통일 전'과 '통일 후' 북한의 교회를 남한교회가 형제요 동역자의 마음으로, 돕고 섬기는 운동으로, 또 통일의 과정에서 남한교회와 북한교회의 아름다운 동역과 통일된 하나의 교회를 이루는 것이 목적입니다.

사실상 〈북한교회재건운동〉은 한기총 회원교단과 교회만이 동참할 수 있는 운동이 아닙니다. 한기총 뿐만이 아니고 한국교회 모두가 북한교회재건과 개척운동에 있어서 만큼은 하나가 되어 질서 있게 협력해야하는 지상과제임을 역설하고자 합니다.

한국교회의 영적인 모판은 옛 북한교회이며 지금의 한국교회는 그 복음의 빚을 지고 있음을 잊지 말아야 합니다. 우리 한국교회는 이제 머지않아 통일의 날에 북한 땅을 밟으며 무너진 제단의 기초를 다시 쌓는 역사적인 재건사역을 감당하게 될 것입니다.

본 위원회는 그동안 북한교회재건을 위해 1995년 『무너진 제단을 세운다』를 발간하고, 1997년 『북한교회재건백서』를 발간하였으며, 금년에는 『북한기독교 100장면』을 발간하게 되었습니다.

동방의 예루살렘 평양! 그 땅의 수많은 하나님의 교회가 있었건

북한기독교 100장면

만 성전에 내리몰려 55년이 지난 오늘, 한국교회는 북한기독교의 역사적인 사실을 담은 이 책을 통해 북한기독교의 역사를 더욱 밝히 알고 북한교회재건 준비에 박차를 가하기를 기원합니다.

끝으로 이 귀한 사료를 묶어 집필에 응해주신 이찬영 목사님께 감사를 드리며, 발간되기까지 물심양면으로 협력하신 한기총 대표회장 이만신 목사님과 총무 박영률 목사님, 그리고 사랑하는 북한교회재건위원회 임원들과 선교국장, 간사들에게 감사를 드립니다. 또한 발간의 실무를 맡아 수고하신 소망사 이석만 사장님과 직원들께도 감사를 드리며 한국교회와 함께 발간의 기쁨을 함께 나누고 싶습니다.

한국기독교총연합회 북한교회재건위원장
박 태 희 목사

. 머리말

북한교회를 재건하려면...

 2000년 6월 15일, 역사적인 "남북정상회담(南北頂上會談)"이 이루어졌고, 5개항의 남북공동선언까지 발표되었다. 참으로 감격적인 역사적 사건이 이루어졌다. 우리는 그 내용이 실질 그대로이고 또 가감 없이 이루어지기를 위하여 기도해야 하겠다.
 그러나 우리는 55년 간 공산주의의 위협을 받아 왔고 6·25 전쟁으로 인하여 인명·재산의 막대한 피해를 입었다.
 그리고 그 오랜 세월 어간에도 북한 당국은 수단과 방법을 가리지 않고 허위에 찬 날조된 악선전을 해왔다. 이 사실을 잊어서는 안 된다.
 필자는 근간에 무너진 북한교회 재건을 위하여 봉사하고 있으며 「해방전 북한교회총람」(대한예수교장로회총회〈통합〉남북한 선교통일위원회, 1999년 3월 발간)과 「북한교회 사진명감」(대한예수교장로회총회〈합동〉북한교회 재건위원회, 2000년 6월 발간)을 저술편찬 발간한바 있다.
 1997년 8월에는 「사건으로 본 한국기독교회사 400장면(上)」(도서출판 소망사 발행)을 발간한 바 있으며 뒤이어 북한기독교 실상에 대

북한기독교 100장면

한 이해를 돕고자 본서를 집필하게 되었다.

  북한교회를 재건하려면 먼저 그 동안의 북한에서의 교계와 관련된 실정을 바로 알아야 할 것임으로 본서는 그 사명을 감당하게 될 것이다.

  본서를 통해 북한 교회의 진상을 바로 파악하여 이해할 것은 이해하고 용납할 것은 용납하면서 무너진 북한 제단을 재건하는데 도움이 되기를 빌면서 본서를 발간한다.

        분단 55년 만에 모든 남북이산가족 상봉을 함께 희망하며…

                          이 찬 영 목사

일러두기

1. 사건 내용을 중심으로 편집했기 때문에 전체 내용은 연대순(年代順)으로 배열했다.
2. 저자가 모든 사건 내용의 직접적인 증인(證人)이 될 수는 없기에 신빙성 있는 여러 정보자료(情報資料)와 공인(公認)된 사료(史料)를 참고 인용하였다. 동일한 사건을 다룬 사료라도 약간씩 차이가 나는 여러 사료가 있을 경우 필자 소견에 가장 신빙성 있고 필요 있는 것을 중점적으로 채택하였다.(참고문헌은 본문 끝머리에 소개하였다.)
3. 원 제목을 기본으로 제시하고 유사한 부제(副題)를 첨가하였다.
4. 소개된 년, 월, 일은 사건이 전개된 당일이나 시작된 날 또는 진행상 깊은 관련이 있는 날짜를 기록하였다.
5. 본문 서두에 "그때 남한의 이모저모"난을 두어 북한에서 일어난 사건 당시에, 남한(대한민국)의 동정(動靜)을 소개하였는데 정치적인 것과 기독교계적인 것으로 되어있다.
6. 관련된 사진을 참고로 실었다.

지은이 이 찬 영

차 례

- 권두언 / 북녘의 문이 열리고 있습니다 • 6
- 발간사 / 북한교회 재건운동 • 9
- 머리말 / 북한교회를 재건하려면… • 12
- 일러두기 • 14

1. 8·15 해방과 기독교 〈1945. 8. 15〉 _____ 21
2. 옥중 성도 출옥 〈1945. 8. 17〉 _____ 23
3. 평남 건국준비위원회 결성 〈1945. 8. 17〉 _____ 26
4. 회령교회 여성도의 수난 〈1945. 8. 20〉 _____ 30
5. 재건교회 형성 〈1945. 9. 20〉 _____ 32
6. 신성대 반소 투쟁 〈1945. 9. 20〉 _____ 34
7. 김현석 장로 포섭 실패 〈1945. 10. 10〉 _____ 37
8. 조선민주당 창당 및 변당 〈1945. 11. 3〉 _____ 40
9. 용암포 제일교회 피습 〈1945. 11. 8〉 _____ 46
10. 신의주 학생 반공 의거 〈1945. 11. 23〉 _____ 50
11. 송림 애국 학생 반공 투쟁 〈1945. 11. 30〉 _____ 54
12. 북한 5도 연합노회 조직 〈1945. 12. 12〉 _____ 58
13. 철산군 문화회 반공운동 〈1946. 1. 4〉 _____ 61
14. 교회 소유 토지 강제 몰수 〈1946. 2. 5〉 _____ 65
15. 평양교회 3·1절 기념예배 탄압 〈1946. 3. 1〉 _____ 68
16. 강양욱 일가 피격 〈1946. 3. 11〉 _____ 71
17. 신석구 목사 반공 방송 〈1946. 3. 13〉 _____ 77

18. 공민증 거부 사건 〈1946. 5. 8〉 _____ 80
19. 반공학생 비밀 결사대 백의단 〈1946. 10. 10〉 _____ 83
20. 감리교 서부연회 재건 〈1946. 10. 10〉 _____ 86
21. 보통강 사건 〈1946. 11. 1〉 _____ 88
22. 기독교도연맹이 기독교를 탄압 〈1946. 11. 3〉 _____ 94
23. 주일선거 반대 〈1946. 11. 3〉 _____ 99
24. 11월 3일 주일, 선거 강행 〈1946. 11. 3〉 _____ 101
25. 정주 반공 광복단 〈1946. 11. 10〉 _____ 105
26. 미신타파 돌격운동 〈1946. 11. 13〉 _____ 108
27. 한독당 안악지부 수난 〈1946. 11. 18〉 _____ 111
28. 정주 학생 의거 미수 〈1946. 11. 20〉 _____ 115
29. 면려청년회 강제 해산 〈1947. 4. 2〉 _____ 119
30. 소위 목사들의 위조지폐 제조 〈1947. 4. 7〉 _____ 124
31. 황해노회 면려대회 수난 〈1947. 4. 7〉 _____ 128
32. 김진수 목사 수난 〈1947. 4. 11〉 _____ 132
33. 북조선 기독교인들 진정서 제출 〈1947. 4. 27〉 _____ 136
34. 감리교 서부연회 수난 〈1947. 4. 30〉 _____ 139
35. 성화신학교 학생 시위 〈1947. 5. 5〉 _____ 143
36. 북위 성립에 대한 감상문 제출 〈1947. 5. 5〉 _____ 147
37. 미·소 공동위원회에 건의서 제출 〈1947. 6. 15〉 _____ 150
38. 기독교 자유당 결성 방해 〈1947. 12. 8〉 _____ 156
39. 한독당 장연지구당 수난 〈1948. 1. 4〉 _____ 159

40. 김창준의 배교, 배신 연설 〈1948. 4. 19〉 _____ 163
41. 신정 구국 기독청년회 수난 〈1948. 7. 18〉 _____ 168
42. 기독교인 여의사 이정옥 〈1948. 10. 5〉 _____ 172
43. 평서노회의 반공 운동 〈1948. 10. 8〉 _____ 174
44. 김관주 목사 수난 〈1948. 10. 10〉 _____ 178
45. 김익두 기념 고등성경학교 설립 좌절 〈1948. 11.〉 _____ 181
46. 득신 고성의 만국기 사건 〈1948. 12. 25〉 _____ 184
47. 초도 애국청년단 멸공 의거 〈1949. 1. 19〉 _____ 188
48. 진남포 4·19 사건 〈1949. 4. 19〉 _____ 194
49. 풍천 해서동지회 반공운동 〈1949. 9. 20〉 _____ 199
50. 황주 반공 애국청년단 〈1949. 12. 1〉 _____ 205
51. 안봉진 목사의 수난 〈1949. 12. 24〉 _____ 207
52. 장로교 평양신학교 강제 폐쇄 〈1949. 12. 25〉 _____ 209
53. 반공인사들 시베리아 유형 〈1950. 6. 22〉 _____ 213
54. 6·25 남침전쟁 발발 〈1950. 6. 25〉 _____ 217
55. 소위 전승 예배 강요 〈1950. 6. 29〉 _____ 222
56. 교역자 궐기대회 개최 〈1950. 8. 5〉 _____ 227
57. 서울 목사들 집단 납북 〈1950. 8. 10〉 _____ 234
58. 납북인사들 첫 집단 항거 〈1950. 10. 9〉 _____ 239
59. 원산교화소 수감자의 몰살 〈1950. 10. 9〉 _____ 242
60. 납북인사들 기도로 항거 〈1950. 10. 9〉 _____ 246
61. 황해도 반공 의거 〈1950. 10. 13〉 _____ 248

62. 신천 서부교회 새벽기도회 피습 〈1950. 10. 14〉 _____ 254
63. 신천지구 기독교인 집단 생매장 〈1950. 10. 15〉 _____ 258
64. 조만식 장로 순사 〈1950. 10. 15〉 _____ 261
65. 남한 기독교 사절단 평양 방문 〈1950. 10. 25〉 _____ 265
66. 죽음의 행진 〈1950. 11. 5〉 _____ 269
67. 김규식, 납북 중 별세 〈1950. 12. 10〉 _____ 272
68. 기독교 민주동맹 가입 유도 〈1950. 12. 15〉 _____ 274
69. "두문동" 시벌 사건 〈1951. 4. 20〉 _____ 277
70. 무명씨 할머니의 비밀 접대 〈1951. 5. 20〉 _____ 279
71. 재북 목사들이 비밀 쪽지 전달 〈1951. 7. 21〉 _____ 281
72. 남북 목사들 포섭 회유 〈1953. 8. 20〉 _____ 283
73. 지하교회 비밀 조직 〈1957. 8. 10〉 _____ 288
74. 강제 노동 수용소 확장 〈1958. 2. 10〉 _____ 291
75. 은밀히 게양된 태극기 〈1964. 2. 17〉 _____ 294
76. 소설 「순교자」 시비 사건 〈1964. 3. 10〉 _____ 296
77. 온천군 박 목사 사건 〈1968. 6. 13〉 _____ 301
78. 인간 분류 정책 사건 〈1971. 2. 1〉 _____ 303
79. 궁색한 기자회견 〈1972. 8. 10〉 _____ 307
80. 기독교신학교 재건 〈1972. 9. 1〉 _____ 310
81. 신흥군 지하교인 압살 〈1973. 11. 30〉 _____ 313
82. 세계교회협의회(W.C.C) 가입 좌절 〈1974. 8. 2〉 _____ 317
83. 지하교회 적발 〈1974. 10. 2〉 _____ 320

84. 영화, "김 목사의 일가" 상영 〈1974. 10. 10〉 _____ 323
85. 아시아 기독교 평화회의 참가 〈1975. 2. 10〉 _____ 325
86. 종교에 대한 "비밀교시" 〈1975. 3. 20〉 _____ 328
87. "종치기 노인의 생애" 〈1978. 5. 20〉 _____ 330
88. 김일성의 신화(神話) 〈1979. 3. 14〉 _____ 332
89. 김성락 목사 방북 〈1981. 5. 10〉 _____ 336
90. 해외 기독자와의 대화 〈1981. 11. 3〉 _____ 339
91. "현대조선말사전" 기독교 모독 〈1982. 5. 5〉 _____ 342
92. 〈성황당〉 연극 상영 〈1982. 7. 7〉 _____ 345
93. 성경(聖經) 발간 〈1983. 10. 15〉 _____ 348
94. 장군님과 목사 〈1985. 4. 3〉 _____ 352
95. 평양 호텔에서 주일예배 〈1985. 9. 20〉 _____ 354
96. 김일성 종합대학에 종교학과(宗敎學科) 신설 〈1987. 〉 _____ 358
97. 평양 봉수교회 건립 〈1988. 5. 30〉 _____ 361
98. 문익환 목사 방북 〈1989. 3. 25〉 _____ 364
99. 한국 기독교도서 기증 〈1992. 5. 23〉 _____ 367
100. 칠곡교회 건립 〈1992. 11. 23〉 _____ 369

- 글을 맺으며 / 북한교회의 밝은 미래상 · 371
- 찾아보기 · 375
- 북한교회재건위원회 사역 · 379

1

8·15 해방과 기독교

- 기독교 덕택에 해방

☞ 그때 남한의
　이모저모

• 45. 8. 15 / 일황
무조건 항복
• 45. 8. 17 / 건국
준비위원회 발족
• 45. 8. 19 / 교회
재건운동 활발히 시작
• 45. 8. 19 / 조선
기독청년 동맹 창립

　제2차 세계대전은 일본(日本), 독일(獨逸), 이태리(伊太利) 등 3개국이 동맹국이 되었고, 또 다른 한 편은 미국(美國), 영국(英國), 중국(中國), 불란서(佛蘭西), 소련(蘇聯) 등 여러 나라가 단결하여 연합군이 되어 싸운 전쟁이다.

　일본이 중·일(中·日) 전쟁을 일으킨 때(1937. 7. 7)로 거슬러 올라가 계산하면 9년간에 걸친 장기전이다. 전세는 동맹국에 불리하여 이탈리아 항복(1943. 9. 3), 독일 패망(1945. 5. 7)에 뒤이어 일본군의 항복이 이어졌다.

　그 동안 연합국 측에서는 "카이로 선언"(1943. 7. 27), "얄타 협정"(1945. 2. 24), "포츠담 선언"(1945. 7. 7) 등 연속적인 회담을 통하여 미국의

조선독립을 약속한 카이로 선언의 3거두
왼편부터 장개석·루즈벨트·처칠

루즈벨트 대통령, 영국의 처칠 수상, 중국의 장개석 총통, 소련의 스탈린 수상 등이 합의한 내용은, 동맹국에서 항복을 거부하면서 최후까지 싸우지만, 결국은 항복하게 될 일본의 패전을 예측하고 그 사후 처리 방안들을 의논하고 처리하기 위한 것이었다.

그 중에서 우리나라에 대한 조문에는 "한국을 독립시키느냐?" 하는 문제였는데 특히 미국의 루즈벨트 대통령은 "한국은 반드시 독립시켜야 한다"라고 역설하면서, 그 이유를 다음과 같이 주장했다.

① 한국은 4,000년의 역사를 소유한 나라와 민족이다.
② 한국은 본래부터 독립국가였다. 그러므로 독립국가를 유지할 수 있다.
③ 한국을 독립시키지 않으면 동양 평화를 유지하지 못한다.
④ 한국은 특히 미국의 선교사들이 많이 가서 기독교를 왕성케 한 나라이다. 그러니 잘 대우해서 독립시켜야 한다.

이상의 내용으로 보아 한국이 독립하게 된 정치적 배경 중에는 한국 기독교가 한몫을 단단히 했던 것을 알 수 있다.

〈1945. 8. 15〉

참고문헌 「한국기독교회사총람」(이찬영 저) 1994. 도서출판 소망사 간

2

옥중 성도 출옥

— 진리는 승리한다

☞ **그때 남한의 이모저모**

• 45. 8. 16 / 조선 공산당 발족
• 45. 8. 17 / 옥중성도 (대구, 부산) 출옥

감옥(監獄)은 죄인들을 가두어두고 교화(敎化)시키는 곳이지만, 일본은 우리나라를 강제로 약탈하여 식민지를 만들고, 탄압정치를 쓰면서 자기네 탄압정치를 반대하는 애국인사, 독립운동가 그 중에도 기독교 지도자들을 다수 투옥시켰는데 그들의 옥중 수난은 극심했다. 아니 옥사(獄死)한 사람들도 엄청 나다.

기독교 지도자들 중에 정치적 투쟁에 나선 이들도 많았으나, 정치적이나 독립운동이 아니라 순전히 신앙문제, 교리(敎理)문제 때문에 일제에 항거하며 투쟁한 분들도 많았다. 특히 일제 말엽에 신사참배(神社參拜) 강요 때문에 이에 굴복하지 않고 투쟁한 분들이 많았다.

옥중에서 갖은 악형과 고문을 견디다 못하여 옥중에서 순교한 분들이 많았는데, 이들 중에는 주기철(朱基徹), 최봉석(崔鳳奭) 목사와 박관준(朴寬俊) 장로를 위시하여 20여명의 순교자가 생겼다.

1945년 8월 15일, 일제가 패망하고 해방이 되자 그 때까지 옥중에서 생존해 있던 분들이 감격 속에 출옥하게 되었다. 드디어 8월 17일을 기하여 평양형무소에서 출옥한 주의 종들은 다음과 같다.

평양형무소에서 출옥한 교역자들

이기선(李基善) 목사   당 67세, 평북 의주(義州) 출신.
고흥봉(高興鳳) 목사   당 51세, 평북 강계(江界) 출신.
한상동(韓尙東) 목사   당 45세, 경남 거창(居昌) 출신.
채정민(蔡廷敏) 목사   당 74세, 평남 개천(价川) 출신.
김린희(金麟熙) 전도사 당 38세, 평북 선천(宣川) 출신.
김화준(金華俊) 전도사 당 37세, 평북 의주(義州) 출신.
방계성(方啓聖) 전도사 당 58세, 경남 부산(釜山) 출신.
손명복(孫命福) 전도사 당 35세, 경남 창원(昌原) 출신.
서정환(徐正煥) 전도사 당 40세, 평북 강계(江界) 출신.

최덕지(崔德支)　여전도사　당 45세,　경남 고성(固城) 출신.
이현숙(李賢淑)　여전도사　당 46세,　경남 함안(咸安) 출신.
조수옥(趙壽玉)　여전도사　당 32세,　경남 하동(河東) 출신.
이주원(李周源)　전도사　　당 40세,　경남 밀양(密陽) 출신.
오윤선(吳允善)　장로　　　당 75세,　경남 부산(釜山) 출신.
김형락(金亨樂)　영수　　　당 43세,　평북 정주(定州) 출신.
박신근(朴信根)　집사　　　당 37세,　평북 선천(宣川) 출신.
장두희(張斗熙)　집사　　　당 35세,　평북 위원(渭原) 출신.
양대록(梁大祿)　집사　　　당 39세,　평북 초산(楚山) 출신.
이광록(李光祿)　집사　　　당 39세,　평북 의주(義州) 출신.
안이숙(安利淑)　여선생　　당 38세,　평북 박천(博川) 출신.
기타 대구, 부산 형무소에서 출감한 성도들은 다음과 같다.
손양원(孫良源)　목사　　　당 47세,　경남 함안(咸安) 출신.
주남선(周南善)　목사　　　당 58세,　경남 함안(咸安) 출신.
그 외에 김두석, 김영숙, 엄애나, 이술연, 김안모 등이 있다.

이들은 출옥 즉시 가정과 교회로 돌아가지 않고, 옥중 순교한 주기철 목사가 시무하던 평양 산정현(山亭峴)교회에 모여서 기도하며 한국교회 재건을 위한 일들을 의논하였다. 이들이야말로 "진리는 승리한다"는 신앙의 산 증인(證人)들이었다.

〈1945. 8. 17〉

참고문헌 「한국기독교회사총람」(이찬영 저) 1994. 도서출판 소망사 간

3

평남 건국준비위원회 결성

- 해방의 종소리

☞ 그때 남한의
이모저모

• 45. 8. 17 / 치안유지
상 보안대, 치안대, 학
도대 등 결성
• 45. 8. 23 / 학병동맹
결성

1945년 8월 15일 오전 10시, 평양방송국 아나운서는 일본군 행진곡에 이어 정오에는 대본영(大本營)의 특별 방송이 있을 것이라고 예고했다. 우리 국민 지도자들 중에는 "드디어 올 것이 오고야 마는구나"라고 즉각적으로 예감(豫感)했다.

드디어 정오가 되자 일본 왕 히로히토(裕仁, 昭和)는 떨리고 힘없는 목소리로 연합군에게 "무조건 항복"한다는 항복 문을 발표했다. 이 땅에 희비(喜悲)가 엇갈리는 역사적인 순간이었다. 그렇게도 기세가 등등하던 대일본제국이 패망하고 우리 민족은 36년 만에 굴욕의 일제 쇠사슬에서 벗어나 자유를 누리는 해방을 맞았다.

평양에서는 제일 먼저 평양의전(醫專), 공전(工

專), 사범(師範)학교 학생들로 조직된 치안대가 흰 완장을 두르고 앞장서서 질서 유지에 나섰다. 누군가의 선창으로 "조선독립 만세(朝鮮獨立萬歲)"의 벅찬 감격의 함성이 거리를 흔들었고 어느새 태극기(太極旗)의 물결이 일기 시작했다. 이제야 겨우 참으로 해방되었다는 사실이 실감나는 듯 삼천리 금수강산이 갑자기 변화되는 역사적 전환점을 이루는 때였다.

여기 저기서 교회 종(鐘)소리가 울려 퍼졌다. 사실 일제가 교회 종까지 약탈해 가는 와중에 그래도 간신히 보존되었던 일부 교회의 종소리였다. 평양시내 각 교회에서는 감격과 흥분으로 모여든 교인들이 감사의 예배를 드리고, 밤에는 철야기도를 올리고 있었다. 많은 성도들은 신사참배 반대 투쟁과 교회 재산을 약탈하는 강제 헌납 반대를 주장하다가 투옥되었던 교계 지도자들을 석방시키기 위해 평양형무소로 달려갔다.

또 단적골 오윤선(吳胤善) 장로 집 사랑방에는 평양의 애국인사들이 속속 모여들었다. 이 사랑방은 한일 합방 이후 민족 지도자 조만식(曺晚植), 오긍선(吳兢善) 등이 조선물산장려회, 기독교청년회, 관서청년회, 조선일보, 숭실전문학교, 숭인상업학교 등의 운영문제를 의논하던 곳이요, 한국 민족의 절제의 신념을 연단 하는 독립의지의 산실이기도 한 곳이다.

도산 안창호(島山 安昌浩)는 감옥에서 출옥한 후 이곳에서 정양(精養)했고, 남강 이승훈(南崗 李承薰)과 신사참배 반대와 항일 종교운동을 벌이다가 옥중 순교한 주기철(朱基徹) 목사도 자주 찾아오던 유서 깊은 방이다.

여기서 조만식 등은 일본인으로부터 평안남도 행정권을 인수하는 문제와 향후 치안문제를 논의했다.

평양에 있는 많은 민족진영 인사들은 도(道) 행정권 인수와 해방 직후 야기될 수도 있는 혼란을 방지하고 급변하는 정세에 대비하기 위해서 조만식과 같은 민족 지도자가 나서야 한다는 데 의견을 모았다.

그리하여 8월 17일 오후 2시 오윤선 사랑방에는 조만식, 오윤선, 이윤영(李允榮), 김병연(金炳淵), 장리욱(張利郁), 노진설(盧鎭卨), 김성업(金成業), 한근조(韓根祖) 등 평양의 애국인사들이(대부분 기독교 지도자들) 모여 조선 건국준비 평안남도 위원회를 결성했다. 이 위원회는 서울에서 여운형(呂運亨)이 주도하는 정치적 색채가 깊은 건준(建準)과는 그 성격이 다른 순수한 시국 수습 자치기관으로 과도적인 단체였던 것이다.

평안남도 건국준비위원회 조직 명단

위원장 : 조만식, 부위원장 : 오윤선, 총무부장 : 이주연(李周淵), 치안부장 : 최능진(崔能鎭), 선전부장 : 한재덕(韓載德), 교육부장 : 홍기주(洪箕疇), 산업부장 : 홍정숙(洪貞淑), 재정부장 : 박승환(朴承煥), 생활부장 : 이종현(李宗鉉), 지방부장 : 이윤영, 외교부장 : 정기수(鄭基秀), 무임소위원 : 김병연(민족운동가), 한근조(법조계), 김익진(金翼鎭, 법조계), 김주교(金主敎, 종교계), 지창규(池昌圭, 유림), 박현숙(朴賢淑, 여성계), 김병서(金秉瑞, 도교계), 김동원(金東元, 민족운동가), 김광진(金光進, 경제학계), 노진설(盧鎭卨) 등 이상의 명단을 볼 때, 대부분의 인사가 기독교 지도자들이었다.

이와 같이 부서와 인사 명단을 발표한 후 장소를 오윤선 사랑방에서 백선행(白善行) 기념관으로 옮겼다. 백선행 기념관은 고(故) 백선행 여사의 후원으로 대동강변에 세워진 2층 석조 건물인데, 관서지방 항일운동의 본거지이며 자유주의 민족 예술원들의 전당이었다.

일제가 그들 통치 말년에 이곳을 강탈하여 평남 경방단(警防團)

본부로 사용하려 했으나, 평양 애국지사들의 완강한 반대로 그 뜻이 좌절되자 한국인의 집회를 방해하기 위하여 폐쇄시켰던 곳이다. 이제는 자유스러운 좋은 시대가 되었으니 준비위원회 본부가 되기에 가장 뜻이 깊고 적당한 장소였다.

위원회의 당면 과제는 질서와 치안 유지에 있었다. 일제의 경찰 기능이 마비되었으나 시민들의 협조와 학생 치안대의 헌신적인 노력으로 치안상태는 해방 전보다 더 안정되었다.

산업부에서는 물자의 재고 현황을 파악하여 민생문제에 파동이 없도록 하였고, 교육부는 각 학교 사무용품과 교사 보충을 지원하고 일본인 교사 자리를 보완했다. 지방부는 산하 시, 도, 군 지부를 결성하여 지방 행정 업무 수행에 차질이 없도록 지원했다.

이처럼 위원장 조만식을 정점으로 위원들이 순수한 애국정신으로 국가 건설에 이바지했다. 실로 해방 당시의 우리 민족 감정은 어떤 사상문제로 인한 갈등 같은 것은 전혀 없었고 순수한 애국정신 애족사상 뿐이니 참으로 바람직한 상태였다.

심지어는 8·15 직후에 재빨리 조선공산당(共産黨) 평남지구위원회를 조직한 현준혁(玄俊爀)까지도 건국준비위원회에 적극 지원해서 그야말로 파벌이 없는 일치단결의 아름다운 모습을 보여주었다.

그런데 건국준비위원회는 8월 25일 소련군의 평양 진주와 함께 해체되었다. 8·15 광복 직후에 10일간 그것은 너무나 짧았지만, 감격의 순간이었다. 그러나 너무나 안타까운 역사로 남고 말았다. 그 짧은 기간에 우리 민족은 진정한 애국 애족의 진미를 만끽할 수 있었던 것이다.

〈1945. 8. 17〉

참고문헌 「북한민주통일운동사(평남 편)」 1990. 북한연구소 간

4

회령교회 여성도의 수난

― 수치와 분노의 극

제국주의 일본은 아시아 침략을 목표로 세계 제2차대전을 일으켜 중국을 위시하여 유럽과 미국(歐·美) 연합국을 상대로 전쟁을 확대하다가 1945년 8월 15일을 기하여 패전을 자인하고 드디어 무조건 항복을 하고 말았다.

전세가 결정단계에 들어감을 감지한 소련은 일본 항복 1주일 전인 8월 7일에 돌연 대일(對日) 선전포고를 하고, 8월 9일 소련군 일부가 북한땅 함경도 지방에 침입해 들어 왔다.

소련은 정책적으로 범법자(犯法者)들 중에 시베리아 정치범 수용소에 수감 중인 장기형, 주로 무기형 죄수들을 군인으로 징집하여 이들을 총알받이로 전장에 내보내 요행히 살아 남으면 잔여

☞ 그때 남한의 이모저모

• 45. 9. 1 / 조선 국민당 결성
• 45. 9. 1 / 출옥 성도 교회 재건원칙 발표
• 45. 9. 8 / 남부대회 해산

기간을 감면해 주는 조건으로 소위 "죄수부대"를 편성했다.

소련이 북한에 진입시킨 부대가 곧 이들 죄수부대였다. 이들은 감옥에서 썩는 것보다는 마음대로 설쳐 볼 수 있으니, 결국 죽더라도 한이 없다고 생각하여 종군하였다. 이런 무리들이니 그 횡포가 어떠했겠는가? 가히 짐작이 간다.

이들이 북한에 진주하여 행한 가장 비인도적인 횡포는 부녀자 농락이었다. 오랫동안 금욕생활 하다가 자유로운 신세요, 여자들을 보게 되니 야수같은 수욕(獸慾)을 채우려고, 물불을 가리지 않고 덤볐기 때문이다. 함경북도 지방에서 이런 피해가 컸지만 그 중에도 신성한 교회가 이 더러운 야수 같은 놈들에게 치욕적(恥辱的)인 유린을 당한 일이 있었다.

그것은 회령(會寧) 모 교회에서 주일예배를 드리던 여 성도들이 이 치욕적인 수난을 당한 것이다. 야수(野獸)로 변한 소련군은 성스러운 예배시간에 예배당에 난입하여 총칼로 위협하고 여 성도들을 현장에서 욕보이는데 어린 소녀들과 심지어는 노파들까지 여자들이라면 닥치는 대로 능욕했다. 남자들은 총칼로 위협하여 밖으로 내쫓고 더러운 짓을 감행했으니 아비규환(阿鼻叫喚) 지옥이 될 수밖에 없었다. 이 일은 부끄럽고 창피하여 소문 전파를 억제했으나 백주에 공개적으로 일어난 사건이니 도무지 은폐될 수가 없었다.

우리가 지금 상상만 해도 몸서리쳐지며 치가 떨리고 통분하기 짝이 없는 일이다. 이런 일은 비단 회령에서만 아니라 북한 땅 각지에서 일어난 추행사건이다. 참으로 비극 중에 비극이었다. 우리 민족이 살아 있는 한 잊지 말아야 할 사건 중에 사건이다.

〈1945. 8. 20〉

참고문헌 「북한종교말살의진상」(김영국 저) 1979. 백합출판사 간

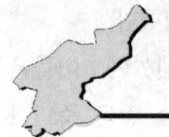

5

재건교회 형성

― 재건 선발대

☞ 그때 남한의 이모저모

• 45. 9. 2 / 신앙부흥운동 전개
• 45. 9. 7 / 미 극동사령부 남한군정 공포
• 45. 9. 16 / 조선민주당 결성 (당수 : 송진우)
• 45. 9. 18 / 미군정 집회 허가제 시행

일제(日帝)에게 탄압 받던 한국교회는 1945년 8월 15일 조국 광복을 기하여 자유 해방을 맞았다. 하나님의 특별한 은총을 받았다. 해방을 맞아 신사참배를 결사적으로 반대하여 투옥 중에 있던 성직자들이 출감하였다.

주기철(朱基徹) 목사를 비롯한 몇 분은 옥중에서 순교했으나 그 때까지 생존했던 분들은 8월 17일 일제히 출감했다.

이들은, 한국교회는 신사참배 죄를 범함으로 모두 무너졌으니 이 무너진 교회를 다시 세운다는 슬로건을 내걸어 "재건(再建)"이라는 구호를 많이 사용했기에 이 일을 한국교회의 "재건운동"이라 부르게 되었다. 또 이 일을 추진하는 분들을 "재건파"라고 하였고, 후에 이들은 "재건교회"라고 하는 한 교단을 형성하는 데까지 이르렀다.

이들은 1945년 9월 20일, 평양 산정현교회에 모여 한국교회 재건원칙 5개항을 발표했는데 그 중요한 골자는 다음과 같다.

① 교회의 지도자들은(목사, 장로) 모두 신사에 참배했으니 권징(勸懲)의 길을 취하여 통회 정화(痛悔淨化)한 뒤에 교역에 다시 나아간다.
② 권징은 자책(自責) 혹은 자숙(自肅)의 방법으로 하되, 목사는 최소한도 2개월간 휴직하고 통회 자복하고 재출발할 것.
③ 목사, 장로 휴직 중에는 집사나 평신도가 예배를 인도할 것.
④ 교회 재건의 기본 원칙을 각 교회에 시달하여 실행케 할 것.
⑤ 교역자 양성을 위한 신학교를 조속히 복구 재건할 것.

한국교회 재건원칙 5개항에 대한 교계의 반항도 적지 않았다. 혹 전 노회적으로, 또는 교회적으로 동 원칙을 실시한 곳도 많았다.

그러나 이를 반대하거나 무관심하기도 했다. 그러므로 재건교회는 결국 독자적인 교단이 형성되었으니, 이것이 곧 재건교회이다.

〈1945. 9. 20〉

참고문헌 「한국재건교회사」(최 훈 저) 1994. 성광문화사 간.
「한국기독교회사총람」(이찬영 저) 1994. 도서출판 소망사 간

6

신성대 반소 투쟁

― 반공용사 김익준

> ☞ **그때 남한의 이모저모**
>
> • 45. 9. 9 / 미군정 실시 포고
> • 45. 9. 16 / 한국 민주당 창당 (당수 : 송진우)
> • 45. 9. 18 / 경남 재건 노회 조직 (자숙안 결의)
>
>

8·15 해방 후, 38선이 생기고 북한 지역에는 소련군이 진주하였는데 소위 해방군이라고 하지만 민폐가 여간 심각한 것이 아니었다. 그도 그럴 것이 그 당시 북한에 주둔한 소련군은 시베리아 정치범 수용소에 수용 중이던 죄수들을 긴급 징발하여 군복을 입혀 투입시켰으니 그 실력과 수준은 한심스럽다 못해 창피 막심한 꼴이요 그야말로 절망적인 상태였기 때문이었다.

북한 어디서나 그러했지만 평안북도 선천(宣川) 지방은 심각했다. 그곳은 기독교가 흥왕한 곳이요 반공(反共)사상이 매우 강한 고장이었다. 더구나 기독교 계통의 신성(信聖)학교가 있었는데 이 학교는 많은 애국청년과 애족 유지들을 길러낸 곳이다. 그러므로 해방 후에 지방 치안을 담당하기 위하여 신성학교 출신들이 자진하여 "신성대(信聖隊)"를 조직하여 치안을 담당함으로 선천지방 군민들의 기대가 자못 컸다. 신성대 대장은 신성학교 출신으로 일제 때 사상범으로 신의주 감옥에서 6개월 복역하다가 병보석 가출옥하여 중국으로 도피 중에 해방을 맞아 귀국한 김익준(金益俊) 장로였다. 그는 30여명 대원을 모집, 자진하여 치안을 담당하고 있었던 것이다.

그런데 때 마침 소련군이 진주하였다. 해방군이라고 크게 기대를 걸었으나 실제로 보니 꼬락서니가 꼭 거지꼴이라 한심하기 짝이 없었고, 그들의 행동이 야만적이라 낙심할 지경이었다. 이에 화가 난 신성대원들은 포스터에 그려진 소련군인들의 눈(眼)을 송곳으로 찌르고 파냈다. 이에 소련군 사령부는 크게 노발대발하여 선천군 인민위원회 위원장 백영엽(白永燁) 목사를 잡아다 범인을 잡아내라고 다그쳤으나 전혀 부인하자 이번에는 신성대 대장 김익준 장로를 끌고 갔다.

소련군 사령관은 권총을 꺼내들고 "범인이 신성대원 아니냐?"라고 고함지르며 "그렇지 않다면 진범을 잡아내라. 만일 그렇지 못하면 대장 너를 죽이겠다"라고 사뭇 위협 공갈이 극심했다.

그런데 백 목사는 벌벌 떨었으나 김익준은 껄껄 웃어버렸다. 그랬더니 소련군 사령관은 더욱 흥분하여 "이거 나를

반소투쟁의 선봉대인 신성대의 모교 신성학교

조롱하는 거냐. 범인 잡아내라는데… 너희가 했지 사실대로 말해"라고 호통을 치자, 이에 김 장로는 더욱 태연한 모습으로 "그래도 나는 당신들을 우리 조국을 해방시켜 주는 위대한 군대로 알았는데 이제 보니까 아주 바보들이야 바보"라고 하며, 안정관 통역관에게 통역을 사실대로 똑바로 하라고 하면서 "당신네들이 이 사실을 스탈린 동무에게 보고한다고 했는데 어서 보고하라. 가만히 자세히 생각해 보라. 너희들이 우리에게 자유와 독립을 주려고 와서 고생하는데 우리나라 사람들이 왜 너희들의 눈을 뺐겠느냐. 이건 누가 했는고 하니 선천과 정주지방에 아직 남아 있는 일본 놈들이 너희와 우리를 이간시키려고 했을 것이 뻔한데, 그것도 모르고 애매하니 우리를 의심하고 우리가 이런 일을 했으리라고 생각하니 바보가 아니냐"하고 역설하니, 소련군 사령관은 감동이 되었는지 고개를 끄떡이며 빼들었던 권총을 도로 집어넣고 도리어 미안하게 되었다고 사과까지 했다.

하기야 사실인즉 소련군이 선천에 진주하자마자 미처 도망치지 못한 일본인 여자들을 공개 강간했으며, 감추었던 귀중품들과 돈을 강탈한 만행을 저질렀으니 김 장로의 말이 그럴 듯 했을 것이다.

그렇다고 일본인에게 미안한 생각이 나겠는가. 소련군들은 일본인 잔류자들에게 닥치는 대로 잔인한 짓들을 더 했고 반면 덕택에 신성대원들은 무서운 화를 면했다.

이 사실은 하나의 비화(秘話)로서 신앙에서 우러나는 용기(勇氣)와 지혜(智慧), 풍자(諷刺), 기지(奇智)를 통해 깊은 감명을 주는 사건이다. 아니 영감을 통해서 이루어졌다고 함이 타당하겠다.

〈1945. 9. 20〉

참고문헌 「토박이 信仰(신맥)」(전택부 저) 1992. 기독교출판사 간

7

김현석 장로 포섭 실패

― 반탁 용사 김현석

> 그때 남한의
> 이모저모
>
> • 45. 10. 10 / 각 정당 사회단체 38선 철폐 요구
> • 45. 10. 16 / 이승만 박사 미국에서 귀국
> • 45. 10. 17 / 미군정 남한에서 인민위원회 해체 지시(계속존재)

　김현석(金賢錫)은 그 당시(1945. 10) 평양 산정현(山亭峴)교회 장로였다. 마침 그 때는 모스크바 삼상회의 결정 때문에 국내 정치가 매우 혼탁한 때였다. 평양에서 조만식(曺晩植)계의 민족진영에서는 신탁통치(信託統治)제도를 극력 반대하고, 반대로 공산당 계열에서는 절대 지지하는 까닭에 민족 분열의 위기에 이른 때였다.
　이런 때에 김일성(金日成)이 김현석을 찾은 것은, 당시 소련 군정이 조만식을 고려호텔에 감금해 놓고 김현석으로 하여금 민족진영의 힘을 유도하기 위하여 그를 포섭해야 할 입장이었기 때문이다.
　김일성이 김현석을 자기편으로 유도하려고 했던

또 하나의 이유가 있었다. 그것은 그의 인격과 덕망과 학식이 압도적이었다는 여론에도 이유가 있었지만, 조상 때부터 인간관계가 김현석을 찾게 한 것이었다.

평안남도 대동군(大同郡) 고평면 남리에는 김현석의 외척 선산이 있었다. 그 때 그 산지기가 김일성의 조부 김보현(金輔鉉)이었다. 그래서 해방 직후인 1945년 9월 하순경, 김현석은 방금 귀국한 김일성의 환영예배를 위하여 기독교 지도자들과 평양의 저명인사들과 김일성을 신양리 자기 자택으로 함께 초대한 바 있었다.

따라서 김일성은 자기 일가의 속사정을 잘 알고 있는 사람들을 모두 자기 세력권 안으로 끌어 들여야 했기 때문에 김현석을 포섭하려고 접근했던 것이다. 그러나 김현석은 끝내 그의 포섭을 거절했다.

그랬더니 그 일 이후에 김현석의 외척 선산은, 김일성이 북한에서 절대권자가 되면서 모두 파 헤쳐 버렸고 그 자리를 만경대학 건설부지로 만들었다.

한편 서울에서는 북한의 정치 정보와 반탁운동 등 각종 정보를 수집하기 위한 대북정치공작대(對北政治工作隊)라는 것을 조직하여 대북 정치활동을 전개하고 있었다. 그 공작대는 필요에 따라 북한의 반공 지하조직을 원조하기도 했고 비밀 연락을 주고받기도 했다. 대한민국 임시정부 내무부장관 신익희(申翼熙) 지도 밑에서 활동하던 조중서(趙仲瑞, 평서노회 조승익(趙昇益) 목사 아들)는 항상 김현석과 비밀 연락을 취하며 활동했으나, 김일성의 세력이 점차 확대되자 대북정치공작대의 활동이 점차 둔화되고 김현석은 월남해서 김 구(金九), 조성환(曺成煥), 황은균(黃殷均) 등과 함께 대북한 공작에 대한 정보와 대책을 협의했다. 1947년 2월초에 김현석은 다시 평양에 잠입했다. 이는 그 해 3월 1일을 기하여 평양에서 반탁운동을 전개하여 지하에서 억압받고 있는 동지들에게 용기를 실어 주기 위함이었다.

김현석은 평양 장대현(章臺峴)교회 김화식(金化湜), 남산현(南山峴)교회 송정근(宋貞根), 남문외(南門外)교회 이학봉(李學鳳) 목사들을 차례로 만나 앞으로의 대책을 협의했다. 이들은 모두들 대찬성이었다.

거사 장소를 장대현교회로 정한 것은 1년 전 3·1절 기념예배 때 공산당에 의해 짓밟혔던 곳이었기에 다시 한 번 이곳에서 반공운동을 전개하기로 작정했던 것이다.

그리고 이 계획을 조연명(曺連命)이 그의 부친 조만식(고려호텔 감금 중)에게 전달하여 전적 동의를 얻었다.

예정대로 3월 1일 하오 7시 장대현교회에는 교인 1,000여명이 모였다. 김화식 목사의 설교로 1부 예배가 끝나고 송정근, 이학봉, 김현석 등이 "신탁통치를 반대할 당위성"을 역설했다. 장장 2시간 반의 긴 시간이었지만 교인들은 열심히 경청했고 지지하는 비장한 결의를 했다. 마지막 천 여명 군중이 "조선독립만세"를 삼창하고 가두시위까지 당당히 했다.

사태가 이렇게 되자, 보안서원들이 달려와서 제지하고 공포를 쏘며 위협하고 산회시키려 했으나 군중들은 길바닥에 앉아 데모를 계속하고 "믿는 사람들은 군병 같으니…"를 외치며 통성기도로 대항했다. 그리고 더러는 연행되기도 했다. 그러나 종교적으로 평화적인 시위였기에 그들도 어쩔 수 없었다.

〈1945. 10. 10〉

참고문헌 「북한민주통일운동사(평남 편)」 1990. 북한연구소 간

8

조선민주당 창당 및 변당

- 변질된 민주당

> **그때 남한의 이모저모**
>
> • 45. 11. 1 / 이승만 박헌영 회담
> • 45. 11. 3 / 경남노회 (제47회) 재건
> • 45. 11. 25 / 독립촉성 중앙협의회 결성 (총재 : 이승만)

1945년 11월 30일, 평양시 신양리 소재 구 평양제일중학교 교정에서 105인에 의하여 조선민주당(朝鮮民主黨)이 결당대회를 열고 창당되었다. 이미 신의주(新義州)에서 기독교 사회민주당(윤하영 한경직 주도)이 창당되었으나 지방적이었고 북한 전체에 걸친 대 정당으로서는 처음이었다.

창당대회 일자를 11월 3일로 정한 것은 일제에 항거하여 일어났던 "광주(光州)학생사건"(1929)을 기념하기 위해서였다. 그리고 105인을 발기인으로 선정한 것은 일제가 한국 애국자들을 일망타진하려고 허위 날조했던 "105인 사건"(1911)을 연상하는 뜻에서 105인을 선정했다.

대회장인 제일중학교 운동장에는 북한 전역에

서 운집한 민족진영 인사들로 인산인해를 이루어 입추(立錐)의 여지 (餘地)가 없이 초만원을 이루었다.

▲창당 당수 : 조만식

▼변당한 당수 : 최용건

이날 고당 조만식(古堂 曺晩植)은 흥분한 모습으로 창당 연설을 통하여, 대동 단결하여 외세의 간섭 없이 자주 독립국가를 만들어야 한다고 역설하여 그의 정치이념을 명백히 했다. 이 결당대회에서 중앙 상무집행위원을 33명 선출했는데 이것도 3·1 운동 당시 민족 대표가 33인이었던 뜻을 따라 선정했다. 그 명단은 다음과 같다.

조만식(曺晩植), 오윤선(吳胤善), 이윤영(李允榮), 최용건(崔庸健), 이종현(李宗鉉), 김병연(金炳淵), 우제순(禹濟順), 김관진(金寬鎭), 백남홍(白南弘), 김 책(金策), 조종완(趙鐘完), 홍기주(洪基疇), 정인숙(鄭仁淑), 박현숙(朴賢淑), 한녀사(韓女史), 오영진(吳泳鎭), 김규환(金奎煥), 이계환(李繼煥), 윤무준(尹武濬), 박재창(朴在昌), 박승환(朴承煥), 이호빈(李浩彬), 윤장엽(尹長燁), 전영택(田榮澤), 홍기한(洪基漢), 신재일(申載溢), 전준삼(田俊三), 박선관(朴善灌), 김병기(金炳琪), 조명식(趙明植), 고몽은(高蒙恩), ○○○, ○○○(성명 미상)

조만식의 애국 애족정신과 그의 정치이념은 조선민주당을 창당할 수밖에 없었다. 민족적으로 자생했던 평남 건국준비위원회(1945. 8. 17 결성)는 소련군 군정으로 해산되고, 타의에 의한 평남정치위원회가 발족되면서 소련 군정의 정체가 점점 드러나자 조만식의 심기는 매우 착잡했다.

1945년 10월 14일 평양 시민들에게 김일성(金日成)을 "조선 인민의 영웅적 지도자"라고 소개한 소련 군정은 김일성으로 하여금 조만식에게 접근시켰다. 소련 군정의 지령을 받은 김일성은 조만식을 여러 차례 찾아가서 정당 조직을 정식으로 제의하였다. 평소 민족 화합을 주장하던 조만식은 김일성의 정당 조직 제안이 싫지 않았다.

조만식은 이윤영, 한근조, 김익진, 우제순, 조병식, 이종현 등과 숙의한 끝에 "당의 작폐는 당을 조직함으로써 대항한다"는 결심으로 정당 조직을 서둘렀다. 오영진으로 하여금 선언문, 정강 정책, 당헌, 규약 등을 기초하도록 했으며, 김일성에게는 새 정당 조직에 대한 진행 과정을 설명해 주기로 했다.

조만식은 대동 포용하는 정신으로 김일성이 추천하는 최용건, 김책을 가입시켜 중앙위원에 배정했으나, 그들은 후에 결국 조만식과 조국과 동족을 배신했다. 그들은 애당초 그런 음모를 품고 가담했던 것이다.

조 선 민 주 당

선 언 문

침략자 일본 군국주의와 그 철쇄는 철저히 분쇄되었다. 세계사의 정상적인 발전은 3,000만 동포로 하여금 과거 36년 간의 굴욕적 고난을 완전히 보복케 하고, 찬란한 반만년의 역사와 어김없이 유구한 장래의 발전이 약속되었다. 우리는 세기적인 이 사실인 민족의 자유와 해방을 맞이하여 무량한 환희와 감격에 넘치는 한편 오늘이 있기를 기대하고, 해내 해외에서 악전고투한 민족의 선구자 여러분께 깊은 사의를 표하는 바이다.

우리는 죄악의 원죄인 일본제국주의와 파시즘을 근본적으로 타파하고, 인류 평화와 세계 문화를 보전함에 위대한 공헌이 있었고, 더욱이 조선의 해방을 위하여 최대의 우의와 원조를 아끼지 않은 소·미·영·중 등 연합제국에 대하여 절대한 경의와 감사를 표한다.

우리는 조선 건국에 일대 장애물인 일체의 파벌을 버리고 정치, 경제, 문화, 사상, 생활의 각 분야에서 일본 제국주의의 잔재를 구축 소탕하자. 그리하여 확고한 민족적 자각과 열렬한 애국정신 밑에 분산된 각계 각층의 총의 총력을 통합하여 대동단결을 요하는 동시에 목적과 취지가 같은 단체와는 우의적으로 상교하여 중앙정부의 신속한 출현을 기대한다.

우리는 대중을 본위로 한 민주주의 정체로서의 자주 독립국가를 수립하자. 그럼으로 종래의 모든 전체주의 구속을 철저히 배격하는 동시에 국민 개학 계도의 철칙을 실현하여 국민 일반의 생활과 교양을 향상시켜 특히 근로대중의 복리를 급속히 집중시키기를 도모한다.

우리 민족문화를 부흥 향상하여 세계 문화에 공헌하고 국제 평화의 대헌장을 준수하여 평화를 애호하는 세계 각국과 친선 수호를 도모함으로 인류 역사 발전에 기여코자 함을 자에 선언한다.

　　　　　　단기 4278년 10월　일

　　　　　　　　　　　　　　조 선 민 주 당

　　　　　　　강 령 (綱領)

① 국민의 총의에 의하여 민주주의 공화국의 수립을 기한다.
② 민권을 존중하여 민생을 확보하며 민족 전체의 복리 증진을 도모한다.

③ 민족 문화를 앙양하여 세계 문화에 공헌한다.
④ 종교, 교육, 노동, 실업, 사회 각계 유지와 결합을 요한다.
⑤ 반일적 민주주의 각 당파와 우호 협력하여 전 민족의 통일을 도모한다.
⑥ 소련 및 민주주의 제 국가와 친선을 도모하여 세계 평화의 확립을 기함.

정　책 (政策)

① 국민은 언론, 출판, 집회, 결사, 신앙의 자유와 선거 및 피선거권을 공유함.
단, 민족 반역자는 5대 자유와 공권을 박탈함.
② 의회제도와 보통 선거제도의 실시.
③ 교육 보건의 기회 균등.
④ 문화 및 사회사업 기관의 확충.
⑤ 문화인 및 과학 기술자 양성과 우대.
⑥ 국제 무역의 진흥과 국내 산업 발전의 촉진.
⑦ 물가와 통화를 적절 조절하여 국민생활의 안전기도.
⑧ 소작제도의 개선, 자작농 창정의 강화, 농업 기술의 향상.
⑨ 균정 간편한 세제(稅制)의 확립.
⑩ 노동운동의 정상적 발전을 조성함.
⑪ 노사문제의 일치점을 도하여 생산의 지장이 없기를 기함.
⑫ 실업자의 대책 수립, 공장법, 생명보험, 보건보험, 최저 임금제의 제정.

조선민주당은 민족주의 정당의 기치를 높이 들었기에 당세가 확장되어 비공식 발표에 의하면 창당 후 3개월만에 50만 당원을 확보했다고 말했다.

그런데 1946년 1월 5일 당수 조만식은 소련군에 의해 고려호텔에 감금되고, 공산당에 의한 폭행사건이 일어나자 창당 간부들은 당의 앞날을 전망하고 대부분 북한을 탈출하고 남하하였다.

소련 군정은 1946년 2월 5일 조선민주당 열성자 협의회를 열게 하고 여기서 조만식을 성토하고 중앙위원회에서 조만식을 추방했다. 2월 24일에는 조민당 제1차 확대대회를 개최하여 최용건을 당수로 추대했다. 당명도 북조선 민주당으로 고쳤다. 최용건은 옛날 친지들을 포섭하여 당 지도부를 장악했다.

그 후 민주당은 유명무실한 정당으로 전락하자 도당 이하 조직을 해체했다. 1972년 8월 20일 평양에서 남북 적십자 제 1차 회담이 개최될 때에 이에 참석했다고 내외에 선전했다.

1980년 10월 10일에는 노동당 제 6차 전당대회에서 제시한 "고려민주연방공화국(高麗民主聯邦共和國)" 창립 방안을 지지한다고 국내 외에 선전했던 것이다. 이처럼 노동당의 시녀당(侍女黨)으로 둔갑한 북조선 민주당은 1981년 1월 28일 제 6차 전당대회에서 "조선사회민주당"으로 당명조차 바꾸고 말았다. 완전히 변당(變黨)되고 말았다.

〈1945. 11. 3〉

참고문헌 「북한민주통일운동사(평남 편)」, 1990. 북한연구소 간

9

용암포 제일교회 피습

- 무지에서 앞장선 농민·노동자

☞ **그때 남한의 이모저모**

- 45. 11. 7 / 이승만 인공주석 취임 거부
- 45. 11. 9 / 서울 신학교(성결교) 개교
- 45. 11. 11 / 조선 인민당 결성 (당수 : 여운형)

　1945년 8월 15일, 우리나라가 해방된 후, 북한에서 공산당이 저지른 만행 중에 용암포 제일교회 사건을 잊을 수 없다. 폭력이란 언제 어디서나 가장 비열한 것이요 가증한 짓이요 무서운 죄악이란 사실을 역사가 증언하고 있다.

　용암포(龍岩浦)는 평안북도 신의주(新義州)에서 약 28km 떨어진 곳으로 국경지대에 위치하고, 동시에 항구로 된 소도시였다.

　우리나라가 일본에게 국권이 빼앗긴 후 이 곳은 수많은 독립군과 애국지사들이 국경을 넘나들 때 신의주를 통과하기보다는 작은 항구인 용암포를 거치는 것이 훨씬 수월함으로 많이 이용되기도 하여, 이로 인하여 번창하기도 했다.

그런데 이 곳은 해방과 더불어 그 어느 곳보다도 소련군이 일찍 진주했으며 이에 따라 공산당의 조직과 활동이 어느 지역보다 일찍부터 시작되었고 그 활동도 적극적이고 치열했다.

그런 위치에서 용암포 제일교회(1905. 3. 10 창립)에서는 이기혁(李基赫) 목사의 목회 지도하에 해방과 더불어 급격한 부흥과 발전을 가져오고 있었다. 그 동안 일제의 탄압으로 숨어서 신앙생활 하던 사람들이 해방을 맞았으니 자유롭게 활개치며 물밀듯이 교회로 몰려 와서 즐거운 비명이 날 지경이었다.

이즈음 이기혁 목사는 누구보다도 한국 민족의 복음화를 열망하며 장차는 전국이 복음화되고 아울러 기독교 국가가 되기를 기원하며 활동했다. 그러자면 자연히 전도해야 할 터인데 현재 예배당이 너무 협소하여 우선 더 큰 예배당을 짓고 교인도 배가운동을 일으켜야 되겠다고 생각했다.

그래서 그는 해방과 더불어 그 첫 주일에 제직회를 열고 경위와 소망을 설명하고, 교회당 증축문제를 제의했더니, 회원들이 적극 찬동하고 건축헌금을 즉석에서 단행하여 교회당 건축에 대한 모든 일이 계획대로 순조롭게 잘 진행되었다.

해방을 맞은 교인들은 모두 열심히 헌금하고, 재정적으로 빈곤한 교인은 몸을 내서 건축사업에 헌신함으로 2층 벽돌집 140평의 새 건물이 웅장하게 건축되어 용암포의 명물이 되었다. 불신자들도 매우 흐뭇해하며 교회에 나올 의욕이 강화되었다. 전도의 문이 넓게 열리어 있었고 교회는 도약의 단계에 이르게 되었다.

그러나 용암포 제일교회의 이와 같은 부흥과 발전은 새로 진주한 소련군과 지방 공산당원들의 주목거리가 되었으며, 결국 공산당에서 가장 싫어하고 꺼리는 표적이 되었다. 따라서 그들이 우선 제일 먼저 타도할 목표는 교회였다.

그런 중 마침내 기회가 오고야 말았다. 1945년 11월 18일 북한 당국은 용암포 교정에서 소련군의 환영을 겸한 농민대회를 열었다. 그러나 실은 이를 빙자하여 농민들을 선동해서 제일교회를 완전히 파괴하려는 무서운 음모 가운데 소집된 군중대회였다.

당시 대회를 소집하고 주동한 자는 용암포 어느 교회 장로의 아들인 이용흡(李龍洽)이란 자였다. 기독교가정 장로의 아들로 신앙 교육을 받았을 것이나 불량자가 되고 공산당 세상이 되자 공산당에 가입하여 오히려 교회를 타도하는 괴수노릇을 하였다. 그는 대회가 열리기 여러 날 전부터 농민과 노동자들만으로 구성된 테러단을 조직하고, 대회가 끝나면 즉시 거사하기로 사전에 각본을 짜 놓고 있었다. 대회 전날 그는 용암포에 사는 모든 노동자와 농민들에게 한 사람도 빠짐 없이 보통학교 운동장으로 모이고, 또 나올 때에는 반드시 삽이나 괭이, 낫과 같은 농구(農具)를 들고 나와서 소련군을 환영하라고 지시했다.

예상했던 대로 이날 5,000명이나 되는 노동자 농민들이 학교 운동장에 모였다. 군중은 대회사를 통해 이용흡이 하는 연설에 열렬한 박수갈채를 보내는 한편 그는 반미치광이 노릇을 연출했다. 여기서 그는 소련군이야말로 우리 민족을 해방시킨 진정한 친구이며 앞으로 우리 인민을 잘 살게 해줄 것이라고 떠들어댔다.

그리고 그는 다시 늘어놓기를, 기독교는 부르죠아의 주구(走狗)이며 지주들의 앞잡이니 우리의 과업은 기독교부터 타도해야 하는데, 지금 방금 들어온 정보에 의하면 제일교회 지하실에는 이기혁이란 목사가 무기를 잔뜩 싸 놓고 소련군을 대항하며 우리를 학살할 준비를 하고 있다라고 하는 엉뚱한 소문을 날조하여 퍼뜨렸다.

그리고 그는 '이런 놈은 그냥 둘 수 없으니 지금 당장 가서 때려죽이자'라고 선동하며 연설을 마쳤다. 언제 미리 준비했는지 프랑 카드를 내걸었는데 "제일교회 이기혁을 때려죽이자"라는 구호를 써서 걸고 함성을 지르며 제일교회로 몰려갔다. 다시 말하면 소련군을 환영하는 대회가 제일교회 타도장으로 변신되고 말았던 것이다.

교회로 몰려간 폭도들은 방금 지어 놓은 새 예배당의 함석을 뜯어내는가 하면 일부는 예배당 안으로 들어가 성구를 부수고 문밖으로 내 던지고 미친 듯이 야단을 쳤다. 그리고 교회 장로인 홍석황(洪錫璜)을 낫으로 찔러 그 자리에서 숨지게 했다.

미친 군중들은 이것으로 끝나지 않고 역시 교인이 경영하는 용성의원(龍成醫院)과 소남의원(昭南醫院)까지 달려가서 병원을 때려부수고 의료기구를 마당에 던지고 불을 지르는 만행을 저질렀다. 이 사건으로 용성원장 이씨는 크게 부상을 입었고 소남원장 장씨는 빈사지경에 이르렀다. 마침 교회 담임자 이기혁 목사는 다행히 사경회 인도차 삭주(朔州)에 가 있었기에 그 현장에서 화를 면했다.

사건이 터진 다음부터 교인이 격감되었다. 용암포 사건은 며칠 후 이기혁 목사가 평양 소련군 사령부를 방문하여 엄중히 항의하고 치스차코프 사령관으로부터 안전 보장에 대한 확답을 받음으로 간신히 진정되었다. 그러나 이미 받은 막대한 피해는 아무 보상받을 길이 없었다. 용암포사건은 공산당의 혁명이 폭력 혁명이란 사실을 만천하에 드러낸 것이었다.

공산당이 북한 지배 이래 기독교인들이 받은 최초의 핍박이며, 피해였다. 이 때문에 1947년 많은 기독교인들이 월남하는 사태에 이르게 되었다.

〈1945. 11. 8〉

참고문헌 「6·25 남침과 교회」(장병욱 저) 1983. 한국교육공보사 간
「북한민주통일운동사(평북 편)」 1990. 북한연구소 간

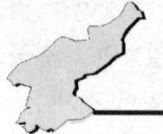

10
신의주 학생 반공 의거
- 순수한 학생들의 반공 의거

☞ 그때 남한의 이모저모

• 45. 11. 23 / 김구 등 상해 임시정부 요인 중국에서 환국 (개인자격으로)

1945년 11월 23일, 평안북도 신의주에서 일어난 학생 반공 의거 사건은 그 전제(前提) 사건으로 기독교 사회민주당 용암포지부 창당 방해사건(용암포 제일교회 피습사건)을 먼저 설명해야 할 것이다.

보다 앞서 8·15 해방 직후 남·북한을 통하여 최초로 창당된 정당은 "기독교 사회민주당"이었다. 1945년 9월초(해방된 지 10여일 후) 신의주 제일교회 윤하영(尹河英) 목사와 제이교회 한경직(韓景職) 목사를 중심하여, 평안북도 일대의 기독교 지도자들이 중심 기반이 되어 조직된 정당이었다.

이들은 해방된 조국이 민주주의 정부의 수립과

기독교 정신에 입각한 사회 개량을 정강(政綱)으로 주장하며 출발했다. 그리고 북한의 전 인민을 포섭하려고 기독교라는 이름을 일부러 빼고 "사회민주당"이란 이름을 내세웠다.

그래서 각 지방마다 교회를 중심하여 교회 지도자들(주로 장로나 집사들)이 앞장서서 헌신적으로 봉사하매 범 인민적 호응태세였다. 그러나 호사다마(好事多魔)라는 말대로 전항(前項)에서 소개한대로 용암포 제일교회 피습사건이 일어났다.

이에 맞서 절대 다수의 기독학생들로 구성된 동지(同地)의 중·고등 학생들이 정의감에 입각하여 직공들의 만행에 격분한 나머지 일제히 궐기하여 저들의 폭력행위를 저지하려다가 마침내 피, 아간(彼, 我間)에 큰 충돌이 일어나 많은 부상자가 생겼지만 일시 진정되었다.

그러나 민족정신과 정의감에 불타는 젊은 학도들의 의분은 그대로 사라지지 않고, 마침내 신의주시와 인근의 중·고등 학생 5,000여명이 총 단결하여 일대 시위운동을 전개하게 되었는데 이것이 신의주 학생 반공 의거 사건이었다.

대부분의 기독교 신자인 학생들은, 소련군 진주 이후 공산당의 교회 핍박과, 학원 탄압과 학원의 불법 폐쇄, 전용 등 온갖 불법 행위에 크게 격분하고 있던 터에 용암포 지부 결당대회에 대한 잔인무도한 만행을 듣고, 각 학교 대표 두 명씩을 뽑아 조사단을 편성 파견했다.

그러나 소련군 사령부가 학생들의 의사와 입장을 무시할 뿐 아니라 공산당 본부에서는 학생의 전면 탄압 계획을 준비한다는 정보를 알아냈다.

마침내 학생 대표들은 11월 23일 오전 9시 신의주 공업학교에 모여 공산당 타도를 결의하는 동시에 구체적 작전계획을 수립하는 한

의거사건에 가담한 학교 중의 하나
(신의주고등보통학교)

편, 거사 시행 3시간 전에 대표를 사회민주당 본부에 보내어 계획을 보고하고 뒷수습을 부탁했다.

그 계획 내용을 보면 그 날 오후 2시에 전체 학생을 3개조로 편성하되 제1조인 신의주 동 중학교와 신의주 공업학교 학생들은 평안북도 인민위원회 본부를, 제2조인 사범학교와 제2공업학교 학생들은 평북 공산당 본부를, 제3조인 평안중학교와 상업학교 학생들은 신의주 보안서(保安署)를 각기 습격하기로 되어 있었다.

시간이 다가오자 학생들은 정의감에 의기 충천하여 각기 정해진 목표를 향해 총 진군했다. 참가 학생수는 5,000명을 넘었고 계획에도 없었던 사범학교 강습생들도 가세하여 신의주 인민위원회를 향하여 진군했다.

그러나 공산당 간부들과 이들의 요청을 받은 소련주둔군은 무력을 동원하여 학생들의 시위를 제지했다. 기관총을 무차별 난사했고, 심지어는 소련군 전투기까지 동원하여 기관총 소사를 감행함으로 어린 생명을 앗아갔다. 피비린내 나는 유혈 진압으로 50여명의 사상자가 생겼고 80여명의 주모자가 검거되어 혹독한 보복을 당했다.

한편 학생들의 거사 계획을 받고 사회민주당 간부들은 사태의 위험성을 감지하고 거사 현장에 급히 달려갔으나 이미 유혈사태는 벌어지고 있었다. 이에 당 지도자들은 시내 교회 목사들을 총동원하여 사망자의 장례와 부상자 치료 등 사태 수습에 동분서주했다.

이 학생 의거 사건 이후 소련군 사령부는 적극적인 반공운동의 파급 가능성과 기독교 세력에 대한 완전 탄압책의 일환으로 계엄령을 선포했고, 사회민주당 간부들을 총검거했다. 또한 소련군 정치고문관을 총동원하여 교회 교직자들의 신분을 철저히 조사하고, 각 교회마다 첩보원을 침투시켜 대대적인 감시체제를 확립하고 숙청작업을 전개했다.

신의주 학생 반공의거 사건은 한국 최초의 조직적인 반공 의거 투쟁이었고, 특히 기독교적 이념이 공산주의자들과 표면적으로 충돌한 사건이었음으로 큰 의의가 있다고 하겠다.

그 후 대한민국 정부는 신의주 학생 의거일인 11월 23일을 "반공학생의 날"로 정하고 온 국민과 더불어 길이 기념하고 있다.

〈1945. 11. 23〉

참고문헌 「한국기독교해방10년사」(김양선 저) 1956. 총회종교교육부 간

11

송림 애국 학생 반공 투쟁

– 여학생들이 앞장 선 반공 투쟁

> ☞ **그때 남한의 이모저모**
> - 45. 11. 20 / 전국 인민위원회 대표 회의
> - 45. 11. 30 / 인민공화국 해체 논의
>   (하지·여운형)
>
>

"송림(松林)"은 황해도 황주(黃州)군 산하 한 면(面)이었는데, 일제 때 제철소가 생기면서 갑자기 번창해져서 읍(邑, 현재는 市)이 되었고, 일제는 송림을 겸이포(兼二浦)라는 이름으로 불렀는데, 해방 후 다시 옛 이름 송림으로 환원했다.

8·15 광복 이후 북한에는 소련군의 진주로 인하여 공산당이 생겼고, 이로 인하여 북한 주민은 생활의 위협을 받게 되고 또한 국민들의 반공운동이 곳곳에서 일어났다.

해방되던 해(1945) 11월 23일에 일어났던 신의주 학생 반공 의거 사건이 터지자 북한 전역에서 정의에 불타는 학생들의 의거 봉기사건이 여러 곳에서 일어났다.

이에 송림시에서도 송림 공업전문학교 여학생들이 먼저 궐기했다. 김 춘, 이효숙, 최기복 등과 송림중앙교회(담임목사 : 李承吉) 기독학생 대표 박영희, 손학규, 최세복, 김일성 등이 1945년 12월 15일에 회합하여 〈송림 애국학생회〉라는 반공단체를 조직하고, 다음과 같은 투쟁 목표를 세웠다.

① 소련 침략군의 비행을 규탄할 것.
② 소련 침략군의 앞잡이를 규탄할 것.
③ 조국의 통일과 민족의 자유를 위하여 결사적으로 항쟁할 것.

이상과 같은 결의를 행동화하여 소기의 목적을 달성하기 위하여, 학생 동지뿐만 아니라 애국 청년들도 호응하여 참여하고, 가담해 줄 것을 호소해 왔다.

뿐만 아니라, 한편으로는 송림 시민들을 깨우치고 계몽하려는 충성에서 사실 전달(事實 傳達)의 일환책으로 〈통일신문(統一新聞)〉을 발간하기로 하고 그 책임을 김 춘, 이호묵 두 학생에게 일임하기로 하고 곧 실제 작업에 착수했다.

통일신문의 내용은 다음과 같다.

머리 기사에 "소련군의 진주 의의와 목적" 그리고 북한 땅에서

송림학생사건
주모여학생들
석방기념
(1946. 9. 20)

자행한 비행과 천인 공노할 행패의 실상을 적나라하게 파 헤쳤고, 그들의 앞잡이들이 저지른 매국행위를 일일이 열거하는 한편 신의주 학생 의거사건의 진상을 상세히 기술했다.

8절 용지에 등사(謄寫)로 제작한 통일신문은 신문으로의 요건은 갖추지 못하였어도 의사 전달의 실효를 거두어 시내 남녀 학생들의 호응도는 대단했으며, 이에 분발하여 송림여중 학생들도 참가했다. 이원옥, 조향순, 김두현, 신선옥, 이정려 등이 추가로 참가하여 기세가 자못 활기를 띠었다.

1946년 1월 30일, 제3차 회합을 갖고 남학생 연락 책임을 김 춘이 전담하고 여학생 연락 책임은 송림여중 이정려가 맡아 3·1절과 개학기를 맞아 거사키로 결의했다.

그리고 통일신문 제2호 500부를 발행 보급했다.

그 내용은…

① 신탁통치 반대에 나선 서울 학생들의 투쟁 상.

② 공산당의 매국행위 폭로.

③ 공산통치 반대에 대한 우리의 주장 등이었다.

해주형무소로
이감되던날
(송림공전 학생들)

이 신문을 등사하여 미처 배부하지 못하고 학교에 보관하였는데 그만 숙직교사가 알고 몰수하는 바람에 성과를 거두지 못하고 감시 당국의 눈에 쫓겨 3·1절 궐기대회는 좌절되고 말았다.

　그러나 학생회원들은 이에 굴하지 않고, 소련 침략자들이 황해제철소에서 철판을 가져가고, 식량과 시설을 약탈해 가는 실증을 기재하고, 남북간의 반탁(反託) 투쟁의 진상을 폭로한 통일신문 제3호를 긴급 제작하여 주로 공산당원들의 집과 기독교인의 집에 비밀 전달했다.

　이로 인하여 혈안이 된 공산 당국은 전 수사망을 총동원하여 수색한 결과, 1946년 7월 29일에 김 춘과 이효묵이 검거되었다. 계속 수색하여 여러 회원들을 검거했는데 3·1절 학생 봉기 때 쓰려고 비밀히 준비했던 무기(권총, 수류탄 등)가 적발되어 재판을 받고 해주 형무소에서 2개월 복역하고 석방되자, 이들 대부분의 학생회원들은 북한 땅에서의 투쟁 한계를 깨닫고 월남하여 대한민국에서 학업을 마치고 각기 좋은 사업에서 봉사 활동하고 있다.

　이들의 그 순수성과 용감성과 책임성들을 높이 평가해야 하겠다.

〈1945. 11. 30〉

참고문헌　「송림시지」 1990. 송림시지 편찬위원회 간

12

북한 5도 연합노회 조직

― 장로교 북한 총회 격

☞ 그때 남한의
이모저모

• 45. 12. 4 / 우익 39개 정당 통일기성회 결성
• 45. 12. 9 / 아놀드 해임, 러치소장 임명
• 45. 12. 15 / 미군정 석유배급회사 창설

1945년 8월 15일, 해방되자 일제 식민지 통치 밑에서 탄압 받으며 신음하던 한국교회는 자유를 찾아 재건사업에 활기를 띠었다. 교회 재건의 선두자는 자연히 교세가 왕성했던 북한교회가 앞장섰다. 그러나 일제 때 핍박으로 옥중에서 수난 받던 교역자들의 생각과, 기성교회 지도자들 간에는 재건 방법과 목적이 서로 달라 대립되어 상당한 마찰이 생기게 되었다.

이에 북한 장로교 지도자들은, 각 노회 대표들이 준비위원회를 거쳐 1945년 12월 12일 평양 산정현(山亭峴)교회에 모여 "북한 5도 연합노회"를 조직했다. 그 당시 북한에는 함북(咸北), 함중(咸中), 함남(咸南), 평북(平北), 삼산(三山), 의주

(義州), 용천(龍川), 산서(山西), 평동(平東), 평양(平壤), 평서(平西), 안주(安州), 황해(黃海), 황동(黃東) 등 모두 14개 노회가 있었다.

여기에서 새로 선정된 임원은 다음과 같다.

회　장 : 김진수(金珍洙) 목사(선천 남교회)

부회장 : 김화식(金化湜) 목사(평양 장대현교회)

위　원 : 김철훈(金哲勳) 목사(평양 산정현교회), 이유택(李裕澤) 목사(평양 신현교회), 김길수(金吉洙) 목사(평양 신암교회), 허천기(許天機) 목사(평양 동평양교회)

이렇게 연합노회를 급속히 조직한 이유는, 전국 교회가 해방 후 급속도로 부흥되어 가면서 재건운동에도 의견이 상반됨으로 전체 교회의 의견을 규합하여 같은 행동을 취하려 함이요, 또 38선 이북에는 공교롭게도 무신론을 주장하는 소련군이 진주하여 갖은 행패를 부리며 군정이 강경책을 실시하면서, 특히 기독교 지도자들에 대한 감시와 사찰이 매우 날카로워 질 뿐 아니라 우리나라에 대한 소련의 야망이 불순한 것을 알게 되자 교계 자체의 강력한 결속이 시급했기 때문이었다.

그래서 연합노회에서 결정한 중요한 안건은 다음과 같았다.

① 북한 5도 연합노회는 남북통일이 완성될 때까지 총회를 대행할 수 있는 잠정적 협의기관(協議機關)으로 한다.

② 총회의 헌법(憲法)은 개정 이전의 헌법을 사용하되 남북통일 총회가 열릴 때까지 그대로 둔다.

③ 전국 교회는 신사참배 죄를 통회하고 교직자는 2개월간 근신(謹愼)한다.

④ 신학교는 연합노회 직영으로 운영한다.

⑤ 조국의 기독교화를 목표로 독립기념전도회(獨立記念傳道會)를 조직하여 전도 교화운동을 대대적으로 전개한다.

⑥ 북한교회를 대표한 사절단을 파견하여 연합군 사령관에게 감사의 뜻을 표하기로 한다.

북한의 5도 연합노회를 장로교 총회로 만들지 않고 일개의 협의기구로 만든 것은 매우 현명한 처사였다. 그 때문에 1947년 남한교회가 단독으로 장로교 전체 총회를 계승하게 될 때 아무런 곤란이 없이 무난히 계승하였다. 그러나 실제로는 연합노회가 총회를 대행하는 기관인 만큼 총회 헌법을 사용하지 않을 수 없었다. 그래서 일제 말기에 강제 불법으로 개정된 헌법 이전 헌법을 사용하기로 한 것도 매우 타당한 일이었다.

또한 급속도로 부흥되는 교세에 대비하여 많은 교역자 양성을 위한 신학교의 재건도 시급함으로 평양신학교를 재 개교하기로 결정하고 김인준(金仁俊) 목사를 교장으로 선임 추대하였다.

또한 전 민족 복음화를 위하여 독립기념전도회를 조직하되 이전 희년(禧年)기념 전도회 총무였던 전재선(全載先) 목사를 총무로 선정하여 전도운동을 대대적으로 전개했다.

그리고 남한 교회와 긴밀한 연락 관계를 맺기 위하여 사절단을 파견하기로 하고 증경총회장 이인식(李仁植) 목사, 평동노회장 김양선(金良善) 목사를 파송했다. 그 후 11월 3일 주일 선거를 적극 반대한 일 같은 크고 중요한 일들을 치르면서 연합노회 간부들은 많은 수난을 겪었고, 결국 6·25를 앞두고 모두 검거되었고 전부 희생되어 순교의 제물이 되었다.

〈1945. 12. 12〉

참고문헌 「한국기독교해방10년사」(김양선 저) 1956. 총회종교교육부 간
「한국기독교회사총람」(이찬영 저) 1994. 도서출판 소망사 간

13

철산군 문화회 반공운동

― 진정한 문화운동은 반공

☞ 그때 남한의
이모저모

• 46. 1. 2 / 조선공산
당, 신탁통치 지지
선언
• 46. 1. 4 / 서울시내
양곡 배급제 시행
• 46. 1. 7 / 학생반탁
시위 전개
• 46. 1. 14 / 감리교
연합연회 개최

8·15 조국 해방과 더불어 전국 각지에서 조국의 희망 찬 내일을 위하여 활동하는 일들이 많은 중 평안북도 철산군(鐵山郡)에서는 기독교 지도자들과 지식계급 청년들이 중심이 되어 1945년 9월 25일 문화회(文化會)가 발족했다. 군민들에게 건국이념의 고취와 향토 문화의 향상 발전을 도모하여 계몽교육을 하기 위한 목적으로 시작했다.

문화회는 체육대회, 웅변대회, 계몽강연 등 손쉬운 사업으로부터 시작하여 동지(同志)학원을 설립하여 초등학교 이수자를 상대로 좋은 성적을 올렸으며 월간지 「문화(文化)」를 발간하여 군민들에게 무상으로 배부하며 공산당을 앞질러

나가자 공산당의 증오심이 더욱 심화되었다. 그래서 표면상 간판을 내리고 비공식적으로 더욱 긴밀히 활동했다.

때 마침 북한에서 첫 대의원 선거일을 1946년 11월 3일로 결정 발표했다. 그런데 이 날은 주일(主日)이었다. 기독교의 반발이 있을 것을 뻔히 알면서도 일부러 주일에 선거를 강행하여 기독교인들을 고의적으로 탄압하는 구실을 잡으려는 술책이었다. 기독교인들 중에 잠재해 있는 불평 요소를 이 기회에 노출시켜 트집을 잡으려는 흑심에서 선거도 치르고, 드러나는 반동세력도 제거할 기회를 얻으려는 일거양득의 교활한 저의가 있었다.

이에 기독교인들은 그들의 저의와 흑심을 뻔히 알면서도 이에 굴하지 않고 주일 선거 반대운동을 전개했다. 그 중에 가장 열렬했던 연수(蓮水)교회 김창규(金昌奎) 목사는 이 일로 인하여 체포되어 15년형을 언도 받고 복역하다가 6·25 직전에 총살되었다. 철산(鐵山)교회 허덕화(許德化) 목사는 체포를 각오하고 가족들에게 마지막 작별까지 고한 다음 종일토록 예배를 보면서 선거 반대운동을 지지했다. 용산(龍山)교회 김양순(金陽順) 전도사는 일제 때 신사참배 반대운동에 앞장섰다가 투옥 중 해방으로 출옥한 강직한 종인데, 이 날 전 교인을 모아 놓고 선거 반대 설교를 하루종일 계속했다.

이로 인하여 허덕화, 김양순을 필두로 용모(龍帽)교회 이창도(李昌道), 이덕수(李德秀) 장로, 동천(東川)교회 박창훈(朴昌勳) 전도사, 중앙(中央)교회 문신규(文信奎) 목사 등이 체포되어 옥고를 치렀다.

1945년 12월 30일 오후 6시 정원양, 김영락, 노창율 등 항일동지 및 원로 유지들과 문화회 간부들이 문화회관에 모여 본부에서는 대대적으로 반탁 시위운동을 전개할 것을 결의했다. 이에 전 군민이 참가할 수 있도록 하기 위하여 발의문 작성을 정윤식이 맡고 연락 책임은 노창율이 맡았다.

그 후 2차적으로 정봉일의 집에서 원로들이 모여 시위행사에 대한 구체적인 방안을 검토하는 한편 각 단체와의 연락 진행 과정을 논의했는데, 철산 노동조합이 문제가 되었다. 원래 노동조합은 우익진영에서 먼저 조직하고 김은덕, 김정선이 정부 위원장이 되었으나 산하 조합원 전부는 좌익진영으로 구성되어 있었다. 이런 관계로 항상 반목을 계속하던 중 위원장 김은덕이 농민조합에서 반탁 시위를 종용하다가 도리어 연금되어 집단 구타를 당하는 사고가 발생했다. 거기다 소련군이 시위에 대비하여 읍내 도처에 기관총까지 배치한다는 정보가 있어 무고한 농민들의 희생이 우려되어 부득이 시위 행사를 취소하게 되었다.

그리하여 행사 예정 하루 전인 1946년 1월 4일 오후 3시경 거사 주역이었던 정봉일, 노창율, 정윤석, 김낙유, 김영락, 김기봉, 문화회장 유춘산 등이 정봉일 집에 모여 거사 취소에서 오는 실의와 울분을 토로하고 있었다. 그런데 보안서원들의 기습을 받아 한 발 앞서 귀가한 유춘산을 제외한 전원이 체포되어 보안서에서 일박 후 도 보안부로 이송되었다. 일행이 도 보안부로 이송되는 날 전송 나온 문화회원들에게, 앞으로 모든 책임을 우리에게 전가시키라는 귀띔을 남기고 태연히 끌려갔다.

그로부터 수일 후 문화회장 유춘산, 장석중, 최태준이 추가로 끌려갔으나 온갖 고문에도 끝까지 완강하게 부인하여 모두 20여일 만에 풀려 나왔다.

그러나 최태준은 일제시절 경찰이었던 관계로 나오지 못했다. 1946년 2월 15일경 김영락, 김영서, 김기봉은 석방되고, 반탁 주동으로 지목된 정윤석, 정봉일, 노창율, 최태준은 반국가 죄목으로 소련으로 유형되었다.

이역 만리 소련 오지에서 4년여를 온갖 고초를 겪다가 6·25 남침 3개월 전에 최태준을 제외한 전기 3인은 고향으로 돌아 왔으나, 유엔군의 북진으로 철산군이 해방 3일 천하가 되었을 때 정윤성은 천성의 애국심을 억제하지 못하여 다시 자치위원회 조직에 앞장서서 활동한 것으로 알고 있으나, 유엔군 후퇴 후에 그의 안부는 전혀 알 길이 없었다.

〈1946. 1. 4〉

참고문헌 「북한민주통일운동사(평북 편)」 1990. 북한연구소 간

14

교회 소유 토지 강제 몰수

- 무상 분배를 표방한 토지 몰수

☞ **그때 남한의 이모저모**

- 46. 2. 1 / 비상 국민 회의 결성
- 46. 2. 6 / 징용 갔던 교포들(남양지구) 귀국 (3,000여명)
- 46. 2.   / 감리교신학교 재건

북한 공산정권이 1946년 2월 5일 〈토지 개혁에 대한 지령(指令)〉을 발표했다.

내용인즉 소작제를 폐지하고 토지 이용권을 경작자에게 분배한다는 내용이다. 법조문에는 "몰수한 토지 전부를 농민에게 영원히 무상으로 분배한다"라고 명기되어 있으나 농민에게 실제 분배된 경지 면적은 13%에 불과하고, 나머지 대부분은 국유지를 만들었다.

토지개혁령에 의거하여 1946년 3월 5일부터 동 월말까지 불과 20여 일에 토지개혁을 실시했는데, 이로써 대·소 지주들은 토지의 무상 몰수로 하루아침에 조상 전래의 피 맺고 땀이 젖은 농토를 뺏기고, 그 중에도 지주 노릇하며 농민들에게 소작료를 조금이라도 받던 사람들(농지 5정보 이상 소유자)은 모두 "불로계급(不勞階級)"이라는 죄명을 쓰고 먼 곳으로 강제 이주를 당하는 바람에 가옥과 가재 도구마저 빼앗기고 거지 신세로 조상 대대로 물려 살던 고향 땅을 억지로 쫓겨나는 신세가 되었다.

토지개혁으로 우리 민족의 미풍양속(美風良俗)인 혈연정리(血緣情理) 등이 단절되고, 동족끼리, 이웃끼리 서로 불신의 사상이 조성되고 사회는 말할 것 없이 살벌해져 갔다. 그밖에 토지, 가옥대장 등 등기 권리 행사가 총 동결되고 말았다.

그런데 토지개혁으로 인하여 교회가 직접 받은 피해는 어떠했나? 북한 지역에 그 당시 교회가 3,000개 처를 넘었다(근래 북한교회 재건작업에서 파악된 통계). 이 많은 교회 중 다소의 차이는 있었지만 아마도 과반수의 교회가 차이는 있으나 토지를 얼마만큼 소유하고 있었다.

땅을 무상 분배받고 기뻐하는 북한 농민

그런데 토지개혁 세칙(細則) 제2장 7조 ; 토지법령 제3조 "ㄹ"항에 의하면, "5정보를 초과한 토지를 소유한 교회, 사원(寺院) 및 종교단체의 토지는 무조건 몰수한다. 이 항은 자기의 토지를 소작 주거나 고용 노력으로 경작하는 방법으로서 공민과 고용 농민을 착취할 목적으로 이용하는 교회와 사원에 대한 것이고, 자기의 노력으로 경작하는 교회, 승려 및 종교단체의 토지를 몰수한다는 것이 아니다"라고 했다.

토지 법령 적용 예 ;
① 12정보의 토지를 전부 소작 주는 교회의 토지는 전부 몰수한다.
② 8정보의 토지 중에서 5정보는 고용 노력으로 경작하고 나머지 3정보는 자력으로 소작을 주었을 경우 그 교회의 토지는 전부 몰수한다.
③ 9정보의 토지 중에서 3정보는 자력으로 경작하고 나머지 6정보는 소작을 주었다면 소작 준 6정보만 몰수한다.

이상 몇 가지 예를 들었지만, 근본적으로 그들의 목적은 교회를 탄압하고 작은 구실만 있어도 이를 근거로 탄압하거나 방해하려는 것이 그들의 속셈이었기 때문에 공산주의 정권이 수립된 북한지역의 교회는 무조건 수난의 대상이 되었다.

〈1946. 2. 5〉

참고문헌 「풍천향토지」(이찬영 저) 1992. 도서출판 소망사 간
「해방후북한교회사」(김흥수 저) 1992. 다산글방 간

15

평양교회 3·1절 기념예배 탄압

- 반공 테러 목사가 된 황은균

> ☞ 그때 남한의 이모저모
>
> - 46. 3. 1/3·1절 기념 행사 (좌·우익 별도로)
> - 46. 3. 1/신광여자 중·고교 개교
> - 46. 3. 5/38선 철폐요구 국민대회

8·15 해방 이후 첫 3·1절을 맞았다. 1919년 대한독립만세 시위운동 당시 독립선언서에 서명한 민족 대표 33인 중 16명이 기독교 지도자였으며 약 50,000명의 투옥자 중 3분의 1이 기독교인들이었다.

이렇게 피로 전승해 온 3·1절을 해방 후 자유롭게 처음 맞는 뜻 깊은 날에 기독교인들이 범연히 지낼 수는 없었다. 특히 그 당시 북한 평양에서는 몇 달 전부터 청년들이 대대적으로 행사 준비를 하고 있었다.

그러나 천만 뜻밖에도 북조선 인민위원회로부터 3·1절 기념행사에 교회 단독 거행의 금지령이 내렸다. 그 이유는 지난 2월 7일 소련군에 의하여 급히 조작된 인민위원회를 3·1절 기념대회에 모이는 인민대회를 통해 승인시킴으로써 인민이 만든 정부로 가장시키려는 계획이었고, 또 한편으로는 은근히 교회 탄압의 기회를 만들려고 하는 목적이 분명했다.

그러나 교회로서는 결코 이 날을 무심히 보낼 수는 없었다. 그런데 기념예배까지 금지 당하는 것은 신앙의 자유를 박탈당하는 것과 다름이 없었다. 그러므로 기어이 3·1절 기념예배로 전 교회가 단합되고 결속될 필요성도 강조되었다. 이리하여 교회는 공산주의자들과 정면 충돌하여 도처에서 저들의 무자비한 박해를 받게 되었다.

3·1운동의 제2 본거지였던 평양교회로서는 3·1절을 공산당 주도 하에 지내게 할 수는 없었다. 이에 평양시내 교역자들이 2월 21일 시내 서문밖교회에 모여 3·1절 기념예배에 대한 절차를 논의 결정했다. 황은균(黃殷均), 김병섭(金炳燮), 김두영(金斗英), 고성훈(高聖勳), 계수영(桂秀英) 등 교계의 젊은 지도자들이 중심인물이 되고 또 선두에 나섰다.

그런데 북조선 인민위원회로부터 교회 단독의 기념행사 금지령을 받았으나 이에 굴하지 않고 계속 준비를 진행했다. 이 소식을 탐지한 내무서(內務署)는 2월 25일 평양시내 교역자들을 마포기념관(馬布記念館)에 소집해 놓아 교회 단독행사를 중단하고 정부 주관의 행사에 합류할 것을 강요했으나, 참석한 많은 교역자들은 한결같이 3·1절의 역사적 사실을 설명하여 교회로서의 기념행사를 중지할 수 없음을 강경히 주장하여 팽팽히 맞섰다.

설득에 실패한 공산당원들은 다음 날 26일 새벽을 기하여 평양시내 교역자 60여명과 준비위원 간부들을 모두 검거했다. 이것은 교회가 주관하는 3·1절 행사를 저지하려는 악랄한 계획에서 나온 행동이었다. 그러나 이런 험악한 분위기에서도 좌절되지 않고 검거되지 않은 몇 지도자들에 의해 기념예배는 예정대로 진행되었다.

 3월 1일 오전 11시, 계획대로 평양 시내 각 교회에서 울려 퍼지는 종소리를 신호로 하여 10,000여명의 교인이 장대현교회에 모여들었다. 교회는 무장경비대에 의해 완전히 포위되었고 내무서원들은 예배 중지를 명령했다. 그러나 수 천 기독청년들의 호위하에 기념예배는 김길수(金吉洙) 목사 사회 하에 무난히 진행되었는데 표면상 명칭은 3·1절 기념예배였으나 내막인즉 〈신탁통치 반대 및 반소 규탄대회〉였다.

 설교자 황은균 목사는 "신탁 없는 독립만이 우리의 살 길"이라고 외치며 온 군중을 흥분시켰다. 강연이 끝나자 군중은 일제히 통성기도에 돌입했다. 사태가 이렇게 험악해지자 당황한 공산당 지도자들은 전위부대인 적위대(赤衛隊)를 교회 안으로 난입시켜 기도하는 교인들을 강제로 해산시켰으며, 황 목사를 검속하여 밖에 대기시켰던 차에 강제로 태웠다. 이 때에 5,000여명의 군중들은 일제히 몰려나와 준비했던 십자가와 태극기를 흔들면서 독립 만세를 부르고 "믿는 사람들은 군병같으니…"라는 찬송을 기세 높이 부르며 시위에 들어갔다. 이에 무장군인들은 실탄 사격을 준비했으나 소련군정관의 명령으로 중지되어 유혈사태만은 면했다. 그 후 소련 군정 장관과의 담판으로 황 목사는 풀려 나왔으나 "반공 테러 목사"라는 낙인이 찍히고, 그들의 감시가 극심하여 어려움을 겪다가 얼마 후 피신하여 간신히 월남에 성공하여 화를 면했다. 그러나 이 사건에 관련된 많은 인사들과 청년들은 계속 검속되었고 감시를 받는 등 박해를 더욱 심하게 받게 되었다.

〈1946. 3. 1〉

[참고문헌] 「한국기독교해방10년사」(김양선 저) 1956. 종교교육부 간

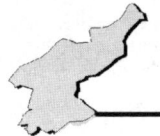

16

강양욱 일가 피격

- 목사가 공산당 제 2인자

☞ **그때 남한의 이모저모**

- 46. 3. 11 / 신안공사령 발표 반발.
- 46. 3. 20 / 제1차 미·소 공동위원회 개최

강양욱(康良煜)은 1904년 12월 4일 평안남도 대동군 용산면 하리에서 출생했다(현재, 평양특별시 만경대 구역). 하리 칠곡은 강씨(康氏) 일가가 점유하고 사는 자작 일가 촌이었다.

김일성의 외조부 강돈욱(康敦煜)은 강양욱의 육촌형이 되는 사람이다. 강돈욱은 하리 칠곡 부락 소재 칠곡교회 장로로서 교회에 충성하는 한편, 동네에 창덕(彰德)학교를 설립하여 인재 양성에 열성을 바쳤던 선각자이기도 하다. 강돈욱의 딸 강반석(康盤石)은 김일성(金日成)의 생모(生母)가 된다. 강반석 역시 어릴 때부터 기독교 가정에서 장로의 딸로 태어나 신앙교육을 잘 받았으며 여성운동과 교육사업에도 헌신했었다는 말도 있는

71

데, 그의 이름 "반석"이 그 가정의 근본신앙을 짐작할 수 있다.

김일성도 유년시절 창덕학교에서 교장 강돈욱과 교사 강양욱에게서 정서적·지적·신앙적 교육을 받고 또 어머니 강반석의 손에 이끌리어 주일학교에도 열심히 출석했던 것으로 사료된다.

강양욱은 청년시절에 일본에 건너가 중앙(中央)대학에서 공부하는 중 좌경사상(左傾思想)에 물드는 것을 집안에서 알고 집으로 불러들여 그의 사상을 전향시키기 위하여 평양신학교에 입학시켜 수업케 했다. 그는 1943년 평양신학교 제38회 졸업생이 되었다(그의 졸업동창생 중에 저명한 목사들… 강인구, 김용진, 김진수, 이환수, 문재구, 장성칠, 김성칠, 오형택 등이 있다.).

목사가 된 강양욱은 평양 고정(高町)교회(1923년 창립, 평양시 기림리 소재)를 시무했는데 이 교회는 이미 이동희(李東禧), 김영노(金永櫓), 정명채(鄭明彩), 김인준(金仁俊) 등 저명한 목사들이 시무한 바 있는 유명한 교회였다.

그는 선천적으로 웅변에 능숙했고 음악적 소질이 풍성하여 부흥사(復興師)적 소질이 다분하였는데, 목회에 전념했으면 대성할 수 있는 인물이었다.

8·15 해방 직후 김일성이 소련군의 절대적인 비호와 후원으로 북조선에 나타나 공산정권을 세울 때, 옛 스승이요 인척관계가 깊은 강양욱을 불러 서기장(書記長)을 삼았다. 그리고 1946년 3월 8일 북조선 임시인민위원회 서기장 자리에 앉자 목사의 성직을 헌신짝같이 버리고 스탈린주의 공산주의 신봉자가 되었다. 유신론에서 무신론으로 급전환 한 것이다. 현직 목사가 공산정권의 제 2인자라는 감투를 썼다.

이로 인하여 평양의 애국 청년, 반공 학생들은 강양욱에 대한 혐오심을 더욱 강하게 가지게 되었고, 그의 배신행위에 대하여 많은 사람들이 크게 상심이 되어 그를 증오하고 성토하는 데까지 이르게 되었다.

강양욱

강양욱이 성토의 대상이 되고 저격의 목표가 된 이유는,

① 강양욱은 기독교를 배신하면서 "평양학생 동맹휴학 주동자는 싹 쓸어 버려야 한다"고 소련군 당국에 건의했던 장본인이다. 평양학생 동맹휴학 사건이란 평양학생들이 소련 군정의 부당성과 민생고에 시달리는 북한 주민의 사회상을 더 이상 묵과할 수 없다고 하면서 등교를 거부하고 대대적인 동맹 휴학을 감행한 사건이었다. 이 사건으로 관련된 많은 학생들이 체포되어 대다수가 시베리아로 유형(流刑)되었는데 그 학생들은 대다수가 기독학생들이었다. 그런데 이 사건의 배후 조종자가 바로 강양욱이라고 하는 소문이 퍼져 있었던 것이다.

② 3·1절 기념행사 때 기독교계에서는 북조선 인민위원회에서 주관하는 평양역전 기념행사에 참석을 거부하고, 별도로 장대현교회에서 기념행사를 추진 중이라는 정보를 입수하여 소련군정과 공산당에서는 2월 25일, 26일에 걸쳐 평양 시내 교역자들과 교회 지도자들을 각 보안서에서 감금하였는데, 이 사건도 역시 강양욱의 작품이라는 여론이 퍼지게 되었다. 그리고 강양욱은 각 보안서에 찾아다니면서 감금된 목사들을 회유 설득하려고 하였다는 것이다. 물론 여기에 설득 당한 목사는 한 사람도 없었다. 이로 인하여 강양욱에 대한 악평이 높아갔다.

③ 또 조선민주당(朝鮮民主黨 당수 : 조만식)을 약화, 와해시켜 공산

73

당 예속 정당으로 전락시키는데 주도적 역할을 했기 때문이다. 1945년 12월 28일 모스크바 3상 회의에 따른 연합국의 5개년 신탁통치를 결사 반대하던 조만식을 고려호텔에 감금시켜 놓고, 최용건(崔庸健), 김 책(金 策), 강양욱이 조선민주당의 실권을 장악했기 때문에, 그 비난의 화살이 강양욱에게 집중되었던 것이다. 이렇게 하여 강양욱은 북한지역에서 가장 증오와 저주의 대상자 제1호가 되었으니 뜻 있는 지사(志士), 의사(義士)들이 강양욱 처단을 결행하자는 데까지 이르렀다.

마침내 1946년 3월 12일 밤, 강양욱의 집에 테러단이 침입하여 수류탄을 투척하여 폭파시켰고 뒤이어 권총을 난사하는 참사가 벌어졌다.

그 날 낮에 중화군 초리현(中和郡 草里峴)교회 강병석(姜炳錫) 목사가 강양욱을 방문하여 시국적인 환담과 농회(農會) 관계 서류 정리의 용무를 마치고 집으로 가려고 나오는데 마침 김득호(金得鎬) 목사가 내방했다고 한다. 김 목사는 강양욱의 아들 영해군(당시 평양공전 재학 중, 22세)의 중매 건으로 왔으나 피차 친한 사이라 그만 함께 어울려 다시 들어가 저녁식사도 같이 하고 밤늦도록 이야기를 나눴는데, 주로 이미 3월 5일에 공포된 〈토지개혁(土地改革)〉에 대한 여론과 공산정권 수립에 대한 이야기들을 자화자찬(自畵自讚)격으로 주고 받았을 것으로 추정된다.

밤 12시가 지나서야 이들은 잠자리에 들었는데, 30분 지나서 난데없이 별안간 강양욱의 집안에서 요란한 폭음이 터지고 뒤이어 총성이 귀청을 째는 듯 울렸다. 아랫방에서 잠자던 가족들이 먼저 당했는데 맏아들 영해군과 열 여덟 살 난 맏딸이 피투성이가 되어 즉사했다. 맏딸은 죽기 전에 신음하면서 "나는 아버지 때문에 애매히 죽는다"라는 원망의 말을 남기고 죽었다고 한다. 강의 부인은 머리에 총상을 맞아 쓰러졌고 주 피격대상자였던 강양욱 자신은 팔에 큰 상처를 입어 쩔쩔매고 있었다. 요행히 작은아들과 딸은 화를 면했다.

그런데 윗방에서 자던 손님 중 정주(定州)에서 온 김득호 목사는 현장에서 즉사하고 중화에서 온 강병석 목사는 중태에 빠져 의식을 잃었다. 그러나 파편이 척추 사이에 박혀 하체가 마비되었고 얼굴에도 많은 상처를 입고 오랫동안 고생하다가 사건 발생 후 2년 8개월만에 죽고 말았다. 결국 죽어야 할 강양욱은 죽지 않고 살아났으며 애매한 사람들만 희생되었다. 당시 사건 현장에는 김일성이 친히 나와서 위로한 일도 있었다.

추후에 안 일이지만 이 일을 주관한 사람들은 서울의 〈백의사(白衣社)〉에서 월북 평양에 잠입하여 여러 가지 비밀 지하 공작을 전개하던 자들이었다. 이성열(李成烈)을 선두로 하여 그의 중학교 동창이던 최의호(崔義浩 : 일명 최정조(崔貞祚), 당시 21세, 평고 졸)와 최기성(崔基成), 이희주(李希柱) 등 4인이 주도하였으며 그 외에 여러 동지들이 협력했다. 이 작전에서 최기성은 현장에서 희생되었고, 차상빈(車相彬 : 공작 거점 책임자)도 비명에 갔고, 이희주와 김정의는 소련으로 끌려가서 그 해 6월경에 사형을 당한 사실이 추후에 확인되었다.

위의 최기성에 관하여는 1946년 6월 북조선 기관지 〈정로(正路)〉를 통하여 보도된 일부를 소개하면, "…현장에서 피살된 최기성이란 악질 반동분자가 김일성 장군과 강양욱 동지를 살해하라는 소위 대한민국 임시정부 내무장관 신익희(申翼熙)의 신임장을 휴대하고 있었다"라고 보도함으로 현장에서 희생되었음을 확인하였다.

이 사건의 해결을 위해 북괴의 전 경찰과 병력을 동원하여 수사했으나 끝내 진범을 잡지 못하였고 애매하게 평소에 반공사상이 농후하던 반공 애국 인사들이 혐의를 받아 구속되고 옥고를 치른 수가 부지기수였다.

그런 원한이 잠재해 있었기에 그 해 가을에(1946. 11. 3) 실시한 대의원 선거일을 일부러 주일(일요일)로 정하고 기독교도연맹(基督敎徒聯盟)이란 허수아비 단체를 조직하여 기독교인들을 전면적으로 탄압하는데 앞장 선 자가 강양욱이었다.

그는 그 후 북한정권에 여러 요직을 두루 거치고 1983년 1월 9일 80세를 일기로 죽었다.

〈1946. 3. 11〉

참고문헌 「북한민주통일운동사(평남 편)」 1990. 북한연구소 간
「북한교회사」 1996. 한국기독교사연구소 간
「평양신문」(1987. 6. 24, 27)

17

신석구 목사 반공 방송

- 반공 용사 신석구

☞ 그때 남한의
   이모저모

• 46. 3. 20 / 한국독립
  당 개편
  (위원장 : 김 구)

북한 공산당은 해방 이후 처음으로 맞는 3·1절 기념행사를 평양에서 거행하되 평양 전 시민을 총동원하여 3·1절 경축보다는 김일성을 선전하고 공산주의를 강화하려는 의도로 진행하였는데, 기독교인들은 자기네 나름대로 기념행사를 하겠다고 함으로 공산당원들은 신경이 곤두섰다.

평양 역전 광장에서 강제 동원하여 모인 김일성 도당의 3·1절 기념행사는 모 우익청년들의 수류탄 투척사건으로 인하여 일대 수라장이 되고 놀란 군중들은 주최자의 만류에도 불구하고 혼이 빠져 허둥지둥 뿔뿔이 흩어지고 말았다.

그와 반면에 장대현(章臺峴)교회당에 모인 기독교인들은 기세도 드높게 행사를 성대히 거행하매, 크게 화가 치밀은 공산당원들은 그 날 연설을 한 황은균(黃殷均) 목사를 강제 연행했다가 교인들의 강경한 항의로 석방했다.

이중 삼중으로 실패한 공산당원들은 보복이라도 할 셈으로 신석구(申錫九) 목사를 강제 연행하여 평양방송국에서 대남(對南) 비난방송을 하도록 강요했다.

신석구 목사는 위대한 애국자요, 3·1 운동 때 33인 민족대표의 한사람으로 활약한 분이다. 그는 3·1 운동 당시 서울 수표교(水標橋) 감리교회를 담임 중이었으며, 독립만세 사건으로 이년 반 옥고를 치른바 있었고, 일제 말엽에는 신사참배를 거부하고 또 투옥되었다가 병보석으로 나오는 고역을 치른 위대한 신앙의 용사였다.

애국적 반공투사 : 신석구 목사

해방 후에는 평양중앙교회(감리교)를 담임 중이었는데, 공산 정권은 무슨 수단으로든 신 목사 같은 지도자를 포섭하려고 했던 것이다. 그래서 기독교도연맹에 가입시키려고 애원도 해 보고 협박도 해 보았으나 끝내 실패만 거듭하던 참이었다.

이런 실정에서 신 목사에게 대남 비난방송을 강요했다. 공산 당국은 신 목사로 하여금 남한을 비난하게 하고, 3·1 운동의 비 조직성을 비난하고 공산당을 제외했기 때문에 실패했다고 주장하는 왜곡 선전하는 방송을 강요했다.

신 목사는 처음에는 거절했으나 내심 비장한 결의를 하고 승낙하고 방송을 했다. 그러나 공산당의 지령은 완전히 묵살해 버리고, 오히려 북한 당국의 비자유성을 비난하고, 3·1 운동 당시에 거족적 민족 단결을 찬양하며 '그 당시에는 우리나라에 공산당이 존재하지도 않았는데 무슨 참여 여부가 있겠느냐?'라고 공산당의 허구성을 폭로해 버리고 말았다. 러시아에서 일어난 10월 혁명이 1917년이며, 조선공산당은 1925년 4월에 창립되었다. 일이 이렇게 되자 그들은 본래 20분 예정이던 방송시간을 10분만에 중단시켰으나 이미 전파를 타고 전국에 퍼진 방송 내용은 거둬들일 수가 없는 노릇이었다. 이 얼마나 위대하고 담대하고 통쾌하고도 자랑스러운 쾌사인가.

이로 인하여 신 목사는 극심한 구타와 고문을 당했다. 그 후 일단 석방은 되었으나 항상 감시의 대상이 되었으며 일거수 일투족(一擧手一投足)도 자유로울 수 없었고, 일언반구(一言半句)도 마음대로 말을 못하다가 마지막에는 '반동 비밀 결사대'의 조직 책임자로 날조한 누명을 씌워 처형함으로 고귀한 순교의 제물이 되었다.

후기 : 2000년 10월 10일 서울 수표교교회에서 "신석구 목사 순교 50주기 추모식"이 거행되었다(필자 참석).

〈1946. 3. 13〉

참고문헌 「한국기독교회사총람」(이찬영 저) 1994. 도서출판 소망사 간
「신석구연구」(이덕주 저) 2000. 감리회홍보출판국 간

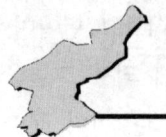

18

공민증 거부 사건

— 짐승의 표를 받은 마귀 자식

☞ 그때 남한의 이모저모

- 46. 5. 15 / 조선정판사 위폐 사건
- 46. 5. 23 / 38선 무허가 월경금지

일제의 박해 밑에서 해방된 후 38선의 설치로 인하여, 북한에는 소련군이 주둔하여 군정(軍政)을 실시함으로 공산정권이 수립되었다.

공산 정권은 국민들을 자기네 통치권 내에 구속하여 지배하기 시작했다. 저들은 조직체를 강화하려는 방법으로 여러 가지 사회단체를 조직하여 국민들을 각기 해당 단체에 가맹시키는 일을 강행했으며, 거기에 자연히 맹원증(盟員證)을 교부하여 그 해당 조직체에 예속시키는 방법을 사용했다.

그 당시 북한에서 조직된 단체들은 농민동맹, 여성동맹, 민주청년동맹, 노동자동맹, 예술인동맹 등, 기타 이런 식으로 각종 동맹을 조직하여 맹원에게 맹원증을 교부하여 그 조직체에서 이탈하지 못하게 하고 자동적으로 노예가 되게 만들었다. 이런 식으로 발급한 맹원증이 무려 16종이나 되는 실정이었다.

그 중에서 전 국민에게 해당시킨 것이 소위 〈공민증(公民證)〉이란 것이다. 공민증은 가입 여부를 따라 발급되는 것이 아니고 북한에 거주하는 사람은 의무적으로 모두 공민증을 소지 휴대해야 한다. 공민증이 없이는 여행, 통행도 못하고 물품을 배급받거나 물건을 매매하지도 못한다. 더구나 신분 보장이 안되기 때문에 결국 북한에서는 살수가 없고 반동분자로 몰릴 수밖에 없었다. 그래서 그 당시 공민증은 "제2의 생명"이라고까지 했다.

그러나 기독교인들 중 가장 보수적으로 독선적 주장을 하던 재건파(再建派)에 속하는 일부 열성교인들은 공민증 교부를 전면 거부하고, 심지어는 공민증을 '적 그리스도 짐승의 표'(성경 계시록 13장 16-18절 참조)라고 하면서 공민증 소지자는 '마귀의 자식'이라고 하며 고의적으로 거절했다. 또 이미 받았던 교인들도 나중에 이런 해석의 지시를 받고 이를 반환하는 사태에까지 이르렀다. 그러나 재건교회 교인들 중에도 공민증을 짐승의 표라고 인정할 증거가 없다고 하며 받은 사람도 있었다.

공산정권은 이런 재건교인들을 반동분자로 규정하고 이런 교역자나 교인들을 체포 투옥하여 강제노동 수용소에 보내어 중노동을 시키고, 강경한 자들은 혹독한 고문 끝에 사형에 처한 사실까지 있었다.

생생한 역사적 사실이 있다. 황해도 사리원(沙里院) 재건교회 시무하던 안재복(安再福) 전도사와 평양 재건교회 이희실(李熙實) 집사를 비롯하여 23명의 재건교회 교인들이 평양 공동묘지에서 총살을 당하여 순교의 길을 걸었다.

이상 재건교인들은 일제 때 신사참배를 거부하고 투쟁하다가 투옥되었던 일이 있었고, 해방 후 출옥되어 기성(既成)교회는 신사참배로 인하여 무너졌으니 다시 재건(再建)해야 한다고 주장하던 교회 혁신파들이었다.

〈1946. 5. 8〉

참고문헌 「한국교회박해사」(최 훈 저) 1979. 예수교 문서 선교회 간

19

반공학생 비밀 결사대 백의단

- 신성은 신성해야…

☞ **그때 남한의 이모저모**

• 46. 8. 22 / 미군정 법령 제102호 (國大案)시행

1905년 창립된 신성(信聖)학교는 기독교계 학교로서 일제하에 많은 수난을 겪으면서도 힘차게 성장했고 그간 수많은 인재를 배출했다. 일제 말년의 어려운 고비를 넘기고 기쁨의 해방을 맞았다. 일제 말에 강제 해임되었던 오 창(吳彰)씨가 다시 교장에 취임했다.

일제의 탄압으로 일시 중단되었던 '신성 체육의 날'도 다시 부활시키려고 준비 중, 10월 15일 (1945) 학생들과 새로 생긴 공산당원들 사이에 충돌이 생겼다.

축제일인 10월 18일에는 오히려 학생들이 공산당사를 습격했다. 이에 격분한 보안대원들과 소련군이 급거 출동, 교장 이하 교직원 전원이 소련군 사령부로 끌려갔다. 이른바 〈공산당 선천군 당사 습격사건〉이다. 일이 이렇게 되자 당시 선천군 인민위원회 위원장 백영엽(白永燁) 목사가 책임을 지고, 학교장(오 창)이 퇴임함으로 일단락 되었다. 그러나 학교는 1946년 8월, 북한군에 의해 강제 점령당했다.

그 당시 공산 치하에서 반공대열에 앞장 선 〈신성 자치대〉는 이용빈, 김최균, 방사건, 홍정룡, 박영일, 최동순, 백재규, 독고희영, 김득린, 김만균, 채신용, 이준식, 김익준, 한계선, 이세창, 이익로, 장윤식, 김기승, 김기화, 변영순, 한게래, 장영윤 등이었다.

또한 신성 동문들이 주축이 된 서북청년회가 전기 주식회사에 특별 단부를 두고 반공 투쟁의 조직을 강화했다. 이와 동시에 선천중학교 안에서도 암암리에 반공 투쟁이 움트고 있던 중 1949년 11월에 뜻하지 않은 반공 학생 검거 선풍이 일어났는데, 재학생 박봉운 외 9명의 학생이 정치보위부로 끌려갔으며 졸업생 10여명도 검거됨으로 이른바 "반공 학생 비밀결사대(세칭 : 白衣團)" 사건이 드러나게 되었다.

이 때 희생된 학생들로는 최일원, 박희상, 옥이현, 김이철, 박봉윤, 홍관채, 석창익, 박호준, 박동인, 박윤구, 김일림, 주종돈, 이성근, 박영준 등이었다.

또한 6·25 사변과 기타 온갖 시련을 겪은 신성의 식구들은 혹은 월남하기도 하고, 혹은 숨어살기도 하며, 모두 흩어지고 말았다.

30년의 역사가 흐른 뒤 남한에서 신성학교 재건운동 끝에 1980년 3월 1일 안양 중·고등학교에 신성 중·고등학교 현판식이 이뤄졌다.

끝으로 신성학교 출신의 저명한 인사들이 많은데 대표로 몇 분을 기록에 남기면… 백락준(白樂濬, 연세대 총장), 박형룡(朴亨龍, 총신대 총장), 이기혁(李基赫, 증경 총회장), 김세진(金世鎭, 증경 총회장), 방효원(方孝元, 산동 선교사), 김진수(金珍洙, 북한 5도 연합노회장), 김양선(金良善, 기독교 박물관장), 방지일(方之日, 중국 선교사, 증경 총회장), 김선양(金善亮, 황해 도지사), 정기원(鄭基源, 국민대 총장), 고병간(高秉幹, 경북대 총장), 이대위(李大爲, 건국대 부총장), 장준하(張俊河, 사상계 발행인), 허봉락(許奉洛, 장로회 회장) 등이 있다.

〈1946. 10. 10〉

참고문헌 「기독교대백과사전」1983. 기독교문사 간
「신성학교사」「평북노회사」「평안북도지」등

20

감리교 서부연회 재건

- 북한 감리교의 재 부흥

☞ **그때 남한의 이모저모**

- 46. 10. 1 / 대구 10·1 폭동사건 야기
- 46. 10. 7 / 좌우익 합작 위원회 7원칙 합의 발표
- 46. 10. 13 / 조선 민족 청년단 결성 (단장 : 이범석)

감리교 서부연회는 일제시대에 지역적으로 북한지역 황해도와 평안 남·북도 양도에 걸쳐서, 영변 지방회, 신창 지방회, 평양 지방회, 진남포 지방회, 해주 지방회, 사리원 지방회 등 6개 지방회로 구성되었다.

1945년 8·15 해방 후 북한의 감리교회는 재건사업에 착수했다. 일제 당시(1930~31년 통계) 서부연회 관내 교회 수가 212개 처였다. 일제 말기 소위 혁신교단의 출현과 함께(친일 감독 정춘수) 서부연회 명칭이 박탈되고 대신 평안교구 황해교구로 분리되었던 것을 다시 원상 복구했다.

1946년 10월, 평양 중앙교회당에서 회집된 해

방 후 제1회 서부연회(재건연회)는 다음과 같이 임원을 선출했다.

연회장 : 송정근(宋貞根) 목사(평양 남산현교회 시무)

부회장 : 이진구(李鎭九) 목사(원산 중앙교회 시무)

서 기 : 이피득(李彼得) 목사(평양 전구리교회 시무)

기타 임원 들 미상

중요 결의사항

① 남한교회와 연합하여 총회를 열 때까지 북한 단독으로 총회를 열지 않는다.

② 서부연회장은 남한교회와 연합하여 총회를 열고 감독을 선출할 때까지 감독의 직무(교역자 임명권, 목사 안수례, 기타)를 임시 대행한다.

③ 서부연회 지역은 남한교회와 합류할 때까지 38선 이북 지역 전체로 한다.

④ 일제시대에 목사직을 불법 파면 정지 당했던 교역자는 자신이 원할 때에는 언제든지 복직한다.

⑤ 구 요한학교 6년 과정(본과 3년, 연구과 3년)을 마친 자에게는 신학교 졸업과 같은 자격으로 취급한다.

⑥ 협동회원 본처 목사로서 일제의 박해에도 굴하지 아니하고, 목회를 계속하여 공로를 세운 이에게는 특전을 베풀어 정회원에 허입한다.

기타 안건이 여러 가지 있었으나 문서상 남는 것이 없어 미확인 된 것이 많다.

〈1946. 10. 10〉

참고문헌 「8·15 이후 감리교서부연회 수난사」(윤춘병 저) 1987. 원로목사회 간

21

보통강 사건

– 조만식 구출 사건

☞ 그때 남한의
이모저모

• 46. 10. 31 / 전남
지구 소요사태
계엄령 발표

고당(古堂) 조만식(曺晩植) 장로는 8·15 해방 이후 북한(평양)에서 조선 민주당(民主黨)을 창당하고 노동당(공산당)과 싸우면서 조국광복 완전 자주 독립국가를 수립하려고 애쓴 최고 민족 지도자였다. 우리 국민은 그를 존경하며 그에게 큰 기대를 걸고 이 민족을 선도해 줄 것을 기대하고 바라왔다.

그러나 북한에 진주한 소련군은, 조만식이 모스크바 삼상회의 결정인 신탁통치(信託統治)를 반대한다고 하여 1946년 1월 5일 그를 평양 고려호텔에 불법 감금했다. 그리고 다음 날(1. 6) 모스크바 삼상회의 결정지지 평양 시민대회를 열고 조만식을 친일 매국노라는 죄명을 씌워 매도했다. 그러나 조만식의 인격과 애국정신을 높이 인정하고 또 그의 정치노선을 절대 찬동하며 따르던 많은 평양시민들은 결코 좌절되지 않았다.

그리고 음으로 양으로 그를 돕기 위한 활동을 전개한 지하 조직 단체가 많았는데, 그 중요한 단체들은 희망단, 수양단, 통일단, 맹호단, 성민단, 활민당, S.H단 등의 지하조직체들이었다.

이들은 모두 소련군정과 공산당에 반대 항쟁하며 싸웠다. 그 지하운동의 한 사건이 세칭〈보통강 사건(普通江 事件)〉이다. 이 사건을 '조만식 구출작전'이라고도 하는데, 당시 이 사건을 모의하며 무기까지 제작한 곳이 보통강변 강송덕(姜松德)의 집이었기에 일반으로 "보통강 사건"이라고 불리운다.

조만식이 감금된 지 한 달쯤 된 어느 날 위영근(韋永根 : 조만식의 조카)을 선두로 뜻 있는 동지들 몇이 비밀리에 모였으니 지태선(池泰善 : 조만식 비서 역임), 최석주(崔錫周 : 임정요인 애국지사), 김만식(金萬植 : 육상선수) 등이었다. 이들은 그 동안 여러 차례 모여 심사숙고한 끝에 조만식을 구출하려고 다음 몇 가지를 결정했다.

① 비밀과 의리를 끝까지 지키자.
② 거사 자금은 김만식이 책임진다.
③ 남한과의 연락은 최석주가 맡고 3월초에 서울에 가서 조인명(曺寅明 : 조만식의 장남, 당시 서울 체류 중)과 우익진영 지도자들과 만나 사전 협의를 한다.

두 달 후인 5월초에 최석주는 서울에 다녀왔고 황 탁(黃濯)을 동지로 규합 가담시켰다. 그리고 조만식을 구출하려는 방법을 구체적으로 모의하고 작정했는데 그 중요 골자는 다음과 같다.

① 황해도 몽금포(夢金浦)에 있는 쾌속정(25톤 급)을 비밀히 구입하여 진남포와 한천(漢川) 사이 비밀거점에 대기시켰다가 조만식

구출 즉시 이 배를 이용하여 전격적으로 북한을 탈출한다.
② 고려호텔에는 야간에 습격하되 미리 전화 통신망을 모두 차단한다.
③ 공산당 당사, 공산당 신문사, 산수 국민학교 앞에서 폭동을 가장하여 소란을 일으킨다.
④ 구출에 필요한 자동차와 장비는 거사 이틀 전에 완전 대비한다.

그런데 8월에 들어섰는 데도 자금문제가 여전히 난관이었다. 토지개혁까지 시행한 북한 땅에 비밀리에 재산을 은닉하고 있는 애국자가 있을 까닭이 없었다. 그러나 더 이상 연장할 수 없어서 선박 이용 탈출문제는 포기하고 육상 수송작전을 다시 연구했다. 육로로 38선을 넘기로 하고 트럭 한 대를 구입하여 38선까지 사전 답사를 했는데, 이 일은 주영록(周永錄)이 맡았다.

구출 현장에서 황해도 금천(金川)군 시변리(市邊里)까지의 소요시간, 경비상태, 검문소 위치, 연변의 보안서, 지서, 파출소 등의 경비상태와 일단 유사시에는 그들을 매수 또는 처단할 일까지 염두에 두고 현지 답사를 면밀히 했다.

동지들은 다시금 ;
① 자금문제
② 구출 현장 급습 특공대 조직
③ 사회 교란, 전기 전화선 단절, 문제 등 새로운 계획을 다시금 세밀하게 재수립했다.

규합된 단체 중에 희망단이란 지하단체가 있었는데, 서울 서북청년단과도 수차례 왕래하며 활동하던 강송덕이란 분이 있었다. 그는 형 송성(松星)과 동생 송운(松雲) 등 삼형제 중 중간이었다. 강송덕은 일제 때 병기창 근무의 경험이 있는 김승찬(金承燦)을 포섭하여 비밀리에 무기 제작까지 하고 있었다.

그런데 삼 형제 중 맏형인 강송성이 평안남도 보안국(保安局)에 취직이 되었다. 그는 자기가 보안국에 취직함으로 동생들 하는 일에 도움을 주고 울타리가 된다고 해명했으나 아무래도 이것은 불안한 요소였다.

결국 그가 보안국에 취직한지 한 주일 후인 9월 말경 20여명의 보안대원들이 동지들의 무기 제작을 하는 비밀장소를 급습하여, 김승찬은 현장에서 사살하고 동생 강송운은 체포하고 강송덕은 구사일생으로 탈출했다. 결국 이들은 믿었던 강송성의 고의적인 배신으로 이런 참화를 당했다.

그러나 조만식 구출작전은 좌절되지 않고 계속 진행되어 습격요인들이 착용할 복장 30여벌과 자동차까지 준비되었다.

탐문한 정보에 의하면, 고당께서는 저녁 7시에 식사를 마치고 호텔 베란다에서 산보를 하며, 현관에는 두 명의 보안서원이 보초를 서고 선생이 거처하는 이층 방 건너편에는 두 명의 소련 특무장교가 지키고 있다는 것이었다.

동지들은 10월 중순경 또 한번 거사 계획을 점검했다. 준비물도 완비되었다. 보안대원들로 가장할 30여명의 청년들도 인선했다. 다음으로 구출 방안인데 주영록이 자동차를 몰고 고려호텔에 도착할 만한 시간에 별동대 제1대는 통신망을 끊고, 제2대는 주요 기관을 습격하여 폭동 소란이 있는 통에 보안대원들로 변장한 청년들이 고려호텔에 급습하여 조만식을 구출하여 탈주한다는 계획이었다.

이에 앞서 최석주는 10월 25일 자기 가족과 조만식의 딸(曺先富) 가족들을 먼저 해주로 떠나 보냈다. 후환을 덜기 위하여 미리 행동한 것이다. 다시금 동지들이 다시 모여 최종 점검을 했다.

① 거사 결행은 최석주가 해주에서 돌아온 후 한다.

② 11월 3일 선거를 앞두고 서로 보안 유지를 철저히 한다.
③ 선거 전후의 위험성을 감안하여 될수록 외출을 삼간다.
④ 세부 계획과 책임 분담은 거사 이틀 전에 확정한다.
⑤ 강송덕은 오늘밤이라도 황 탁의 집으로 옮긴다.

그런데 황 탁이 출타했다 돌아오니 강송덕이 보이지 않았다. 수소문하여 서문면옥 누님 강송욱과 같이 있다는 것을 알고 그곳으로 갔다가 결국 그곳에서 소련군과 사복 차림의 보안서원에 의해 체포되었고, 만장에 숨겨 두었던 수류탄 20개, 권총 30정, 보안서원복 30벌이 모두 발각되어 꼼짝 못하고 황 탁과 강송덕이 트럭에 실려 압송되었다. 그 트럭에는 여학생 몇 명과 남학생 두 명이 있었는데 그 중에 한 남학생이 강송덕 밑에서 일하며 꾸지람을 몹시 받았던 일이 있었던 자로 결국 그 학생이 밀정(密偵)이었다는 사실을 알게 되니 또 한번 배신자로 인하여, 모처럼 구체적으로 준비가 완료되었는데… 이 크고 귀한 일이 일조에 수포로 돌아가고 말았다. 그리고 이에 관련된 주모자, 지도자, 동지들인 청년 학생들이 모두 검거되고 결국 희생되었다. 그야말로 천추의 한(恨)으로 남게 되었다.

조만식 구출작전에 가담했던 주모자들은 일단 평안남도 보안부로 압송되어 구속되었다. 그리고 희망단, 통일단, 수양단 등 지하 단체원들도 그리고 배후 조종자로 지목되는 교회 지도자들까지 모조리 체포되었다. 최석주도 해주에서 붙잡혀 왔다. 강송덕은 극심한 고문으로 반송장이 되었다. 그들은 모두 소련군 특무부대에서 고문과 취조를 받았다.

12월 22일 최석주, 주영록, 황 탁 등은 평양형무소에 수감되었고, 강송덕은 소련군 특무부대에서 곧장 소련군 형무소를 거쳐 20년형을 선고받고 '하바로스크' 수용소에서 복역 중 감형되어 석방되었다. 그리고 6·25 전쟁 휴전 후에 용하게 월남했다.

평양형무소 수감자는 3,000여명이었는데 조만식 구출작전에 관련된 자가 얼마나 되는 지도 파악하지 못하고 말았다.

1947년 4월 2일 최석주 등 동지들과 학생들이 평양재판소에서 재판을 받았다. 그 결과 최석주는 5년(구형은 8년), 황 탁은 3년(구형은 5년), 주영록은 2년(구형은 3년)의 선고를 각기 받고 수감생활을 했다.

그 후 이들은 강동 탄광, 고방 탄광, 함흥 광산 등지로 분산 이감되었다. 결국 이런 광산과 감방 안에서 고역에 고역을 치렀다.

그런 와중에서도 최석주는 평양형무소 안에서 '인민당'이란 지하조직을 만들어 탈옥을 계획했는데, 여기서도 장봉선이란 자의 배신으로 옥중 동지 16명이 함께 사형을 당했다. 황 탁은 다행히 3년형을 마치고 출옥했다고 전해 오나 그 후의 소식은 모른다.

〈1946. 11. 1〉

참고문헌 「북한민주통일운동사(평남 편)」 1990. 북한연구소 간

22

기독교도연맹이 기독교를 탄압

– 집안에 있는 원수

☞ 그때 남한의 이모저모

• 46. 10. 16 / 좌익 3당 사회노동당으로 합당

　북한에서 김일성 도당은 소위 첫 대의원 선거를 고의적으로 주일(일요일)에 강행하려고, 1946년 11월 3일을 선거일로 공고했다. 그것은 공산주의 정권을 수립하는데 있어서 가장 방해되는 요소가 기독교인들이었기 때문에, 차제에 기독교인들을 굴복시키고 만일 불응하면 선거 불참 반동분자라는 죄명을 씌워 검거 처단하려고 일부러 이런 음모를 꾸미고 그 계획을 진행했던 것이다.

　그런데 기독교계에서는 특히 장로교 지도자들은 이미 북한 5도 연합노회를 구성하고 주일 선거에 대한 반대 성명을 내고 전면 대결하려는 실정이었다.

　공산정권은 무조건 탄압만으로는 성사가 되지

못할 것을 깨닫고, 총칼의 무력적 위협보다는 같은 기독교 목사들을 이용하여 앞장 세워 '이전 제전격(以錢制錢格)'으로 기독교의 탈을 쓰고 기독교를 박해하려는 흉계를 꾸미게 된 것이 소위 〈기독교도연맹(基督敎徒聯盟)〉이란 괴뢰 단체의 구성이었다.

그 당시 북한에는 정당으로 노동당(당수 : 김일성), 민주당(당수 : 조만식, 실제는 벌써 최용건이 당수였다), 청우당(천도교인 중심)의 세 당이 있었고, 사회단체로는 농민동맹, 여성동맹, 민주청년동맹, 노동자동맹, 예술인동맹 등 각양 단체가 있으니 여기에다 기독교도연맹도 한 몫 끼게 된 것이다. 이렇게 정당 사회단체가 총망라한 것이 소위 〈민주주의 민족전선(약칭 민전〈民戰〉)〉인데 여기서 모든 정치를 요리했다. 그러기에 〈민전〉이 모든 정치의 산실(産室)이요 배경 세력이었다.

〈기독교도연맹〉의 실제적인 책임자는 강양욱(康良煜)이었다. 그는 장로교 목사 출신이요 김일성의 외종조부(外宗祖父)가 되고, 김일성이 어릴 때 가르친 스승이었기에 이런 동기와 인연으로 김일성은 그를 내세웠고 강양욱은 그의 앞잡이가 되었다.

여기에 감리교의 불평분자인 홍기황(洪基璜) 장로가 가세했다. 또 목사는 되었으나 시무처가 없어서 과자 장사(菓子商)를 하던 곽희정(郭希貞)이 가담하여 평양시 연맹위원장이 되었고, 용강의 김치근(金致根) 목사도 가담했는데 그는 용강의 큰 부자로 큰 과수원과 많은 토지가 있었는데 토지개혁으로 몰수될 때 강양욱이 나서서 그 소유권을 인정해 준 것이 동기가 되어 인민정부에 아부하며 나섰다.

그 외에 이 웅(李雄), 신영철(申英徹), 배덕영(裵德榮), 나시산(羅時山), 심익현(沈益鉉) 등이 있으며 전 중국 선교사였던 박상순(朴尙純) 목사를 포섭하여 위원장 감투를 씌웠다. 그리고 지방 조직을 확대하여 각도에 위원장을 배치했는데, 평북 위원장 이구태(李求太), 황해도 위원장 김응순(金應珣), 함남 위원장 조희차(曺喜車), 함북 위원장 문준희(文俊熙) 등이었다.

기독교도연맹이 주장한 강령은 대개 다음과 같다.

① 기독교의 박애적 원칙에 기초하여 인민의 애국열을 환기하며 조선의 완전 독립을 위하여 건국사업에 전적 협력할 것.
② 민주조선 건국의 해독인 죄악과 항쟁하고 도의(道義)건설을 위하여 분투할 것.
③ 언론, 집회, 출판, 결사와 신교(信敎)의 자유를 보장하기 위하여 진력할 것.
④ 기독교의 발전을 위하여 진력할 것.

그런데 11월 3일 주일에 선거할 것을 공고한 데 대해, 5도 연합

새로 건축된 기독교도연맹 본부건물(1988년 건축)
(1층 : 사무실 2층 : 회의실 3층 : 평양신학원)

노회에서 반대 성명을 내자, 기독교도연맹에서는 여기에 도전하여 주일 선거 지지 성명을 냈다. 그 내용 골자는 다음과 같다.

① 우리는 김일성 정부를 절대 지지한다.
② 우리는 남한 정권을 인정치 않는다.

③ 교회는 민중의 지도자가 될 것을 공약한다.
④ 그러므로 교회는 선거에 솔선 참가한다.

이로써 공산정권은 각 교회에 시달하여 이 성명서를 교인 앞에서 읽게 하고, 선거에 적극 참가하라고 명령했으나 그 명령에 순복한 교회는 한 곳도 없었다. 결국 선거일에는 교회가 거의 불참함으로 선거는 정신적으로 사상적으로 실패한 셈이다.

이 때로부터 공산정권은 기독교도연맹을 통하여 교회 탄압을 일부러 가중하고 반대 인사들의 감시는 일층 더 가중해졌다. 작은 혐의라도 보이면 곧 구속하고 고문하여 온갖 괴로움을 더했다.

처음에는 교역자만 상대하여 가입을 강요하다가 1948년부터는 점차 교회의 직원들은 물론 평신도 청년들까지 가입을 강요했다. 그리고 지방마다 도, 군 심지어는 면 단위까지 지부 위원회를 조직하고, 그 지부 대표들로 소위 기독교도연맹 총회를 조직하였다(1949). 그냥 기독교도연맹만으로는 일반 사회단체의 하나로 취급하기 때문에 이런 오해를 모면하기 위하여, 순수한 교회 조직체라는 간판을 내걸고 감히 '총회(總會)'라는 거룩한 이름을 잠칭(潛稱)하여 도용한 것이다.

북한 5도 연합노회는 불과 노회에 지나지 않으나 자기네들은 총회라는 이름을 함부로 붙이고 실제적으로 전체 교회를 통솔해 보려고 시도했던 것이다. 그리하여 부흥사로 유명한 황해도의 원로목사 김익두(金益斗) 목사를 총회장으로, 부회장에 김응순, 서기에 조택수(趙澤洙) 목사를 그리고 신앙심과 지도력도 별로 없는 무명적 인사들을 들러리로 즐비하니 나열했다.

그리고 기독교도연맹을 극히 반대하는 북한 5도 연합노회 임원급인 김진수(金珍洙), 김화식(金化湜), 김인준(金仁俊), 이유택(李裕澤), 김길수(金吉洙), 김철훈(金哲勳), 허천기(許天機) 등 여러 목사들을 여러 가지 구실과 트집을 잡아 속속 검거 투옥했다.

그리고 동 허수아비 총회가 각 노회와 교회를 직접 주관하였다. 그리고 장로교의 평양신학교와 감리교의 성화신학교를 강제로 폐쇄시키고, 표면상 통합했다는 구실로 기독교신학교라는 새 이름의 연맹 직영 신학교를 만들고 양교 학생 1,200명의 십분지 일인 120명으로 축소 제한했으나 그나마도 기독교도연맹에 가입한 학생만 받는 조건이니 지원자가 별로 없어 120명은 고사하고 그 절반도 못되는 50여명이 모였다. 그 학교 교장은 김응순 목사였다. 그러나 그나마도 6·25 사변으로 한 학기도 제대로 공부하지 못하고 폐교되고 말았다.

〈1946. 11. 3〉

참고문헌 「한국기독교해방10년사」(김양선 저) 1956. 종교교육부 간
「한국기독교회사총람」(이찬영 저) 1994. 도서출판 소망사 간

23

주일선거 반대

– 주일선거 반대에 앞장선 재건교회

☞ **그때 남한의 이모저모**

• 46. 10. 28 / 서울시 입법의원선거

북한 공산집단이 실시한 소위 첫 대의원 선거를 고의적으로 주일에 강행했기에 이에 반대한 기독교인들은 '선거 불참 반동분자'로 낙인 찍혔다. 그래서 수난을 겪은 교회와 교회 지도자들이 수없이 많았다. 그 중에서도 대표적으로 재건(再建)교회가 당한 박해는 더욱 심각했다. 그 이유는 재건교회는 신앙이 독선적(獨善的)이고 보수적(保守的)이어서 일제 때에도 신사참배 반대를 극렬하게 하였고, 해방 후 북한 공산정권이 발행한 공민증(公民證)을 "짐승의 표"라고 해석하여 그 소지를 거절할 정도로 공산권에 도전한 사람들이었기 때문이었다. 그러므로 주일 선거 반대에도 가장 강경했기에 그 수난성도 특이했다.

재건교회의 수난상의 대표적 실예를 몇 곳 들어본다.

① 신의주 견인동 재건교회의 경우
선거를 거부한 이유로 3차에 걸친 박해를 받았다.
제1차는 교역자와 제직원들을 마을에서 축출했고,
제2차는 엄동설한에 교인들을 알몸(裸體)으로 축출했고,
제3차는 교회에서 예배드릴 때 무단 습격하여 예배 방해는 물론 교인들을 강제로 예배당 밖으로 축출했다.

② 수송 재건교회의 경우
선거 불참 이유로 젊은 여성도 6명을 밤중에 호출하여 고문 끝에 인민재판에 회부하여 '반동분자'라는 죄목을 씌워 나체로 동구 밖으로 축출했다. 때는 영하 20도가 넘는 엄동이었다. 저들이 가는 친척집에서도 받아들이지 못하게 했으므로 마침내 교회당을 찾아가서 겨우 죽음을 면하기는 했으나 손과 발, 온 몸이 동상에 걸려 참혹한 고생을 당했다.

③ 용암포 재건교회의 경우
교인 중에 선거에 불참했다는 이유로 남편이 수형되고 그 때 마침 부인이 임신 중 분만기에 있었음으로 보류되었다가 해산 7일 후에 속치마 하나만을 입혀 추운 동절에 축출되어 15리나 되는 눈길을 맨발로 걸어가 용암포 읍내 교회당으로 가서 겨우 죽음을 면했으나 동상(凍傷)으로 죽을 고통을 당했다.

〈1946. 11. 3〉

참고문헌 「재건교회사」(최 훈 저) 1976. 예수교문서선교회 간

24

11월 3일 주일, 선거 강행

- 성수주일은 교인의 생명선

☞ **그때 남한의 이모저모**

• 46. 11. 2/민선 입법의원 45명 결정

1945년 8월 15일, 조국이 일제 탄압에서 해방되었으나 불행하게도 북위 38도선으로 남북이 분단되고 북한지역에는 하나님이 없다는 무신론 공산주의 소련군이 진주하여 군정을 폈다.

그들은 김일성(金日成, 본명 : 成柱)이라는 당시 소련군 대위를 앞장 세워, 그가 만주 땅에서 일본군과 싸운 독립군 대장이었던 김일성 장군이라고 거짓으로 허위 선전하는 등 공산주의 정권을 수립하려고 광분했다.

그리고 이듬해 46년 2월 8일에 평양에 〈북조선 임시 인민위원회〉라는 괴뢰(傀儡)단체를 만들고 남북통일 될 때까지 임시(臨時)인민위원회로 한다고 하더니, 그 해 11월 3일에 소위 첫 대의원 선거를 강행하게 된 것이다.

　김일성 공산 집단은 그들의 통치 과정에서 가장 방해 요소가 되고 걸림돌이 되는 단체가 기독교이므로 기독교에 대하여 박해하는 중에 가장 악랄한 방법을 구상한 것이 곧 주일(主日)에 선거를 강행하려는 계획이었다. 이는 참으로 교묘하고도 야비스러운 방법이었다. 선거에 참가하면 주일성수를 범한 변절자를 만드는 것이요, 불참자는 반동분자로 규명하여 처벌할 구실을 잡으려는 것이었다.

　이에 기독교 지도자들은 모여 대표자를 뽑아 선거일을 주일을 피해서 해 달라고 진정했으나, 그들은 이 진정의 뜻을 거절하고, 주일 선거를 강행함으로 이에 불응하거나 반대하는 교계 지도자들을 검거 투옥하려는 속셈이었다. 그래서 기독교 지도자들의 진정을 완전히 거절하고 묵살했다.

　선거를 두 주일 앞두고 10월 20일, 북한 5도 연합노회에서는 주일 선거에 대한 대책을 결정하고 이 사실을 공산정부에 통고하여 기독교인들의 총의를 확실히 표시했다. 그 때 발표한 결의문은 다음과 같다.

　북한의 2,000개 교회와 300,000명 기독교 신자들은 신앙의 수호와 교회의 발전을 위하여 다음 5개항의 교회 행정의 원칙과 신앙생활의 규범을 결정 실시 중에 있사오니 좌기 귀 위원회의 적극적인 협조를 바라 마지않는 바이다.

　① 성수주일을 생명으로 하는 교회는 주일에는 예배 이외에 여하한 행사에도 참가하지 않는다.
　② 정치와 종교는 이를 엄격히 구별한다.
　③ 교회당의 신성을 확보하는 것은 교회의 당연한 의무요 권리이다. 예배당은 예배 이외에는 여하한 경우에도 이를 사용함을

금지한다.
　④ 현재 교역자로서 정계에 종사할 경우에는 교직을 사면하라.
　⑤ 교회는 신앙과 집회의 자유를 확보한다.

　이상과 같이 강경한 대결의 자세가 표시되어 있는 동 결의문을 접한 북한 공산정권은 탄압만을 가지고는 성사되지 못할 것을 깨닫고, 김일성의 비서인 전 목사 강양욱(康良煜)을 시켜 교회 궤멸 공작을 개시했다. 즉 신앙이 철저하지 못한 목사들을 매수하여 또 다른 교회 기관들을 만들고, 그들에게 교권을 주어 교회 내분을 일으켜 교회의 자멸을 도모하려는 것이니, 그 실세가 곧 〈기독교도연맹(基督教徒聯盟)〉의 결성이었다.
　북한에 이미 5도 연합노회가 있어 전 기독교계를 장악하고 있는데 이것을 견제하고 억제하고 교란하고 와해하려는 음모 아래 별개의 기독교 단체를 착안한 것이 곧 〈기독교도연맹〉의 결성이었다. 이 기독교도연맹은 이미 발표한 5도 연합노회의 5개조 성명을 반박하려고 다음과 같은 4개조의 성명을 발표했다.
　① 우리는 김일성 정부를 절대 지지한다.
　② 우리는 남한 정권을 인정하지 않는다.
　③ 교회는 민중의 지도자가 될 것을 공약한다.
　④ 그러므로 교회는 선거에 솔선 참가한다.

　공산정권은 각 교회에 명하여 기독교도연맹에서 발표한 결의문을 교인들 앞에서 강제로 발표케 하려고 했으나 이를 순응한 교회는 한 교회도 없었다.
　사태가 이렇게 심각하게 전개되자 전체 교인들은 비장한 각오로 이에 대결했다. 즉 교인들은 선거일 전날(11월 2일 토요일) 밤에 각기 교회당에 모여서 철야기도회를 가졌고, 주일 아침이 되었어도 집으로 돌아가지 않고 금식하며 계속하여 주일예배와 기도회를 여러 차례 반복하며 신성한 농성을 강행하여 주일선거를 사실상 거부했다. 일부 부녀자들은 집에 있다가 투표장에 나갈 것을 강요당했으나 모두 용기 있게 거절하고 불참했다.

이에 격분한 공산당원들과 민청맹원들은 예배당을 포위하고 그들의 혁명가를 부르며 위협적인 데모를 강행했으나 이것이 두려워서 선거에 참여한 교인은 없었다. 교인들은 오히려 순교까지 각오하고 나섰으니 심리적으로 불안도 없었고 또 자기 혼자 개인적으로 당하는 일이 아니라 교인 전체가 집단적으로 당함에 신앙의 힘으로 대항할 수 있어 더욱 용기가 생긴 것도 사실이다.

공산 정권자들은 선거에 불참한 교인들을 더욱 의식적으로 박해하게 되었으며, 앞서 언급한 기독교도연맹을 통하여 교회탄압을 더욱 노골적으로 하였는데, 특히 교회 지도자급인 목사, 전도사, 장로, 집사, 청년들까지 그들의 언행(言行)을 세밀히 살피다가 자기네 뜻에 조금이라도 거슬리는 자들은 골라서 체포, 구속, 고문, 불법재판으로 투옥했다. 결국 이로 인하여 북한 교회는 일제 말엽에 당한 신사참배 강요 이상의 박해와 시련을 겪게 되었다.

그런데 선거를 끝낸 공산 당국은 투표율을 과장 선전하여 평소에 하든 버릇대로 120% 초과 달성되었다고 떠들었다. 이에 외국 신문기자들은 질문하기를 "선거 투표 참가는 유권자 전원이 참가해야 100%인데 초과되었다면 이중 투표가 분명하다"고 하자 그제야 깨닫고 99.98% 운운하며 창피스러운 촌극도 연출했다.

〈1946. 11. 3〉

참고문헌 「한국기독교회사총람」(이찬영 저) 1994. 도서출판 소망사 간

25

정주 반공 광복단

- 반공해야 할 이유

☞ 그때 남한의
이모저모

• 46. 11. 7 / 법령
제121호 공포
(최고 노동시간1주
48시간제) 시행

〈정주 반공 광복단〉은 8·15 해방 후 공산 치하에서 있었던 반공 단체인데, 평안북도 정주군 마산면 청정(淸亭)교회를 근거지로 하여 김병조(金秉祚) 목사를 중심으로 한 기독교 중직자들로 조직되었던 애국 반공단체였다.

김병조 목사는 1877년 평북 정주 출생으로 일찍이 한학을 수업하고 서당을 개설하여 후배를 키우다가 예수를 영접한 후 평양신학교에 입학하여 수업하는 동시에 관리(館里)교회(1900년 9월 3일 창립, 평북 의주군 고관면 관리 소재, 현재 피현군 성하리) 조사(전도사)로 교역을 시작하여 1914년에는 그 교회에서 장로 장립을 받았다.

1917년 평양신학교를 제10회로 졸업하고 그 해

평북노회에서 목사 안수를 받고 목회하던 중, 1919년 3·1 독립만세운동이 일어날 때 민족 대표 33인 중의 1인으로 활약했다. 또 중국 상해(上海)로 망명하여 임시정부 수립에 헌신하였으며, 중국(주로 만주지방)에서 목회와 교육을 통해 민족 지도에 힘쓰다가 1933년 귀국하여 용천(龍川)노회에서 목회 하다가 일제의 신사참배 강요 때문에 다시 은퇴생활을 했다.

1945년 8·15 해방 후 청정교회를 목회하면서 교인들을 중심으로 반공 광복단을 조직하여 총 지도 감독을 맡았다. 그는 우리 민족이 반공해야 할 이유를 다음과 같이 주장하며 강조했다.

김병조 목사

1) 공산주의(共産主義)는 망할 수밖에 없기 때문이다.
① 공산주의는 무신론(無神論)인 까닭이다. 하나님의 존재를 부인하고 창조 원리를 거역하며 기독교를 대적한 정권은 모두 멸망했기 때문이다.
② 인권(人權)이 없기 때문이다. 기독교는 인권을 최고 가치로 보는데 공산주의는 물질주의이므로 인간의 가치를 노동력에 두고 인권은 없이 당권(黨權)만 내 세우기 때문이다.
③ 자유(自由)가 없기 때문이다. 자유는 인간의 생명인데 공산주의는 통제이다. 개인의 어떤 자유도 인정하지 않기 때문이다.

2) 민주주의(民主主義) 국가를 세워야 하기 때문이다.
민주주의에도 모순과 부조리가 많지만 거기에는 인권이 있고 자유가 보장되기 때문에 잘못이 있어도 얼마든지 선한 방법으로 시정할 수 있다.

정주 반공 광복단은 기독교회를 중심으로 반공 전단(삐라)을 살포하기로 하고 그 범위는 북한 전역에서 교회 중심으로 진행시켰다.

그런데 각처에 살포된 전단의 내용은 풍자적 만화였다. 내용인즉 마차가 쌀가마니를 잔뜩 싣고 가는데 농민들은 뒤에서 쌀가마니에 매달렸고 개(犬)가 나와서 권총으로 농민들에게 발포하는 내용이다. 말(馬)에는 소련이라고 썼고 개에게는 김일성이라고 썼다. 이런 내용의 삐라가 인근 일대에 수없이 뿌려졌으니 무사할 까닭이 없었다. 1946년 12월 24일 김병조 목사 이하 단원들이 속속 검거되었다. 김목사는 주모자로 지목되어 신의주 소련군 특무사령부로 끌려갔고 특수 반동분자로 낙인 찍혀 소련 시베리아 정치범 수용소로 유배되어서, 그곳에서 희생되어 순교의 제물이 되었다.

그 당시 같이 검거된 분들 중에는 이경선(李敬善 : 33인 민족 대표 중 이명룡〈李明龍〉 장로의 차남) 장로, 최익환(崔益煥 : 정주 고아원장) 장로, 최지영(崔知永 : 덕흥교회 최택규〈崔澤奎〉 목사의 장남), 김영섭(金英燮 : 평동 중학교장) 집사, 주동백, 김은민, 이기청, 안형일 등 제씨가 있었으며 그 외에 많은 희생자가 생겼다.

그런데 반공광복단은 어디까지나 점 조직이었기에 간부들도 접선자 외에는 누가 가담되었는지 모를 정도로 극히 비밀스런 조직이었기에 많은 희생자가 나지 않았다. 용케 빠진 분들은 도피 월남하여 생존한 분들의 증언에 따라 그 당시의 조직 내용의 일부라도 전해지고 있다(최인학 장로, 안형일 교수 등 증언).

〈1946. 11. 10〉

참고문헌 「김병조의 민족운동」(김형석 저) 1993. 남강문화재단 출판부 간

26

미신타파 돌격운동

- 미신타파는 누가 할 것인가?

☞ **그때 남한의 이모저모**

• 46. 11. 6 / 관선 입법위원 45명 결성
• 46. 11. 23 / 남조선 노동당 결성
  (당수 : 허 헌)

북한 공산정권은 소위 민주 개혁을 위한 제반 조치와 함께 1946년 12월 6일부터 〈건국사상 총동원운동(建國思想 總動員運動)〉을 전개하기 시작했는데, 이는 봉건주의 낡은 사상 잔재와 생활양식을 없애고 새로운 생활 양식을 세우기 위한 투쟁이라고 선전했다.

그런데 이에 앞서 1946년 11월 13일 북조선 임시인민위원회에서는 소위 〈미신타파 돌격 기간(迷信打破 突擊 期間)〉을 설정하고 이를 대중운동의 형식으로 전개시켜 나갔다.

이 시기에 〈토지 개혁(土地改革, 1946. 3. 5 공포)〉 등 제반 민주개혁 조치들과 비슷한 차원의 대중운동으로 추진된 〈미신타파 돌격운동〉은 분

108 북한 기독교 100장면

명히 반종교(反宗敎) 투쟁의 성격을 띤 정책적 조치였다.

이들은 미신타파 운동을 전개하기 직전에 시행한 첫 대의원 선거를 고의적으로 11월 3일 주일에 불법으로 강행했다가 기독교인들의 집단 거부로 목적 달성에 실패하자, 기독교인들에 대해 보복하기 위한 일이라는 느낌이 짙게 보였기 때문에 더욱 야비스러운 인상을 풍겼다.

그런데 일반적으로 "미신(迷信)"하면 이치에 어긋난 것을 망령되게 믿는 것이라고 국어사전에는 풀이가 되어 있고, 일반 상식적으로는 소위 허다한 민속신앙(民俗信仰), 무속행위(巫俗行爲), 복술가(卜術家), 무당(巫堂)들이 주장하고 관행하는 온갖 잡된 사상과 행위를 일컬을 것이지만, 북한에서는 그 범위를 한층 더 확대하여 신선하고 건전한 종교 세계가 공인하는 종교(불교, 유교, 기독교 등)까지도 미신이라고 규정하였다. 그러므로 미신타파 운동은 이를 한꺼번에 타파하려는데 그 목적이 있다고 본다.

솔직하게 말하면 공산당은 기독교, 천주교를 위시하여 불교, 천도교까지 자기들의 사상적인 반대 세력들을 그 대상으로 삼아 일망타진하려는 심산에서 넓게 추진한 것이 곧 미신타파 운동이라고 할 수 있겠다.

더구나 기독교는 전세계 인구의 삼분의 일이 믿는 세계적인 종교인데 어찌 감히 '미신(迷信)' 운운 할 수 있겠는가.

북한에서 1981년에 간행한 『조선전사(朝鮮戰史)』(제24권)에 보면 대개 다음과 같은 논조를 찾아 볼 수 있다.

> 1946년 11월 13일 북조선 임시 인민위원회에서는 〈미신타파 돌격기간〉을 설정하고, 미신행위 없애기 운동을 군중적 운동으로 적극적으로 벌이는데 대한 구체적인 대책을 마련했다.

북조선 임시 인민위원회 교육국에서는 각 정당, 사회단체, 교육 책임자 등의 좌담회를 열고 미신타파를 위한 구체적인 방도와 대책을 토론했다. 그 대책의 하나로 11월 25일부터 30일까지 미신타파 돌격기간을 정하고 진행 대책을 수립했다.

미신타파를 위한 투쟁은 각 정당 사회단체들의 적극적인 참가 하에 사회적인 운동으로 전국 각지에서 벌어졌다. 특히 사람들의 개인 생활과 직접 연관되어 있는 가정생활 분야에서 미신행위를 없애기 위한 투쟁이 힘있게 벌어졌다.

그리하여 모든 사람들이 계몽 각성되고 가정에서 각종 미신행위들이 극복되어 나갔다. 미신타파가 힘있게 벌어진 결과 우리 인민들은 해방전의 무지와 몽매에서 벗어나 정치 사상적으로 더욱 각성되었으며 새 조국 건설에 더욱 적극적으로 참가하게 되었다.

이처럼 북한 공산당이 적극적인 반 종교운동을 전개하면서도 그 명칭을 미신타파라고 한 것은 종교를 미신행위로 보는 공산주의의 원리라고도 하지만, 종교 탄압이란 구실을 주지 않기 위해서 교묘하게 위장(僞裝)된 전술로도 분석될 수 있다.

〈1946. 11. 13〉

참고문헌 「해방후북한교회사」(김흥수 저) 1992. 다산글방 간

27

한독당 안악지부 수난

- 항일 독립운동의 기지 안악

☞ **그때 남한의 이모저모**

• 46. 11. 30 / 서울 인구 124만 여명

　1945년 11월 하순, 대한민국 상해 임시정부(주석 : 김 구)요인들이 귀국하여 건국운동에 심혈을 기울이게 되었다. 특별히 이들 중에 김 구(金九)는 우리나라가 일본에게 국권을 빼앗긴 후 중국으로 망명가서 임시정부를 수립하고 주석(主席)에 취임하여 악전고투하며 항일전(抗日戰)에 큰 공을 세우고 독립을 위해 애쓰다가 귀국한 것이다. 그렇다면 마땅히 합법적으로 건국의 주체(主體)가 되어야 할 참인데 미군군정이 이를 인정하지 않아 섭섭하게도 개인 자격으로 입국했다.

　김 구는 중국에서 창당하여 이끌던 한독당(韓獨黨)을 재 창당하여 그 세력을 전국적으로 확산해 나갔다. 남한지역은 물론 북한지역에서도 지부가 조직되기 시작할 때, 황해도 안악(安岳)에서도 여기 호응했는데 1946년 11월에 안악지부당이 결성됐다.

당시 북한에는 노동당(당수 : 김일성), 민주당(당수 : 조만식), 청우당(천도교인 중심)의 삼당 외에는 합법적으로 정당 활동이 허용되지 않았기 때문에, 북한에서 한독당 결성은 처음부터 비밀리에 지하조직으로 발족했다.

특히 안악은 당수 김 구가 출생한 곳이요 국내에서 독립운동을 할 때 대부분 안악을 근거지로 활동했기 때문에, 안악의 반공 인사들은 김 구가 영솔하는 한독당을 좋게 보고 신임하여 가담자가 많았다.

안악은 지부장 임창섭(林昌燮 : 안악읍교회 피택 장로)을 중심으로 중요 당원들은 장성칠(張聖桼 : 안악읍교회 목사), 조봉하(趙鳳夏 : 부둔교회 목사), 박찬목(朴粲穆 : 대금교회 전도사), 김성묵(金成默 : 제도교회 전도사), 김종권(金種權 : 무석교회 전도사), 류삼근(柳三根 : 용산교회 영수), 김유각(金裕珏), 조용섭(趙鏞燮), 강병모(姜秉模), 민병지(閔炳智), 강복균(姜福均), 강성국(姜成國) 등으로 이들은 주로 안악지방 각지 장로교회의 목사, 전도사를 위시하여 기타 직분자들과 청년들이었

수난의 장소 :
안악읍교회당

기 때문에 대부분 교인들이었다. 비교인도 약간 있었으나 신임도는 교인을 능가할 분들이었다.

미·소(美·蘇)공동위원회에서 남북 총선거가 합의되면 민족진영의 근간(根幹)이 될 것을 기약하면서 조직망을 확대해 나갔다. 그러나 한독당의 발전을 주목해 보며 탄압할 명분을 찾고 있던 공산 당국은 좋은 기회를 포착했던 것이다.

한독당 안악지부의 조직이 노출되자 해주에서 안악내무서에 급보가 내려 왔고 곧 이어 검거선풍이 일어났다. 우선 안악 내무서원들은 안악읍교회를 급습하여 교회와 목사 사택을 샅샅이 뒤지던 판에 장성칠 목사가 체포되고 천장에 숨겼던 당원 명부를 찾아냈다. 이리하여 지부장 임창섭을 위시하여 조봉하, 박찬목, 장병모, 김성묵, 류삼근, 김종권, 민병지, 강성국 등 300여명의 반공인사들이 연행되었다.

이 사건은 안악지방에서 반공활동과 관련되어 있는 정당 종교인들로는 최대 규모의 사건이었는데, 그 대상을 20세 전후의 학생들까지 포함시킴으로 공산당국의 잔인성을 드러냈다. 내무서원들은 조서를 꾸미느라고 며칠씩 밤을 새웠다.

안악읍에서 한독당 사건으로 막대한 피해가 났다는 소문이 퍼지자 군내 이웃 면인 대원(大遠), 용순(龍順), 서하(西河), 안곡(安谷), 용문(龍門), 은홍(銀紅) 등 각면에서도 기독교 지도자들을 위시하여 많은 민주인사들이 검거되었고, 뒤이어 신천(信川), 재령(載寧), 장연(長淵), 송화(松禾) 등 여러 군에서도 검거 선풍이 불었다.

공산 당국은 한독당 사건을 어마어마한 반공운동처럼 꾸미기 위해 혈안이 되었다. 정치보위부 간부들은 온갖 위협과 회유책으로 단서를 잡으려고 노력했으며, 심지어는 어린 학생들까지 심한 매질을 하면서 '김 구로부터 공작금을 얼마나 받았느냐'를 추궁했으나 허사였다. 공갈 협박과 감언이설의 유혹에도 굴하지 않았고 또 사실 정치자금을 받은 일이 전혀 없기 때문에 결정적인 단서를 잡지 못했다.

사건을 확대하여 수백 명의 혐의자를 구속 심문했으나 한독당 안악지부가 기독교인 중심으로 조직되었다는 사실 외에는 구체적인 반소 반공운동의 활동의 증거를 잡지 못했으므로 그 많은 검거자들을 어떻게 처리해야 할지 몰라 벽에 부딪치게 되었다.

마침 1946년 여름부터 가을 사이에 열린 미·소 공동위원회에서, 서북한 지역의 애매한 애국인사들을 대량 검거하여 감금 중에 있다는 사례가 거론되고 양민의 탄압문제가 논의되자, 소련군정 당국으로서도 다소 태도 변화를 보이지 않을 수 없는 입장에 놓이게 되었다.

그리하여 특별한 혐의도 포착하지 못하고 군정 당국의 입장도 고려하여, 임창섭(지부장) 등 주동인사 몇 명만 해주로 이송하고, 나머지 인사들은 훈계 석방했다. 해주로 이송된 임창섭, 강병모, 강복균 등은 심한 고문을 다 겪은 후에 6·25 당시까지 수감되어 있었다. 그러나 국군과 유엔군이 북진해서 해주형무소를 접수했을 당시에는 이미 이들의 모습은 찾을 길이 없었다. 결국 이들은 끝까지 반공의 의지를 굽히지 않고 싸우다가 공산당원들에게 희생된 것으로 판단된다.

〈1946. 11. 18〉

참고문헌 「북한 민주통일운동사(황해도 편)」, 1990. 북한연구소 간
「안악군지」, 1976, 안악군민회 간

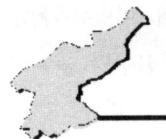

28

정주 학생 의거 미수

- 어린 학생들의 반공 궐기

☞ **그때 남한의 이모저모**

- 46. 11. 21 / 경성부 서울특별시 승격
- 46. 11. 23 / 남조선 노동당(당수 : 허 헌, 부 : 박헌영) 결성

신의주 학생 반공의거 사건(1945. 11. 23)은 북한 전역에 널려 있던 반공 학생들의 마음에 비상한 충격과 영향을 주었다. 곳곳에서 이와 같은 학생들의 움직임이 점차 빈번해 졌다.

저항의 도시 정주(定州)학생들이 침묵할 리 없었다. 더구나 해방군으로 맞이한 소련군의 약탈과 만행을 보고 정주 학생들이 궐기했다.

이에 선두에 나선 정주 중학생 탁상호(卓相浩)는 정주교회 독실한 교인이고 나이에 비해 매우 성숙한 학생으로 교회에서는 물론 학교와 동네에서도 인망이 높았다.

탁상호는 소련군을 붉은 마귀 군단이라고 하며 쳐부시겠다는 결의를 단단히 했다. 그리고 지도자로 정주읍교회 이경선(李敬善) : 33인 민족 대표의 1인 이명룡(李明龍) 장로의 차남) 장로를 찾았다. 이 장로는 당시 조선민주당(당수 : 조만식 장로) 정주 지부당 책임자였다. 이 장로 자신도 소련군의 만행에 의분이 차서 통탄하던 차에 탁군을 만나 적극적인 후원과 지도를 약속하고 실천에 옮겼다.

 탁상호는 믿을 수 있는 기독학생들을 주로 서클에 가입시키기 위하여 정주와 선천(宣川)에 있는 기독교 계통의 학교인 정주 오산(五山)학교, 신성(信聖)학교, 보성(保聖)학교를 방문하였고 학생들 중에 믿을 수 있는 기독 학생들을 중심으로 뭉쳤다.

 우선 급선무는 막강한 무기를 소지한 소련군을 상대하려면 무기가 있어야 함을 역설하고, 자기네 과수원 옆에 있는 일제가 남기고 간 무기고(武器庫)를 기습하여 무기를 탈취하자는 안을 냈다. 엄청난 모험이지만 멸공 심에 불타는 젊은 학도들로서는 놀랍고도 신선한 착안이었다.

 먼저 특공대가 조직되어 그 날 밤 무기고 쪽으로 숨어 들어갔다. 그 사이 탁상호는 무기고를 지키는 인민군 보초들을 자기 집으로 초청하여 푸짐한 음식과 맛있는 사과를 대접하면서 무기 약탈의 기회를 만들어 주었다. 이날 밤 많은 총기류와 탄약, 수류탄, 심지어 일본도(日本刀) 8정까지 약탈했다.

 거사 일을 메이데이(May day, 5월 1일) 전 날에 하기로 내정했다. 그런데 거사 하루 전 밤중에 이들 반공학생 60여명이 일망타진되고 말았다. 그 당시 간부 중에 이남에서 월북한 학생 하나가 있었다. 유달리 똑똑하고 열심히 매사에 앞장서서 활동하고 신앙심도 대단했다. 이 학생의 신분을 신중하게 검토하지 않고 가입시킨 것이 낭패의 원인이었다. 그 학생은 빨갱이 학생이었다. 공산당의 비밀지령을 받고 신분을 속이기 위해 남한에서 온 것처럼 가장하고 일부러

일제때 정주읍 모습

모범을 보여 신임을 얻고 핵심으로 활동했던 것이다. 그가 서클의 모든 동태를 일일이 보안서에 밀고하고 있었던 것이다.

체포된 학생들은 그 날부터 모진 고문에 시달렸다. 젊은 혈기 왕성한 학생이란 감정에 치우치기 쉽기 때문에 단체적으로 밀어 부치는 데는 노도 같으나 하나하나 매질로 다스리는 고문에는 유약하기 이를 데 없는 존재였다. 말로만 듣던 전기고문, 비행기 돌리기, 고춧가루 물 마시기, 학춤 치우기 등 각가지 고문에 모두들 손을 들고 사실을 그대로 자백했다. 사실 학생들 대부분은 배후 인물이나 지도 책임자가 누구인지도 모르고 간부들이 지시하는 대로 움직이도록 만들어진 비밀 조직이었다.

모든 비밀의 열쇠는 총 책임자 탁상호와 그 측근 간부 몇 사람만이 쥐고 있었다. 보안서원들은 이 사실을 파악하고 이들을 특별히 다루었는데 컴컴한 지하실 방으로 끌고 가 극심한 고문을 감행했다. 처음에는 입을 열지 않고 배후 세력이 없이 학생들 자체 단독으로 했다고 고집했으나, 그런 어마어마한 일을 자기네 학생들끼리 했다고 누가 믿겠는가? 결국 혹독한 고문 끝에 탁의 자백을 끌어냈다. 김병조(金秉祚) 목사와 이경선 장로의 이름이 배후 세력으로 부상되었다. 그 외에 정주교회와 이웃 교회 장로 몇 분도 지명되었다.

물론 이들 배후 조종자로 지목된 민주인사들은 모두 구속되었다. 학생들은 한 달 후에 모두 가석방되었다. 더 많은 민주 인사들을 찾아내려는 술책이었다. 이들은 석방되고 나서 계속 학교에 다녔는데 어느 날 비보가 전해 졌다. 부책임자로 거사에 가담했던 안형일이 하숙하던 집에 친척 교도관으로부터 내일 새벽에 잡으러갈 것이니 피하라는 정보였다. 안은 그날 밤 하숙 친구와 함께 정주를 탈출하여 고향 박천으로 갔다가 여비를 챙긴 후 용케 38선을 넘어 월남에 성공했다.

이번 검거 선풍에 이경선 장로의 차남 대영도 붙들려 가 조사를 받았으나 혐의를 찾지 못해 이틀만에 석방되었다. 이 때 대영은 수감중인 아버지로부터 밤에는 몹시 추우니 담요를 한 장 넣어달라는 부탁을 받고 집에 들러 즉시 담요를 가지고 보안서로 달려갔으나 아버지는 이미 그 곳에 있지 않고 다른 곳으로 옮겨간 후였다. 듣자 하니 신의주 소련군사령부로 넘어갔다는 정보였다.

신의주로 압송되었던 민주인사들 중에 한 달 사흘만에 풀려 나온 최인학 장로는 당시 정주 중앙교회 최연소 장로였다.

그러나 끝내 김병조 목사와 이경선 장로는 시베리아 정치범 강제노동수용소로 이감되어서 그곳에서 복역하다가 희생되어 순교의 제물이 된 것으로 여겨진다.

〈1946. 11. 20〉

참고문헌 「북한민주통일운동사(평북 편)」 1990. 북한 연구소 간
「삼대, 그리고 영원히」(김요나 저) 1995. 순혜원 간

29

면려청년회 강제 해산

- 면려청년회는 교회 안의 기관

☞ 그때 남한의
이모저모

• 47. 5. 21 / 제2차
 미·소공동위원회
 개최

기독교, 특히 장로교 안에서 가장 힘있고 큰 단체가 〈면려청년회〉(勉勵靑年會, 약칭 : CE)이다. 그러므로 교회를 탄압하려는 정치권에서는 언제나 어느 나라에서나 우선적으로 면려청년회를 성토의 대상으로 삼아왔다. 일제(日帝) 말년에도(1938) 한국교회 면려청년회를 강제 해산시켰던 비극적인 역사가 있었다.

면려청년 운동은 1889년 미국 윌리스톤 회중교회의 클라크(F.E. Ciark) 목사가 처음 시작한 평신도 신앙운동이요 교회 봉사단체다.

우리나라에서는 1917년 미국 북 장로교 선교사 안대선(安大善, W.J. Andeson)에 의하여 처음 창립되었으며 이 운동은 각 교회에서 봉사 활동과 사회 발전에도 크게 기여했다. 그러나 1938년 5월 불행하게도 신사 참배 반대 문제로 일제에 의해 강제 해산되었던 뼈아픈 역사가 있었다.

사실 〈기독청년회(基督靑年會, YMCA)〉는 사회 참여를 기본으로 하는 교회 밖에 단체이지만 〈면려청년회〉는 그야말로 순수한 교회 안에서의 봉사단체이다.

8·15 조국 해방 후 면려청년회도 다시 회생 재건하여 활기 있게 활동했다. 북한에서도 장로교 북한 5도 연합노회가 구성되면서, 1945년 12월 25일 성탄절을 축하하며 면려청년회 서북지방 연합회가 다시 발족되었다. 그리고 1946년 2월 23일부터 25일까지 평양 서문밖교회에서 해방 이후 처음으로 평양노회 산하 지 교회 1809 교회 대표들이 연합대회로 모였다. 3·1절 기념행사에 앞서서 비상 경계령을 내렸기 때문에 삼엄한 감시 밑에서도 대회를 질서 정연하게 무사히 잘 마쳤다.

그러나 장대현(章臺峴)교회에서의 3·1절 기념예배가 공산당에 의해 유린되는 소위 〈장대현 사건〉이 북한 소재 각 교회에 전해지자 교회 청년회원들의 반공 반소 의식이 더욱 강렬해졌다. 이에 반해 기독교에 대한 탄압이 더욱 노골적으로 표면화하면서 긴장이 날로 더욱 고조되어 갔다.

그 해 부활절 축하예배는 숭실전문학교 마당 한 모퉁이에서 조용히 연합예배로 모였고, 이어서 면려청년회 회원들은 4월 12일부터 8반으로 나뉘어 지방 전도에 나섰으며 가는 곳마다 지 교회의 단결을 호소했다. 이에 호응하여 각 지 교회마다 활기 있게 교회 봉사, 사회 봉사 참여에 적극성을 띄워 살아 움직임을 입증했다.

1947년 2월 11일 북한 주둔 소련군 사령부 특무장교 깔라리록 대좌는 면려청년회회장 김두영(金斗英) 등 간부들을 소련군 사령부로 호출했다. 그는 면려청년회는 교회와 구별해야 하는 엄연한 사회단체이므로, 사회단체는 소련군 사령부 이그나치에프 대좌에게 심사를 받고 심사에 통과하면 등록을 하라는 것이며, 만일 등록에 불응하면 모두 검거한다는 통보를 했다. 그들은 말하기를 북조선 종교단체는 기독교도연맹에 등록되어 있으니 면려청년회는 검찰기관에서 조사한 후 결정해야한다는 것이다.

1947년 2월 22일 북조선 인민위원회라는 공산정권이 들어서면서 기독교에 대한 탄압이 더욱 노골화되었다. 그 이유는 기독교가 공산정권에 비협조적이라는 것이다. 소위 '협조(協助)'란 일요일(주일)을 가리지 않고 그들이 요구하는 대로 군중대회와 독보회 노력 동원 등에 적극 참여하여 열렬한 박수를 쳐야 하는 것이다. 그 뿐만 아니라 교회당 안 강단 전면에 김일성의 초상화를 걸고 교회 벽에도 그들의 선전문과 전단을 부쳐야 하는 등 공산당 정책에 무조건 복종해야만 그들이 요구하는 '협조'가 된다는 것이다.

여기에는 일말의 불평이나 반론도 있을 수 없다는 것이다. 이와 같은 요구를 교회가 받아들이지 못한다면 '비협조 반동'이라고 하여 체포 구금이 된다. 그래서 북한 각지에서 교회 지도자들이 억울하게 구금 처벌 희생되었다.

1947년 4월 2일 평안남도 내무부 정보과(과장 : 박학성)는 면려청년회가 해산되었다고 통고해 왔다. 4월 9일에는 소련군 사령부 끼셀로프 소좌 등의 건의에 의한 것임을 전제하고, 만일 해산하지 않으면 의법 조치한다고 했다.

그리고 평안남도 인민위원회의 통보에 이어서 5월 5일에는 평안남도 검찰소장 명의로 면려청년회와 주일학교 연합회를 해체하라는 공문이 하달되었다.

1947년 7월 10일에는 김화식(金化湜), 송정근(宋貞根), 김현석(金賢

錫) 등 기독교 자유당 창당 준비를 하던 면려청년회 재건 간부들이 차례로 검속되었다. 공산정권은 기독교에 대해선 무자비한 강경책을 세우고 이를 강행했다.

더욱이 7월 3일, 미소공동위원회 미국측 대표단의 브라운 소장이 평양 체재 중 고려호텔에 감금 중인 조만식(曺晩植)과 면담했다는데 대해 더욱 분노했다. 김현식 등을 검거할 때도 다음과 같은 '반동행위'가 있었기에 구속한다고 했다.

① 미·소 공동위원회가 요구하는 협의기구에 참가하기 위하여 기독교 자유당과 면려청년회를 급조해서 불법적으로 조직했다.
② 면려청년회는 공산정권에서 허가를 받지 못한 반동 불법단체이다.
③ 미·소 공동위원회에 진정 건의할 내용을 면려청년회 간부 전준삼(田俊三), 김두병(金斗英), 홍원섭(洪元燮), 김병섭(金炳燮), 김현석(金賢錫) 등이 강의홍(康義弘)으로 하여금 구금 중에 있는 조만식(曺晩植)에게 전달한 사실.
④ 평양노회 면려청년회 간부들은 종교적 지원을 악용하여 면려청년회 간부와 회원들로 하여금 북조선 공산정권의 파괴를 모의했다.

이상과 같은 이유로 면려청년회 간부들이 구금되었는데, 면려청년회는 교회내의 기관으로 허가나 감독을 받을 필요가 없는 종교단체임을 알면서도 이를 불법단체로 규명했던 것이다. 또한 미·소 공동위원회에서 인정받기 위해서 면려청년회를 급조했다고 하였으나, 면려청년회는 우리나라에서 벌써 30여 년 전부터(1917) 조직 활동한 순수한 종교단체였다. 그러므로 공산당원들이 불법단체로 갑자기 날조했다고 하는 말은 도저히 납득되지 않는 억설이다.

   그 당시 면려청년회 중요 간부로 활동하던 김두영, 김병섭 등은 그 후 용케 호구를 탈출 월남하여 한국에서도 면려청년회 활동을 계속했다. 후일 김두영은 목사로, 김병섭은 장로로 각기 봉사했다.

〈1947. 4. 2〉

참고문헌　「북한민주통일운동사(평남 편)」 1990. 북한연구소 간

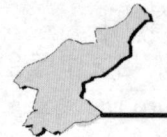

30

소위 목사들의 위조지폐 제조

— 상상 못할 허위 날조된 박해

☞ **그때 남한의 이모저모**

- 47. 4. / 미군정청 조직개편(13부 2처 3원으로)
- 47. 4. 10 / 조선 신학교(후에 한국 신학) 설립 인가

북한 공산정권은 자기네들의 정치 목표를 수행하는데 있어서 가장 방해거리요 암초적인 존재가 기독교였기 때문에 기독교를 제거하려고 기독교의 목사들을 숙청하는 구실에 갖은 수단과 방법을 총동원했다. 그래서 목사들에 대하여 항상 감시의 눈을 돌리다가 작은 혐의가 보이면 곧 강제연행, 불법구속, 야만적인 고문 등을 강행하며 심지어는 엉뚱한 누명을 씌워서 투옥하기를 예사로 했다.

더구나 기독교인들의 반대 진정까지 묵살하며 감행한 소위 첫 대의원 선거(1946. 11. 3)가 실패에 돌아가자 그 보복책으로 음모를 꾸민 것이 소위 〈목사들의 위조지폐 밀조단 사건〉이다. 이 사건은 주로 황해도 중심으로 이루어졌기 때문에 〈황해도 48인 사건〉이라고도 하는데 이것은 이 사건의 관련자가 48인이었기 때문이다.

원춘도 목사

1947년 4월 3일을 시발로 황해노회 산하 지도급 목사들을 이유도 없이 어떤 근거도 없이 모조리 불법 강제 연행했는데, 나중에 각 군 내무서를 거쳐 해주(海州)로 압송되어 갔다. 그 당시 검거된 목사들은 장련읍교회 원춘도(元春道) 목사, 은율읍교회 백매수(白梅秀) 목사, 안악읍교회 김영윤(金榮潤) 목사, 장연서부교회 박경구(朴敬俅) 목사, 송화읍교회 김정묵(金正默) 목사, 재령서부교회 임기주(林琦周) 목사, 신천온천교회 정용현(鄭龍鉉) 목사, 누리교회 임채윤(林采允) 전도사 등이었고 그 밖의 분들은 확인되지 않았다.

이들은 해주에서 일단 조사를 받고 다시 평양으로 압송되었다. 북괴 당국은 황해노회 산하 지도급 목사들의 반공사상이 극심한 것을 두려워하여 이들을 불법 구속하여 놓고 누명을 씌우는 공작을 펼쳤다. 반공투쟁을 전개하려는 자금을 마련하기 위하여 위조지폐(僞造紙幣)를 대량으로 인쇄하여 자금으로 쓰고 한편 북한의 경제 혼란을 일으켜 이중적인 효과를 거둘 계획이었다는 누명을 이들에게 씌웠다.

그들은 인쇄기계와 공구들을 압수했다고 사전에 자기네들이 전부 조작하여 대기시켜 놓고, 허위 날조를 사실화로 조작하려는 야비하고도 졸렬한 방법을 썼다. 그리고 극심한 고문을 하며 범죄사실을 자백하라고 날뛰었다.

그러나 전혀 근거도 없고 사실도 아닌 것을 뻔히 알면서 어떻게 자백할 수 있겠는가? 목사들에게 죄명을 씌운대도 비슷한 사건을 조작해야지, 위조지폐 밀조라니 뒤집어 씌어도 그럴듯한 죄명을 씌워야 할 것이 아닌가.

그런데 심문 받는 과정에서 그들의 저의가 드러났다. 범죄 사실이 없어도 있다고 자복하고 나가서 기독교도연맹에 가입하고 북조선 당국에 협조하겠다고 서약만 하면 석방시키겠다고 공갈치고 유혹했다는 것이다. 그러니까 위조지폐 밀조 사건은 이런 날조된 구실로 공갈 협박 유혹하여 결국은 기독교도연맹에 가입시키려는 그들의 야비한 저의요 궁극적인 목적이었다.

이 사건의 주범(主犯)으로 지목되던 원춘도 목사는 끝까지 완강히 거절함으로 2년형을 언도 받았는데, 정식 재판도 없이 평양교화소 지하 감방에서 비밀리에 재판을 받고 함흥(咸興)교화소로 이감되어 복역하였다. 그러나 그 중의 몇 분은 섭섭하게도 기독교도연맹 가입을 서약하고 석방되어서 실제적으로 기독교도연맹에 가입하여 열성을 나타내 부끄러운 생명 보존을 한 분들도 있었다.

이런 사실은 원춘도 목사가 출옥된 다음에 그 진상이 드러났다. 원 목사는 함흥 감옥에서 2년 간 복역 중 같은 수감자들과 감시원(형무관)들에게 〈한국 역사〉 강의를 하게 되어 그래도 냉혹한 옥중 생활에 다소의 위로거리가 되었고 보람된 시간을 보냈다고 말했다. 미결수 수감 기간은 감하는 것이 원칙인데 이것도 묵살 당하여 오붓이 2년 5개월 15일만에 출옥했다. 출감 후에 실상을 물었더니 그 당시 죄목이 〈내심반동죄(內心反動罪)〉라는 것인데 해석하면 속마음으로 반동사상을 품고 있었다는 것이다. 하기야 맞기는 맞는 말이다. 목사 치고(아니 평교인이라도) 공산주의를 반대 안 할 사람이 어디 있겠는가. 공산당원 아닌 일반 북한 주민은 모두 내심 반동분자들이었다.

원 목사는 출감 후 풍천읍교회(豊川邑敎會)에 부임하여 시무 하다가 6·25가 발발하고 국군과 유엔군이 북진해 오기 직전 다시 검거되어(1950. 10. 5) 정치보위부에 감금되었다가 결국 옥중 순교의 향기를 떨쳤다.

앞서 기술한 대로 이 사건에 연루되어 수감되었던 목사들 중에 김영윤(안악읍교회), 박경구(장연서부교회), 오형택, 임기주(재령 서부교회) 등 여러 목사들도 결국 6·25를 전후하여 모두 옥중 순교하였다.

〈1947. 4. 7〉

참고문헌 「황해도교회사」(이찬영 저) 1995. 도서출판 소망사 간
원춘도 목사의 생전 증언, 원성표 장로의 증언

31

황해노회 면려대회 수난

- 북한에서의 마지막 대중집회

> ☞ 그때 남한의 이모저모
>
> • 47. 4. 6 / 미군정 적산(敵産) 불하
> • 47. 4. 19 / 서윤복 보스톤 마라톤대회 금메달 획득

그 당시 북한에는 이미 공산정권에 기간 단체인 〈민주청년동맹(民主靑年同盟, 약칭 : 民靑)〉이란 단체가 있어서 북한에 거주하는 모든 청년들을 강제로 가맹시켜 김일성 절대 지지운동을 하고 있었다. 그러나 교회 청년들은 이미 교회 면려청년회에 가입하였음으로 민청 가맹을 거부할 뿐 아니라 공산주의에 사상적으로 도전하고 있는 실정이니 그들에게는 면려청년회가 눈의 가시처럼 괴로운 존재가 아닐 수 없었다.

그러나 소위 김일성의 20개 정강에도 또는 후에 제정한 그들의 헌법에도 종교와 신앙의 자유를 보장했기 때문에 무조건 교회나 면려청년회 활동을 금지할 수는 없었다. 반면에 교회에서의 청년회 활동은 점차 확대되어 저들에게 위협의 대상이 되자 여러 가지 면으로 해산시킬 구실을 찾게 되었다.

때 마침 황해노회 면려청년회 연합회에서 면려(C.E)대회를 개최했다.

때 : 1947년 4월 7일부터 11일까지

곳 : 재령서부교회(載寧西部敎會)당 (임기주〈林琦周〉 목사 담임)

강사 : 김진수(金珍洙 목사 : 선천 남교회 시무, 북한 5도
　　　연합노회 회장).

당시 북한에는 총회는 없었고 5도 연합노회가 총회를 대행하고 있었으니, 실질적으로 5도 연합노회장인 김진수 목사는 북한 교회 최고 책임자였다.

그런데 그 전 해(1946. 11. 3)에 실시한 첫 대의원 선거를 일부러 주일에 강행한 바 있었거니와 그 당시 북한의 기독교가 총궐기하여 주일선거를 반대하고 투표 거부로 항거했기 때문에, 그 일로 인하여 최고 책임자인 김진수 목사는 미움의 대상이 되어 있었다. 당시 대회장은 오형택(吳炯澤) 목사였고 총무는 김관호(金寬浩)였고, 임채윤(林采允), 백재명(白在明) 등이 실무를 맡았다. 그리고 주강사외에 박경구(朴敬俅), 김영윤(金榮潤), 임기주(林琦周) 목사들이 강사로 활약했다.

거기에 각 교회 대표로 뽑힌 대표들과 평회원으로 참석한 회원들, 쟁쟁하고 씩씩하고 늠름한 청년들 2,000여명이 모였으니, 그야말로 마귀 떼를 물리치려는 십자가 군병(十字架軍兵)들의 장한 모습들이었다.

대회 장소인 재령서부교회 대예배실 상·하층 넓은 좌석이 그야말로 입추의 여지없이 초만원을 이룬 중에, 대회가 긴장한 가운데도 은혜스럽고 순조롭게 진행되었다. 강사들도 훌륭한 강의였고 회

원들도 진지하고 갈망심에서 은혜를 받았다. 모 원로 목사는 "자기가 일제 때, 해방 후 서울과 평양을 위시한 기독교 제반 대회에 빠짐없이 참석했었으나 이렇게 진지하고 뜨겁고 성령 충만한 집회는 과거에도 없었거니와 앞으로도 없을 것이다"라고 격찬을 아끼지 않았다. 과연 그의 예언대로 그 대회가 북한에서의 연합집회로는 마지막이 되고 말았다.

반면에 여기에 대비하여 공산당국은 크게 신경을 쓰며 수백 명의 정보원, 사복 보안서원, 감시원들을 투입시켜 회원들 사이에서 대회 진행 과정을 일일이 감찰하며, 설교, 강의, 기도, 회의, 토론 등 하나도 빠짐없이 일언반구(一言半句)까지 취재하고, 심지어는 강사들과 임원들과 회원들의 일거수 일투족(一擧手一投族)의 모든 언행을 감시하는 살벌한 분위기를 조성하였다. 그러나 강사나 임원들이나 회원 방청원들까지 조금도 위축되지 않고 질서 정연하고 일사불란(一絲不亂)하게 잘 진행하였다.

강사들의 중심 사상은, 기독교란 역사적으로 고찰할 때 수난 중에서 오히려 부흥 발전했는데, 여기에 대응해서 청년들은 순교의 각오가 절대 필요하니 모두 생명을 하나님께 맡기는 각오로 무장하자고 역설함으로 크게 고무(鼓舞)되었다.

강의 내용 중에 그 당시 북한에서 일어나는 이단적인 재건파(再建派)운동에 대해서는 그 맺는 열매로써 미래를 알 수 있으니 과도히 신경 쓰지 말고 우리들의 신앙생활을 더욱 진실하니 할 때라고 권고함으로, 회원들 모두 큰 감명을 받았으며 새로운 능력으로 영적 재무장을 하게 되었다.

대회 마지막 날에는 웅변대회(雄辯大會)가 열렸는데 20여명의 젊은 연사들이 씩씩하게 등단하여 일제히 불을 뿜는 사자후(獅子吼)를 외쳤다. 1등 수상을 한 "무신론(無神論)을 타파(打破)하자"(연사 : 이찬영)를 위시하여 모두 이와 유사한 연제로 외쳤기에, 대회장은 그만 공산주의 타도장이 되고 말았다. 역시 젊은이들은 겁도 없이 용감하게 활동했다.

일부에서는 가만히 잠입한 공산당 청년들이 야유와 소란을 일으키려는 일까지 있었으나 대회는 무사히 끝마쳤다. 면려대회는 아슬아슬한 중단의 위기를 몇 차례나 겪으면서 간신히 넘겨 다행히 중단되지 않고 유종의 미를 거두었다. 사실 임원진에서는 중단될 것을 계산하고 출발했는데 무사히 폐회되어 참으로 감사했다.

그러나 공산정권자들은 면려청년회를 그대로 방치해 두고는 도저히 자기네들의 정치를 할 수 없다고 간주했다. 그래서 강사 김진수 목사를 위시해서, 대회장 오형택 목사, 장소 제공자 임기주 목사, 대회를 주관한 임원들을 모두 검거 투옥하고 악형 고문 치사케 했다. 결국 이들은 극심한 옥고를 치르다가 6·25 전쟁을 계기로 모두 옥중에서 순교했다.

특히 대회 주 강사였던 김진수 목사는 흥남 감옥에 투옥되어 흥남 군수공장에서 강제노동을 하다가, 6·25 전쟁 중에 국군이 북진해 오자 공산당원들이 북으로 도망가면서 김 목사 이하 여러 애국지사들을 학살하는 통에 순교했다고 한다.

그 후 면려청년들에게는 민청 가입을 더욱 강조했고, 각 교회 면려회 간부들은 어떤 구실로든지 검거하여 투옥시켰고 서류들은 몰수해 갔다. 때문에 실제적으로 북한에서의 면려청년회 활동은 마비상태에 이르렀다가 6·25 이후에는 완전히 사라졌다.

〈1947. 4. 7〉

[참고증언] 이찬영 목사 및 대회 참석자 몇 분들의 증언

32

김진수 목사 수난

– 북한 5도 연합노회 회장 김진수

☞ **그때 남한의 이모저모**

• 47. 4. 18 / 예장총회
 (제33회 회장 : 이자익)
 전통계승

김진수(金珍洙) 목사는 1900년 평안북도 선천(宣川)군 신부면에서 출생했고, 1921년에 선천 신성(信聖)학교를 졸업했다. 재학 당시 마침 3·1 독립만세 시위운동이 벌어지자 김진수는 학생 신분이지만 시위 군중 선두에서 시위를 선동하다가 검거되어, 평양 소년형무소에 수감되어 모진 고문을 받고 6개월 간이나 복역했다.

출옥 후 동교를 졸업하고 계속하여 평양 숭실전문학교에 진학하여 수업하고 졸업했다. 다시 하나님의 종으로 헌신하려고 소명감에 불타서 평양신학교에 입학하여 열심히 수업한 결과 1934년 제29회로 졸업했다. 같은 졸업 동창 중에는 신학자 박윤선(朴允善), 고려파 총수 송상석(宋相

錫) 목사가 있는가 하면 아이러니칼하게도 기독교도연맹 총회 서기 조택수(趙澤洙), 곽희정(郭希貞)이 있었다. 신학 졸업 후 평북노회에서 목사 안수를 받았다.

그후 모교 숭실전문학교 기숙사 사감(舍監)으로 일하다가 선천 동(東)교회를 담임하여 시무했다. 그러나 일제 경찰은 학생시절부터 항일정신이 강한 그를 요시찰인(要視察人)으로 지목하고 있었기 때문에 항상 감시의 대상이 되어 있어 처신이 매우 힘들고 감시가 혹심하여 언제 구속될는지 알 수 없어, 할 수 없이 중국으로 망명했다.

중국 천진(天津) 한인교회를 시무하다가 다시 귀국하여 선천 남(南)교회를 시무하였다. 그리고 일제 말엽에 친일파 목사들이 앞장서서 진행한 한국교회를 일본 기독교화 하려는 운동에 적극 반대하다가 소위 〈수양동지회(修養同志會)〉 사건으로 다시 검속되어 수감중, 1945년 8·15 해방으로 출옥했다.

그러나 해방의 감격도 사라지기 전에 38선이 생기고 북한에는 무신론의 조종국인 소련군이 진주하여 군정을 펴며 소련의 후원을 받아 김일성을 중심으로 공산주의 정권을 수립하려고 했다.

이 때 김 목사는 좌시할 수 없어 다른 교계 지도자들과 더불어 교계 단합을 위하여 북한 5도 연합노회(北韓 五道 聯合老會)를 구성했고 그 회장에 추대되어 그 어려운 책임을 짊어졌다. 실질적으로 북한교회 최고 책임자였다.

더구나 1946년 11월 3일 주일(土日)을 고의적으로 선택하여 북한 공산당 간부들이 소위 첫 대의원 선거를 하려고 모의하고 진행시켰다. 이에 대비하여 선거 내정일이 주일이기 때문에 교인들의 주일 성수를 내세워 선거일 변경을 강력히 요구했으나 불응함으로, 연합노회에서는 거부 성명을 발하고 투표불참운동에 나섰다. 그랬더니 느닷없이 공산당을 지지한다는 소위 〈기독교도연맹(基督敎徒聯盟)〉이란 허수아비 단체가 나타나서 기독교의 이름을 잠칭(潛稱), 도용(盜用)하며 선거 참가 성명을 냈다. 김진수 목사가 이끄는 연합노회에서는 주일성수, 교회당 신성 보전(선거 유세, 투표장으로 사용 불가)을 주장하며 그들과 대결하면서 수난을 겪었다. 그리고 정치면에 있어서도 조만식 장로가 이끄는 조선민주당을 지지하여 선천 군당을 조직했다.

김 목사의 평소 생활이 반공사상 계몽, 반공 투쟁이었으나 결정적인 검거의 원인은 1947년 4월 7일에 모였던 황해면려대회(黃海勉勵大會, 재령 서부교회)에 주강사로 가서 그 당시 회집된 2,000여명의 기독청년들에게 영적 각성을 촉구하는 동시에 아울러 사상적으로 반공사상 고취 강연을 공개적으로 한 것이었다(본서 128p 31. 황해노회 면려대회 수난 참조).

여기에 자극을 받고 앙심을 품은 공산당국은 기회를 노리다가 마침 4월 11일 평양 서문밖교회에서 모이는 모 특수행사(그 행사 내역은 미상함)에 설교 청탁을 받고 가는 도중에 강제 연행 납치했던 것이다. 김 목사는 평양에서 재판을 받고 홍남교화소(감옥)에 투옥되었는데 홍남 군수공장에서 강제 노동을 당했다. 김 목사 사모님이 그 당시 함흥남부교회를 시무하던 이권찬(李權燦) 목사의 도움을 받아 김 목사의 소식도 듣고 차입(差入)도 했다. 그러나 끝내 면회는 못했다.

그럭저럭 2년이 지났는데 6·25 전쟁이 일어났다. 불법 남침했던 인민군들이 낙동강변에서 몰사되고 국군이 북진하는 중 함흥지구에 임박하자, 공산 당국은 김 목사 이하 많은 수감 중이던 반공 애국지사들을 모두 학살하고 북으로 도주했다.

김 목사는 공장 뒷산에서 총살되었는데 공산당원들이 도주한 후 시체를 발견해 거두어 장례를 치렀다. 그러나 그 당시 시체도 못

찾은 분들도 많았다.

   같은 감옥에서 복역 중이던 석옥린(石玉麟 : 안주노회 부백교회 시무) 목사도 함께 동반 순교했다.

〈1947. 4. 11〉

|참고문헌| 「한국기독교회사총람」(이찬영 저) 1995. 도서출판 소망사 간

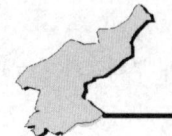

33

북조선 기독교인들 진정서 제출

— 김일성에게 보낸 교계 진정서

> ☞ **그때 남한의 이모저모**
> - 47. 4. 20 / 중앙 신학교 창립(초교파)
> - 47. 4. 21 / 미성년자 노동보호법안 통과

1947년 4월 27일, 북한에서 평양시내 〈기독교 연합 신도대회〉가 평양 장대현에 소재한 숭덕(崇德)학교 대운동장에서 개최되었다.

개최한 목적은 날로 극심해 가는 공산정권의 종교 단체 탄압에 대한 대책을 수립하고자 하는 것이 표면적 구실이었으나, 실은 기독교 자유당 창당을 위한 예비대회였다. 즉 하나의 사전 단합 대회였던 것이다.

주일 오후 2시 대회장 김화식 목사 사회로 간단한 1부 예배가 끝났다. 곧이어 이 대회의 목적을 성취하기 위하여 북조선 인민위원회 김일성(金日成) 위원장에게 보내는 기독교인들의 진정서를 낭독하고 이를 채택하여 통과시켰다.

그 내용 요지는 다음과 같다.

진정서(陳情書)

북조선 인민위원회 위원장 귀하

"선한 정치가는 백성의 여론과 충고를 용납해야 대업에 기여하는 줄 압니다. 금일 세계 대세를 보든지 소련의 스탈린을 보든지 북조선 주둔군 소련 사령관의 포고와 북조선 인민 위원회의 20개 정강을 보아 종교의 자유가 허락되었음은 특별히 언급할 필요가 없는 줄 압니다.

그러나 사실은 이와 상반하여 북조선 정권 치하에 있는 기독교는 과거 2년 간의 생활을 돌아보면 그야말로 불안, 눈물, 한숨으로 지내 왔습니다. 우리들은 건국 도상에 있는 시기이니 만큼 정치 역량이 증대함에 따라 시정될 것을 희망하고 은인자중 하였습니다.

근래에 일어난 사건 중에 대표적인 것은 다음과 같습니다.

① 북조선 장로교 최고 책임자(북한 5도 연합노회 노회장) 김진수(金珍洙) 목사를 검속한 사건.
② 기독교 면려청년회 해산 명령.
③ 북조선 각 기업소 기관에서 기독교인들이 추방되는 사건.
④ 유력한 교회 지도자(주로 목사)들 불법 검속.
⑤ 자유로운 종교 집회 강제 해산.
⑥ 교회 축전 행사에 대한 불법 감시 및 해산 명령 등.

여러 가지 반동적인 요소가 있다는 구실로 교회 행사를 중지시키고 있으니 이런 일들은 사실과 차이가 많습니다.

강단에서 혹 시대의 조류를 말하나 이는 언론 자유상 또는 국가 사회 발전상 오히려 필요하다고 인정합니다.

면려청년회로 말하면 세계적인 조직체요 세계 공통적인 것으로서 순전한 교회적인 것입니다. 오직 북조선에 한해서만 인정되지 않는다는 것은 크나 큰 모순입니다. 면려청년회는 교회 안의 교회적인 청년회일 뿐입니다.

이런 점을 시정하시어 선처하여 주시기를 요망합니다. 이런 것들을 솔직히 반대하며 우리들은 진정한 종교의 자유를 요망하는 바입니다.

특히,
① 김인준(金仁俊), 김길수(金吉洙), 지형순(池亨淳), 한의문(韓義文), 김자수(金慈洙) 목사들을 석방할 것.
② 기독 청년 면려회 해체를 철회할 것을 요망.
③ 기독교의 집회를 자유롭게 허락할 것을 요망합니다.

서기 1947년 4월 27일
북조선 기독교 각 교파 연합 신도대회
참가 회원 일동

〈1947. 4. 27〉

참고문헌 「북한민주통일운동사(평남 편)」 1990. 북한연구소 간

34

감리교 서부연회 수난

- 무너지고 만 북한 감리교

☞ 그때 남한의
이모저모

• 47. 4. / 미국에서
11개월간 33억어치
식량 수입

• 47. 4. 29/부일
(附日) 협력자 처단법
수정안 상정

조선 기독교 감리교는 과거 일제시대부터 3부 연회(동부, 중부, 서부)였는데, 일제 말기 기독교에 대한 탄압정책으로 인하여 연회가 모두 해산되었다.

1945년 8·15 해방으로 모두 복구되었다.

서부연회(북한지역)는 1946년 10월, 평양중앙교회에서 해방 후 제1차 연회가 모였다. 송정근(宋貞根) 목사가 연회장에 추대되었다. 그리고 교회 제반 사무를 처리하고 각 교회와 관계 기관들의 복구 재 발전에 주력하는 중이었다.

그리고 1947년 봄에 으레 회가 모여야 할 터인데, 연회장 송정근 목사와 서기 이피득(李彼得) 목사가 기독교 자유당 조직사건에 연루된 주모자의 한 사람으로 혐의를 받아 수감 중에 있었기 때문에 연회로 모이기 힘들었다.

송정근 목사

그래서 감리교 중진목사들인 신석구(申錫九), 조원승(趙源昇), 현병찬(玄炳贊), 이진구(李鎭九), 배덕영(裵德榮), 명관조(明觀祚) 등이 모여서 숙의한 끝에, 누군가가 대신 구속되고 연회장 송정근과 서기 이피득을 가석방시켜 회의를 진행시켜 보자는 의견이 나왔다. 물론 이것은 그리 쉬운 일이 아니었다. 첫째 북한 당국이 대수(代囚 : 대신 수감되는 일)를 받아 들일 것인가 하는 문제와, 둘째는 대수로 갈 사람이 누구겠는가 하는 문제였다.

그러나 천만 뜻밖에 신석구, 이진구, 배덕영, 명관조 목사들이 저마다 자신들이 대신 가겠다고 나서서 감격하고 당황할 지경이었다.

이 일을 놓고 감사하며 심사숙고 끝에 신석구, 현병찬 두 목사로 결정했다. 신 목사는 나이도 많거니와 3·1 운동 때 33인 민족 대표자 중 1인이니 아무리 무지하고 부도덕한 공산당이라도 생각이 다를 것이 아니겠나 라는 기대를 걸어봄이요, 현 목사는 소련지역에서 목회한 경험이 있어 소련 말을 어느 정도 함으로 만일 유사시 소련군과 만날 기회가 있으면 도움이 되리라는 기대 하에 결정한 것이었다.

두 대표가 북한 내무성을 방문하여 박일우를 면담하니 박일우는 신 목사를 알아보고 깍듯이 인사를 하며 33인 중 한 분이어서 존경한다는 인사까지 하며 친절히 대해 주었다. 두 대표는 감리교 연회 사정을 설명하고 구속 중인 목사들을 석방해 주도록 간청했다. 그랬더니 천만 뜻밖에 쾌히 승낙하고 대신 갇히는 일도 없이 송정근,

이피득, 윤창덕 세 목사를 석방한 후 자동차로 남산현교회까지 모셔다 주었다.

그리하여 감리교 1947년도 연회가 평양 신양리(新陽里)교회에서 개최되었다. 그러나 연회장 송정근 목사는 그간의 극심한 옥고로 인하여 사회를 담당할 수 없어 부회장 이진구 목사의 사회로 개회하고 임원을 선출했다.

연회장 : 신석구, 부회장 : 배덕영, 서기 : 이피득, 부서기 : 조윤승, 회계 : 장은하 이다. 훌륭한 임원진을 선출하고 구속되었던 목사들의 석방으로 인해 은혜스럽게 회무를 진행 중이었는데 그만 뜻밖에 일로 인하여 회의장이 수라장이 되고 말았다.

마경일(馬慶一) 목사는 후일 그의 회고록(回顧錄) 「길은 멀어도 그 은총 속에」에서 당시 해산된 연회 상황을 아래와 같이 기록해 놓고 있다.

> "우리는 이 연회에서 각 지방에서 온 회원들의 보고를 받는 중에 공산당이 공공연하게 기독교에 대해 탄압과 박해를 하고 있다는 사실이 지적되었다. 거의 비슷한 수단 방법으로 교회 활동을 방해했다는 사실이다. 연회는 이 일이 심상치 않은 일이라고 생각하여 대표를 선정하여 소관 당국에 진정하는 것이 타당하다고 의견을 모아 대표 세 사람을 선출했다.
> 연변지구에서 백학신, 원산지구에서 김형철, 해주지구에서 내가(마경일) 피선되었다. 우리는 직각 문교부를 방문하기로 했는데 당시 문교부장은 남한에서 월북한 소설가 한설야(韓雪野)였지만 마침 출타 중이어서 차관인 남일(南一)을 만났다. 그는 매우 점잖게 우리를 맞이해 주었다. 우리가 말하는 내용을 신중하게 다 듣고서 '아 그런 일이 있었군요. 말단에 있는 분별없는 자들이 과잉 충성을 보이려고 그랬던 모양이니 과히 탓하지 마십시오. 앞으로는 그런 일이 절대로 없을 것입니다' 라는 말을 듣고, 대표자 세 명은 자못 상쾌한 마음으로 문교부 문을 나섰다.

그런데 뜻밖에 문밖에는 평복을 입은 4,5명의 청년이 대기했다가 3인 대표를 비밀 정보부로 연행한 후 밤이 새도록 심문하는 바람에 난데없는 곤욕을 치렀다. 아침해가 높은 후에야 문밖에는 해주연회에서 온 회원 한 분이 울상을 한 채 마 목사에게 전하기를 '연회는 풍지박산이 되고 연회장 신석구 목사는 어디로 끌려가 심문을 받는다고 하여 연회는 자동 정회되고 회원들은 헤어지고 말았다' 는 비보였다. 참으로 비극 중에 참극이었다."

마 목사는 해주로 돌아와 일주일쯤 되었을 무렵 해주형무소에 수감되어 1개월 가량 이유도 모르고 감옥생활을 했다. 후에 안 일이지만 마 목사가 담임한 해주 남본정교회 최창주 장로가 서울에 있는 한독당(당수 : 金九)과 관련이 있었는데 마 목사도 거기에 연루되었다는 혐의를 받았던 것이다. 그 무렵 전후하여 감리교 목사들이 속속 월남했다. 이피득, 양춘택, 손피득, 한제홍, 조창석, 조화철, 김관주, 이병남, 박경룡, 신봉길, 조기호 등 여러 명이었다.

연회장이었던 신석구 목사는 재판을 받아 사형이 구형되었으나 일제 때 독립운동을 한 공로를 참작하여 10년형을 언도 받았다. 그러나 6·25를 계기하여 10월 10일 76세의 노 애국지도자는 총살을 당하여 순교의 제물이 되었다. 그 당시 주역을 담당했던 송정근 목사도 6·25 사변 때 순교하였다.

후기 : 2000년 10월 10일 서울 수표교교회에서 "신석구 목사 순교 50주기 추모식"이 거행되었다(필자 참석).

〈1947. 4. 30〉

[참고문헌] 「감리교 서부연회 수난사」(윤춘병 저) 1994. 원로목사회 간
「순교열전」(진수철 저) 1994. 순교자유가족회 간
「신석구연구」(이덕주 저) 2000. 감리회홍보출판국 간

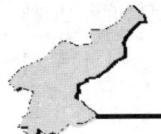

35

성화신학교 학생 시위

— 학교 내부에서의 시위 사건

> ☞ 그때 남한의 이모저모
>
> • 47. 5. /행정명령 1호 발령 강경실시
>
>

1946년 개교한 감리교 평양 성화신학교(聖化神學校)는 순조롭게 발전되어 1947년도 신학기 학생모집에 많은 학생들이 지망해 왔다. 그런데 특별한 것은 감리교 학생보다 장로교 학생이 더 많았다. 그 이유는 그 당시 북한의 교인 분포가 감리교보다 장로교가 4배 가량 많았고, 장로교 평양신학교보다는 입학하기가 좀 수월한 탓이었다. 또 새로 생겼는데 학교 소문이 좋게 난 것도 사실이다.

그 당시 평양신학교의 학생 성분은 현역 장로, 전도사, 집사 등 주로 30, 40대의 장년층이 대부분이었고, 또 교회를 담임한 분들이 많아 목사 안수를 받기 위한 공부였음에 비해, 성화신학교

학생들은 초 고급중학교 또는 대학교 입학 연령에 해당되는 20세 전후의 청년층이 많았고 특히 김일성 종합대학에 가기 싫어하는 사람들과 김일성대학에 다니다가 신앙 때문에 퇴학당한 학생들이 모였는데, 이들은 주로 신학을 학문적으로 연구하는데 치중했다.

이런 학생들의 성향으로 1947년 늦은 봄에 성화신학교에는 처음이자 마지막으로 학생들의 시위사건이 발생했다. 그 발단은 정치적인 이슈가 아닌 교내 문제였다.

이 시위사건이 발생한 배경에 대하여 두 가지 견해가 있다.

첫째는 박대선(朴大善) 목사를 채용하기 위하여 학교의 방조 아래 학생들이 무기한 동맹 휴학을 벌였다고 보는 견해이다. 이는 박대선의 「진리의 골짜기」라는 고희기념문집(古稀記念文集)을 통해서 알 수 있다.

"신학생들은 필자를 전임으로 모셔 갈 욕심으로 그들의 요구가 관철될 때까지 무기한 동맹휴학을 했다. 그 당시 연회장이었던 송정근 목사님과 교장이었던 배덕영(裵德榮) 목사님은 은근히 학생들의 맹휴를 이용해서 자기를 신학교수로 데려갔으면…"이라고 기술했다.

성화신학교 교수, 학생 (1947)

둘째로 신학교의 기구와 학제는 대학으로서 좋다고 인정되나, 일반 대학의 교무 과장을 교체하여 주고 교수진의 보강을 요구하는 단순한 시위사건이었다고 보는 견해이다. 이는 여러 사람들의 진술을 통해 알 수 있다.

최상봉(崔相鳳) 목사의 진술에 의하면 "고성과(高聖科)에서 국어 과목을 담당했던 김○○선생이 몸도 허약하고 발음도 부정확하여 수업을 받기 힘든 상태였다. 또한 몇몇 교수들이 문제가 있어 시위가 일어났다"고 하는가 하면….

명관조(明觀朝) 목사의 진술에 의하면 "어떻게 일반대학 출신이 신학교 교무과장을 하며 교수를 할 수 있느냐?라고 하며 한승호 목사가 담당한 교무과장을 겨냥해 본과생들이 시위를 주동하며 일어났다"는 것이다. 이 일로 인해 한승호 교수는 당시 교무과장 자리에서 물러나고 박대선 강사가 교무과장이 되었으며, 한승호 교수는 머리를 깎고 본과반의 학생이 되어 신학을 공부했다고 한다. 이러한 발단 경위에 대하여 한승호 목사도 시인하고 있다.

성화신학교와 관련된 여러 증언들을 토대로 살펴볼 때, 성화신학교의 학내 사태는 몇몇 교수들에 대한 학생들의 불만이 원인이 되어 발생한 단순한 시위 사건이므로, 무기한 동맹휴학까지는 아닌 것 같다.

그런데 학교측에서는 학생들의 요구가 타당한 것으로 인정하여 한승호 교무과장이 물러나고 강사였던 박대선 목사가 전임교수로 채용되어 교무과장의 직무까지 맡았고 교수진도 보강되었다.

당시 교직원 및 교수진은 다음과 같았다.

교장 : 배덕영, 교감 : 박대선, 교수 : 김용옥, 이재면, 이두성, 정춘용, 강사 : 명관조, 조윤승, 이피득, 김용련, 윤창덕, 이진구, 최창신, 오하봉, 김학수, 어응선, 서무 : 김인길, 사감 : 안상현

학내 사태를 계기로 성화신학교는 학제 및 교수진에 있어서도 나름대로 발전적인 모습을 갖추게 되었다.

성화신학교 학생들은 교사 일동(4층)에 600명의 학생들이 모였기 때문에 비교적 좁은 공간에서 공부할 수밖에 없었지만, 그래도 봄에는 체육대회가 열렸고 일년에 한 두 차례씩 부흥회도 열고 수학여행도 금강산으로 갔었다. 그 어려운 공산정권 밑에서도 용케 발전해 나갔다.

〈1947. 5. 5〉

참고문헌 「성화신학교의역사」(고성은 목사의 논문)

36

북위 성립에 대한 감상문 제출

— 신석구 목사가 제출한 감상문

☞ **그때 남한의 이모저모**

• 47. 5. 20 / 미·소 공동위원회(제2차) 개회

　1947년 2월 북한의 공산정권은 그때까지 사용하던 공식 칭호 〈북조선 임시인민위원회〉라는 이름에서 '임시' 자를 빼고 〈북조선 인민위원회〉라는 이름으로 변경하면서 공산당 1당 독재정권의 기능을 더욱 강화하였다. 그에 따라 북한 동포들의 인권과 자유는 더욱 악화되어 갔다.
　이런 사실을 가만히 보고만 있을 수 없었다. 이에 신석구(申錫九) 목사는 분연히 궐기하여 북조선 인민위원회 위원장 김일성에게 감상문을 전달했다.
　그 당시 북한 사회 실정으로 보아 김일성에게 충고 한 마디를 할 수 있었겠는가? 그러나 신석구 목사는 용감하게 해 냈다.

147

그러면 신석구는 누구인가? 그는 1875년 청주(淸州)에서 출생했고 협성신학을 졸업한 감리교 목사였다. 서울, 개성, 원산 등지에서 목회하며 민중 계몽과 독립정신을 고취하다가 3·1 독립 만세운동 때에는 33인 민족대표의 1인으로 활약하다가 옥고를 치렀으며, 일제 말엽에는 신사참배문제에 강경히 반대하다가 옥고를 치르기도 한 신앙의 용사였다.

8·15 해방 후 북한에서 공산정권에 대결하여 투쟁하던 중, 1946년 3·1절을

신석구 목사

기하여 대남(對南)비난 방송을 강요받았으나 용감하게도 반대로 공산주의 타도 방송을 감행하여 또 옥고를 치른 분이다. 그러하기 때문에 감히 김일성에게 감상문을 제출했다. 그 감상문 전문은 다음과 같다.

북조선 임시 인민위원회로부터 북조선 인민위원회 성립에 대한 감상문

"기독교가 북조선에 있어서 건국에 비협력자이니 선거에 반대자이니 친미파이니 하는 주목을 받고 있는 것은 사실인데, 차시를 제하여 감상문을 쓰려함에 만일 찬성의 언어를 쓰면 진정한 호의는 보지 않고 아첨 구용하는 것으로 보아서 비소를 받을 것이요, 불찬성의 언사를 쓰면 정직한 충언으로 보지 않고 도리어 반동분자라는 낙인을 수할지라. 그런 고로 진정한 감상을 채탐하기는 극히 곤란한지라 칙 기개인의 감상을 채탐하시는 이 보다 대중의 추세를 동찰하시는 것이 더욱 타당할 줄 아나이다. 현하 정세로 말하면 식량이 결핍함으로 인민의 생활이 극도로 곤난하고 남북이 대립됨으로

장래의 무슨 불측의 사가 유할까 인심이 동요되는 것은 현저한 사실이온즉 이는 깊이 우려할 바이오나 이에 대하여 조속히 선한 방침을 강구하시기를 요망하는바 이옵나이다.

(원문이 한문〈漢文〉위주로 된 글을 한글로 번역하여 기술하였기에 이해하기가 매우 어렵다. -필자 주)

용강군 금곡면 우등리
기독교 조선 감리교 목사 신석구

〈1947. 5. 5〉

참고문헌 「북한민주통일운동사(평남 편)」 1990. 북한연구소 간
「신석구연구」(이덕주 저) 2000. 감리회홍보출판국 간

37

미·소 공동위원회에 건의서 제출

- 재남 기독교인들의 건의서

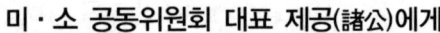

☞ **그때 남한의 이모저모**

• 47. 6.   /입법의회 보통선거법 통과
• 47. 7. 10/여운형 피살

〔북한에서 공산정권에 박해받으며 시달리다가 월남한 수많은 기독교 지도자들은 북한의 교회 실정을 때 마침 개최하는(1947. 7. 10) 미·소 공동위원회에 건의서를 제출한바 있었으나, 교계에 널리 알려지지 않았던 일인 고로 여기에 소개한다. 이 사건은 실제 북한에서 일어난 사건은 아니지만 사실 북한 교회와 직결적으로 관련이 있는 사건이라고 보아 여기에 소개한다. -필자 주〕

미·소 공동위원회 대표 제공(諸公)에게
우리는 북한에 거주하는 30만 기독교인들의 총의를 대표하여 귀하들의 위대하고도 영광 있는 업무에 대하여 무한한 경의를 표합니다. 따라서 우리는 귀하들의 노력이 불행했던 과거 우리 민족에게 영광스러운 새로운 역사에 도움이 되기 위하여 이제 감히 북조선 기독교인들이 경험하고 있는 실정을 보고하고, 거기에다 우리들의 의견을 첨부하면서 제공들의 현명하신 참작에 공여하려고 하는 바입니다.

첫째, 북조선 기독교는 1946년 2월 8일 북조선 인민위원회가 구성된 이래 현금까지 법문 상으로는 신교의 자유를 표방하지만 그실은 교회에 대하여 다각적으로 박해와 탄압을 가하여 오는 중인데 북조선 목사와 전도사의 대부분이 신조를 고집하고 복음을 전하다가 유치장 생활을 경험했으며 평신도의 다수도 희생을 당했습니다.

둘째, 북조선 치하 행정, 사법, 교육, 산업 등 각 기관 직장에서 기독교 신자들을 이색 반동분자로 규명하고 특수 기능자 이외에는 전면적으로 숙청 추방을 당하여 현재 남아있는 자들을 볼 수 없습니다.

셋째, 기독교 산하 단체는 까닭 없는 오해와 탄압을 받고 있는데 그 중에 중요한 실 예를 들면 북조선 기독청년 면려회의 해체 명령과 각 지방 지회 간부들의 접수사건을 제시하고자 합니다.

1947년 4월 19일, 북조선 사령관 이그니치 F. 대령은 정치부 장교 끼셀로프 소좌를 통하여 면려부 서부연합회 부회장 김봉서(金鳳瑞), 총무 김두영(金斗英) 양씨에게 명령을 전달했는데, 그 내용은 "귀 면려회가 지난 4월 9일에 제출한 등록 신청을 거부한다. 그 이유는 기독청년회는 교회 내에 있고 교회의 지도 감독을 받는 기관인데 관리자인 교회가 등록하지 않았으니 그 산하 단체를 등록시킬 수 없다. 따라서 면려회는 필요 없는 단체로 인정하고 통보하니 즉각 해산해야 한다"라는 것입니다. 만일 그런 논법으로 나간다면 북조선은 기독교의 등록이 없으니 모두 해산을 당할 것이 아닙니까?

그 후 5월 5일에는 보안서원을 파견하여 기독교 종합 사무실에

미·소 공동위원회
〈미국 대표 윌리암 M 하지 중장(좌) 소련 대표 스티코프 중장(우)〉

와서 면려회 연합회 간판과 주일학교 평양 연합회 간판을 떼어 갔으며 그와 동시에 지방에서는 면려회를 해산하지 않는다는 이유로 면려회 간부들이 구금되어 있습니다.

넷째, 신민주주의를 보십시오. 1947년 4월 27일에는 북조선 각 교파 연합 신도대회가 평양 산정현교회에서 회집하여 북조선 인민위원회 위원장 김일성에게, 북조선기독교에 대한 탄압 정책을 시정하고 구금된 목사들을 석방하고 신교의 자유를 확보하라고 요구하는 진정서를 제출하기로 결정하고 임원 몇 명에게 일임했던 바, 그 다음날인 29일 새벽에 평양 내무서에서 위원 6명을 긴급 구속하고 또 동일 하오 3시에는 진정서가 거부되어 부득이 남문밖교회에서 그 대책을 협의하는 중에 20여명의 위원을 또 검거함으로 진정서 제출은 결국 하지 못하고 말았습니다.

다섯째, 20세기 민주주의 이념을 전도하는 무서운 죄악적 현상, 종교교육 제지의 폭거, 1947년 5월 중순에는 평양시내 각 인민학교

교장들이 모여 아동들의 교회 주일학교에 출석을 제지하기 위하여 일요일(주일)에도 시내 각 인민학교에서 아동들의 등교를 강요하고 각종 행사 훈육시간을 두어 유물사상 함양을 꾀하기로 결의하고 목하 실행 중인데 이로 말미암아 종교교육은 전면적 제지를 당하고 있습니다.

여섯째, 북조선에서는 의사 발표의 자유를 침해 말살하려는 예가 상칙으로 사실이거니와 그 중 인민의 주권의 가장 중요성을 가진 선거시의 실정을 말하면 1946년 10월 24일 조선예수교 장로회 북한 5도 연합노회가 제2회 정기총회에서(평양 장대현교회 회집) 다음과 같은 기독교 원칙 5개조를 결의했던 것입니다.

① 교회와 정치는 분리한다.
② 학교에서 반종교 교육하는 것을 반대한다.
③ 주일은 전일을 거룩하니 지킨다.
④ 현임 교역자는 정치단체에 상무됨을 불허한다.
⑤ 예배당은 교회 사용목적 외의 사용을 불허한다.

이 결의가 있은 후 1946년 11월 3일, 북조선 시, 도, 군 인민위원회 선거일이 주일인 관계로 기독교인들이 선거에 불참했는데 그것을 이유로 목사, 전도사, 평신도의 대다수가 구속되어 구타, 린치 등 폭행을 당한 사건은 북조선에서 열거하기 어려울 만큼 많이 일어났습니다.

그 특별한 실 예를 몇 가지 들면,

① 황해도 곡산읍교회 기주복(奇土福) 목사는 본인도 모르게 일방적으로 입후보로 만들어 놓고 자기에 대한 투표에 주일임으로 불참했는데 그것이 반역행동이라고 하여 11월 7일에는 "기주복 목사 타도 읍민대회"를 열고 성토했으며 그날 밤에는 기 목사 사택을 급습하여 돌로 사택 및 가정기물을 모두 파손했고 그 때 기 목사와 가

족들이 돌에 맞아 중상을 입었습니다.

②평북 선천군 원동(院洞)교회 백문학(白文學) 목사는 선거에 불참한 이유로 선천보안서에 세 번이나 끌려가 린치 구타를 당하고 마침내 가족과 함께 교회와 동네에서 추방되었습니다.

③평남 강서군 ○○교회 한의운(韓義雲) 목사는 주일 예배 인도 도중 성수주일에 대한 설교를 하는 중에 선거문제에 대해 언급한 것을 반선거운동으로 규정하고 지난 2월 중순경 구속한바 상금 석방하지 않고 있습니다.

일당 독재를 위하여 북조선에는 노동당에 종속하는 정당 사회단체 외에는 존재할 수 없는 것이 원칙이요 현존한 정당 사회단체가 이례 없이 이명동질(異名同質)이거니와, 그 중에도 기독교도연맹 혁신 민주당 부당수요 현 북조선 인민위원회 서기장인 강양욱(康良煜)이 1946년 자기 집에서 발기하여 약 50여명에게 여비를 주어 초청하여 가지고 박상순(朴尙純 : 전 산동 선교사)을 위원장에 추대하여 창립했는데 개회 중 참석자 대부분이 속아서 온 것을 알고 불쾌하여 퇴장해 버리고 겨우 5, 6명만이 남아서 결정한 것입니다. 물론 남아 있던 전원이 임원이 되고 특히 북조선 인민위원회 서기장인 강양욱이 부위원장이 되었으나 실제 권한은 혼자 행세하고 있는 실정입니다.

그런데 이 단체는 발회 당초부터 북조선 기독교 총의에 의해 된 것이 아니라 기독교도연맹에 가입한 자는 이미 교회를 떠난 불신자 상태에 있는 자들로 구성되었고 반관적(半官的)이요 억압적 행동이 많음으로 교회에서 사갈시(蛇蝎視)되고 있는 단체입니다. 지방적으로 기만수단에 의해 가맹한 사람들이 더러 있으나 그 세력이 심히 미약함으로 북조선 인민위원회가 권력이나 물질로 명목만 유지해 가고 있는 단체입니다.

그러므로 기독교도연맹은 북조선 기독교를 대표할 수 없다는 것을 여기에 언명하오며, 만일 미·소 공동위원회가 북조선에서 기독교 문제를 기독교연맹을 상대로 해서 협의한다면 그야말로 중대한 과오를 범하는 것임을 명백히 제시하는 바입니다.

서기 1947년 6월 15일

재남(在南) 이북 기독교도 연합회 회장 : 한경직(韓景職)
기독청년면려회 서부연합회　부회장 : 김봉서(金鳳瑞)
　　　　　동　　　　　　　총무 : 김두영(金斗英)

〈1947. 6. 15〉

참고문헌 「북한민주통일운동사」 1990. 북한연구소 간

38

기독교 자유당 결성 방해

― 자유당 결성은 부자유였다

> ☞ **그때 남한의 이모저모**
>
> • 47. 11. 25 / 대광 중학교 창립
> • 47. 12. 2 / 장덕수 피살
> • 47. 12. 22 / 김구 남한 단독선거반대 성명

우리나라를 불법으로 강제 침략하고 갖은 만행을 자행하던 제국주의 일본이 제2차 세계대전에 패망하고 36년간 압박 받던 한국은 해방의 감격을 맞았다. 그러나 뒤이어 이 땅 위에 설치된 38선은 남북을 분단하는 비극의 씨앗을 심어 놓았다.

더구나 38선 이북 지역은 하나님의 존재를 부인하는 공산주의 종주국 소련군이 진주하여 군정을 실시하고 곧 공산정권을 세우게 되었다.

그러나 기독교 세력이 절대적으로 강한 북한지역에서는 반공세력이 강화되어 여러 형태의 정치적 운동이 활기차게 진행되었다.

해방 직후 신의주(新義州)에서 윤하영(尹河英:

신의주 제일교회 목사), 한경직(韓景職 : 신의주 제이교회 목사) 등이 중심이 되어 기독교 사회민주당(基督敎 社會民主黨)이 결성되었다(1945년 9월 초). 이 일은 한국 정치 역사상 남북한을 통해 최초의 정당 조직이었다.

김화식 목사

이에 뒤 이어 평양에서도 기독교 지도자들이 김화식(金化湜 : 장대현교회 시무) 목사를 중심으로 기독교 자유당(自由黨) 결성을 위하여 한창 준비중에 있었다.

38선이 남북을 분단하고 있으나 언젠가 한 번은 남북통일의 정부가 수립될 것을 예상하고, 기독교 지도자들은 민주주의 정부의 수립을 확보하기 위하여 서로 믿을 수 있는 기독교인들을 중심으로 강력한 민주주의 정당의 조직을 일찍부터 서둘렀던 것이다.

1945년 11월 초순 경, 평북 정주(定州) 옥호동(玉壺洞) 약수터에서 김화식 목사 이하 여러 명의 교계 지도자들이 모여서 의논한 끝에 기독교 자유당을 창당하기로 하고 그 정강(政綱)을 작성하는 데까지 이르렀다.

그러나 실제적인 당 결성 조직은 여러 가지 여건이 맞지 않고 방해되는 일들이 계속 일어나 이를 현실화하지 못하고 있던 참이었다.

1947년 9월 23일 유엔총회에서 한국문제 토의가 결정되어 앞으로 미국에서 제출할 한국 독립안이 결정되면, 남북 통일의 정부 수립은 눈앞에 다가올 것으로 보여, 기독교 자유당 결성의 좋은 기회가 왔다고 판단했다. 김화식, 김관주(金冠柱), 황봉찬(黃奉燦) 목사와 우경천(禹敬天), 고한규(高漢圭) 장로들이 중심이 되고 다수의 동지들이 결집되어 1947년 11월 19일 창당 결당식을 거행하기로 내정하고, 당수에는 고한규 장로를 추대하기로 예정하는 등 착착 준비가 완료단계에 들어갔다.

그러나 결당식을 하루 앞둔 18일 이런 계획 사실이 내무서(內務署; 그 당시 북한의 경찰서 격)에 탐지된 바 되어 김화식, 고한규 등 지도자급 40여명의 간부급들과 각 교회 지도자급들이 모조리 검거 선풍에 휘말려서 검거 투옥되었다.

이미 공산당이 북조선 인민위원회를 수립하여 그들대로의 행정을 통해 모든 일을 조직화 해 나가는 판국인데 기독교 자유당의 창당은 너무 무리한 것이 아니었던가 생각된다. 그러나 유엔총회 결의에 발맞추어 나가기 위해 결당을 강행하려다가 그만 미수에 그친 사건이 되고 말았다.

그 후 김화식 목사는 재판을 받은 결과 18년이란 장기 징역언도를 받고 복역 중 옥고를 견디다 못해 순국 순교의 향기를 날리며 생을 마쳤다.

이 후 북한지역에서 다시는 공개적으로 정치운동이 공산당 외에는 일어나지 못했고, 그야말로 폐쇄된 사회, 철(鐵)의 장막이 되고 말았다.

〈1947. 12. 8〉

참고문헌 「한국기독교해방10년사」(김양선 저) 1956. 총회 종교교육부 간

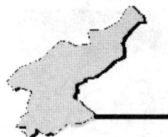

39

한독당 장연지구당 수난

― 반공에 희생제물 백재명

☞ 그때 남한의
이모저모

• 48. 1. 7 / 의무 교육
제 실시
• 48. 1. 8 / U.N 한국
임시 위원회 내안 입
북 거부
• 48. 1. 10 / 감리교
분열 재건파 총회

한독당(韓獨黨)은 상해 임시정부의 주석(主席)으로 있던 김 구(金九)가 중국에서 독립운동을 할 때인 1930년대에 창당한 정당으로 여러 번 파란곡절을 겪으며 활동하다가, 1945년 8·15 해방 이후 김 구 일행이 귀국하여 국내에서 재건한 정당이었다.

김 구는 귀국 후 건국운동에 앞장섰으나 옛날 동지였던 이승만(李承晩)과 정치이념이 달라 어려움을 겪었다. 그러나 김 구는 개의치 않고 남한 각지에 지구당을 결성하여 활동하는 중에 남북통일의 날에 대비하려고 자기의 출생지요 독립운동의 무대였던 황해도에 밀사를 파송하여 한독당 지구당을 조직하는데 주력했다.

그 당시 북한에는 소련군의 진주와 그의 후원을 입고 공산정권을 세운 김일성 일파의 정치무대로 정당은 노동당, 민주당, 청우당 뿐이고 기타는 정당 조직을 허락하지 않았기 때문에, 북한에서 한독당은 애당초 비밀리에 조직되었다.

당수 : 백재명 장로

1946년 여름 김 구가 파송한 밀사가 황해도에 침투하여 재령 서부교회에서 황해노회(제66회)가 모이는 와중에 지하실에서 비밀리에 조직되었다. 마치 노회에 참석하는 것 같이 위장하여 모이는 방법을 썼다.

장연군(長淵郡) 지부당도 이 때에 조직되었는데 조직책임은 장연 용연(龍淵)교회 백재명(白在明) 장로가 당수로 추대되었다. 백재명은 1910년 장연군 태탄(笞灘) 출신으로 어려서 예수를 영접하고 주일학교에 다니다가 허 간 목사에게 세례를 받고 그의 추천으로 재령 명신(明新)학교에 입학하여 신앙적 인격자로 교육을 받았다. 용연교회 부설 태창(泰昌)학교 교장직을 맡아 신앙적 인재 양성에 헌신했다. 그는 이미 학교 설립에도 크게 공헌한 바 있다.

기독교 교육을 근본적으로 반대하며 억압하던 일제하에서 지방 학교 경영이란 여간 어려움이 아니었으나, 하나님이 주신 사명으로 알고 매사에 충실했다. 1941년에 용연교회에서 장로 장립을 받았다 (주계성〈周啓聖〉장로와 같이).

백 장로는 학교 교장직을 일제 말 1943년까지 봉직하였고 사임 후 과수원을 경영하면서 교회 봉사에 열중했다. 그리고 몇 해 전부터 맡아 봉사하던 면려청년회(C.E) 장연연합회 회장으로 있으면서 경내 교회 청년들의 신앙 지도와 사상(애국, 애족, 독립) 지도에 주력했다.

그러던 중에 1945년 8·15 해방이 되었다. 이제야 말로 내 세상이 되었다고 교회와 민족을 위하여 마음껏 힘껏 일하려고 나섰다. 그러나 어찌 뜻했으랴. 국토는 38선으로 양단되고 더구나 북한에는 공산주의 소련군이 진주하여 김일성을 내세워 공산정권을 수립하고 교회를 전면 탄압할 참이었다.

이럴 때, 백재명은 하나님의 부르시는 소명감을 느껴 교역에 나섰고, 낙흥(樂興)교회, 마유(馬猶)교회, 장방(長榜)교회 등 주로 연약한 농촌교회에 전도사로 봉직하면서 뜻 있는 반공 애국 청년들을 규합하는데 주력했다.

이런 어려운 배경에 처했을 때 한독당 장연지구당 책임을 맡았다. 그 당시 이런 중대한 책임은 누구에게나 맡기는 것도 아니고, 또 추대되면 사양하거나 회피할 수 없는 실정이었다. 솔직하게 말하면 죽음까지도 각오하고 나서야 하는 당시 형편이었으니 그야말로 순국의 제단에 이미 바치는 길이었다.

규합된 동지들은 각 교회 지도급 청년들이니…

박치순(朴致淳 : 석교교회 전도사), 민응열(閔應烈 : 백촌교회 전도사), 김홍수(金鴻壽 : 서의동교회 전도사), 이춘우(李春雨 : 용연교회 장로), 주계성(周啓聖 : 용연교회 장로)들 그 외에 여러 교회의 청년층 동지들이었다.

그 당시 이들이 주로 활동한 내용은,

① 군민들에게 철저한 반공사상을 계몽 주입시키는 일.
② 동지들 중에 체포 위험성이 있는 자를 비밀히 월남시키는 일.
③ 무기를 비밀 구입 준비했다가 일단 유사시에는 무장 봉기하는 일 등이다.

한동안 조용한 중에 이상 사업들을 효과적으로 진행하고 있던 중 서울 본부 연락차 상경 중이던 박치순 동지가 불행하게도 체포되었다. 수사 심문하는 과정에서 그만 지구당 조직체가 탄로되어 백재명 이하 여러 간부들이 체포되었는데 그 때가 1948년 1월 4일이었다.

백재명은 평양에서 재판을 받고 사실 모든 책임을 자신이 전부 맡았기 때문에 중형을 언도 받고 아오지(阿吾地) 탄광으로 보내졌다. 아오지 탄광은 그 당시 북한에서 가장 대표적인 정치범 수용소로서 여기에서는 수감자들에게 강제 노동을 시키는 것이 특색임으로 이 곳에 한번 왔다 하면 거의 살아서 나간 자가 없을 지경이었다.

백 장로도 여기에 수감되어 강제 노동을 하다가 6·25 때 희생되었다. 이곳에 수감되었던 많은 애국인사들이 결국 6·25 때 모두 비참한 학살을 당한 것으로 추정된다.

그리고 그 밖의 이춘우, 주계성, 김홍수, 민응열 등도 6·25를 계기하여 모두 희생되었다.

〈1948. 1. 4〉

참고문헌　「브리태니커 대백과사전」(제24권) 1994. 동아일보사 간
　　　　　백근화 권사(백재명 장로의 딸)외 수명의 증언

40

김창준의 배교, 배신 연설

- 현대판 가룟유다 김창준

☞ 그때 남한의 이모저모

• 48. 4. 3/4·3 제주도 폭동사건 야기
• 48. 4. 16/기독교 박물관 개관 (관장 : 김양선)
• 48. 4. 19/김 구 김규식 평양행

　김창준(金昌俊)은 1888년 평안남도 강서(江西)에서 출생했고 평양 숭실(崇實)을 거쳐 일본 유학까지 하고 귀국하여 협성(協成)신학교를 졸업하고 감리교 목사가 되었다. 그리고 한 때 서울 중앙교회를 목회하기도 한 저명 인사 중 1인이다.
　더구나 1919년 3·1 운동 당시에는 독립선언서에 서명한 33인 민족 대표 중 1인으로 활동했다. 더구나 독립운동을 한 죄목으로 재판을 받는 과정에서 재판장이 질문하기를 "앞으로도 독립운동을 계속할 것인가?"라고 묻자, 김창준은 당당하게 대답하기를 "그렇다. 나는 본래 한일 합방(合邦)을 근본적으로 반대해 온 자로서 금후에도 기회만 있으면 언제든지 실행할 것이다"라고 호언

장담하여 명성을 날렸고, 국민들에게 애국적 민족주의자라고 존경의 대상이 되었던 인물이기도 하다.

그러나 1945년 조국이 해방된 후 북조선에서 김일성이 이끄는 공산정권에 가담했다. 그리고 1948년 제1기 최고인민회의 상임위원직에 올랐으며 강양욱(康良煜)과 더불어 실질적으로 북한기독교의 대표적 위치에서 활동했다.

1948년 4월 18일 평양에서 열린 소위 〈전조선 정당 사회단체 대표자 연석회의〉(남한에서 김 구, 김규식 등이 참석했던 회의) 석상에서 다음과 같은 연설을 함으로써 기독교와 한국 교계 그리고 조국과 동족을 배신한 가롯 유다가 되고 말았다. 그 당시 그는 북조선 기독교민주동맹이란 주구(走狗) 단체의 위원장으로 있었다.

대표 여러분!
지금 연합군의 이름으로 남조선에 진주한 미군(美軍)이 말로는 조선 독립을 원조한다고 하면서 실지 행동으로는 조선의 독립을 파탄시키며, 말로는 민주주의라고 하면서 실지 행동은 제국주의자라고 하는 것은 이미 여러 선생님들의 보고와 여러분들의 토론에서 구체적으로 지적했습니다.
남조선에서 미군이 주둔한 후 2년 반 동안에 국내적으로나 국제적으로나 행해 온 모든 행동은 오늘날 실시하려는 남조선의 단선, 단정(單選, 單政 : 단독 선거로 단독 정부를 수립하려는 것)을 준비하는 것이 분명하고 이런 단선, 단정은 미군이 남조선만이라도 자기네 식민지화, 군사기지화를 하려고 하는 흉악한 음모에서 나왔다는 사실이 더욱 명백해졌습니다. 그러므로 미국 제국주의 침략 정책은 조선 인민의 강력한 반발을 받게 되었습니다.
우리 기독교 민주동맹은 남조선의 복잡한 정치조류 가운데서 민주주의 민족전선의 노선이 우리의 독립과 민주화의 길이라는 것을 확신함으로 민전(民戰)의 일익(一翼)으로서 투쟁해 왔으며 앞으로도 투쟁할 것입니다.

대표 여러분!

조선은 반드시 혁신해야 합니다. 낡은 것은 썩어져 버리고 있으니 새 것을 촉구해야 할 것입니다.

미국인이 노골적으로 우리에게 노예화 생활을 강요하면 할수록 전체인은 말할 것도 없이 우리 양심적인 기독교인들은 더욱 미 제국주의에 대한 격분이 높아지는 것입니다. 그러므로 우리 동맹에는 수많은 기독교인들이 나날이 집결되고 있습니다.

대표 여러분!

오늘날 전국의 애국 정당 사회단체가 국토 양단과 민족 분단의 위험을 가져오는 남조선 단선을 반대하는 통일적 행동을 취하려는 이 때에 우리 기독교인들은 그 일익적 임무를 담당하게 된 것은 결코 우연한 일이 아닙니다.

왜 그런가 하면 우리는 예수를 믿지 미국을 믿는 것이 아니기 때문입니다. 미국은 예수가 아닐 뿐 아니라 그와 반대로 약소민족을 침략하는 제국주의자들입니다. 예수가 가장 미워하는 적(敵)들이기 때문입니다.

성경 어느 구절에도 자기의 조국을 미 제국주의자들에게 팔아먹어도 좋다고 한 말은 없습니다. 그렇기 때문에 조국의 자유와 독립을 갈망하는 사랑하는 우리 기독교인들은 망국적인 남조선 단독 선거와 정부를 결사 반대하고 일어선 것입니다.

대표 여러분!

민족적 양심이 조금이라도 있는 자라면 우리 조국을 양단하고 독립을 방해하는 단독 선거를 단연코 반대해야 하겠습니다.

예수의 정신을 조금이라도 가진 자라면 유엔 결정을 저지하고 단선 단정을 반대하여 일어서야 하겠습니다.

애국적 열정이 있는 자라면 양군 철퇴를 요구하고 통일정책을 우리 손으로 세우기 위하여 힘써 싸워야 할 것입니다.

이상이 김창준의 연설문 전체이다.

또 김창준은 6·25 전쟁 당시 인민군을 따라 서울에 와서 남조선 기독교도연맹을 조직하고 위원장직을 맡아 서울에 잔류해 있던 교역자들(전쟁 틈에 미처 서울을 빠져나가지 못하고 남아 있던 교역자들이나 또는 나갈 수 있었으나 끝까지 교회를 지켜야 한다는 목자의 책임감에서 피난가지 않고 일부러 남아 있던 교역자들)을 여러 모로 괴롭히는데 앞장섰다. 그리고 그 해 8월 10일, 기독교계 저명인사 100여명을 서울 YMCA 회관에 집합시켰다가 평양 관광을 시켜 준다고 강제적으로 집단 납북(拉北)케 한 사건을 배후에서 조종한 원흉이 곧 김창준이었다.

그 때 납북된 남한의 저명인사들 중에 목사들은 오택관(吳澤寬 : 혜성교회, 제헌국회의원), 남궁혁(南宮赫 : 조선신학교 교수, 기독교연합회 총무), 김유연(金有淵 : 신공덕교회, 성결교신학교 교수), 박현명(朴炫明 : 성결교 총회장, 성결교신학교 교수), 송창근(宋昌根 : 조선신학교 교수), 김영주(金英珠 : 새문안교회), 방 훈(方薰 : 서울 북지방 감리사), 이 건(李健 : 서울신학교 교장), 허 은(許殷 : 해방촌교회), 양주삼(梁柱三 : 감리교 총리사), 김동철(金東哲 : 서소문교회), 김유순(金裕淳 : 감리교 감독), 장덕로(張德櫓 : 옥인동교회), 주재명(朱在明 : 서교동교회), 주채원(朱採元 : 향화동교회) 등이며 상세한 명단은 본서 234p 〈57. 서울 목사들 집단 납북〉난을 참조하면 자세히 알 수 있다.

뿐만 아니라 이상 납북 교역자들이 북한에 강제로 끌려가서 이곳 저곳으로 유전하며 고전할 때, 북조선 기독교 민주동맹 위원장직을 맡고 있던 김창준이 또 나타나서 납북목사들(평소에 김창준과 알고 있는 분도 여러 명 있었음)에게 연설하기를 "북조선에도 헌법에 신앙의 자유가 보장되어 있느니 만큼 당신네들이 우리 정책을 지지 찬동만 한다면 유효 적절하게 등용하여 적극 우대하겠소"라고 말문을 열자 "반역자 가룟 유다는 물러가라"고 송창근 목사와 몇 사람이 고함을 지르며 대들자 이에 당황한 정치부 수행원들이 당황하여 "조용히 하시오. 국가 간부들에게 너무 심한 언동은 삼가시오"라고 주의를 환기시켰으나 이미 죽음을 각오한 저들에게 이런 감언 이설이 통할 리가 없었다. 오히려 남북목사들은 모두 땅에 엎드려 통성기도로 맞대결 했다. 그런데 이런 과정에서도 가롯 유다가 생겼으니 납치인사 중 권태희(權泰羲)만이 그에게 찬성하고 김창준을 따라갔던 것이다.

〈1948. 4. 19〉

참고문헌 「북한관계 자료집」 제6권 1992.
「해방후북한교회사」(김흥수 저) 1992. 다산글방 간
'죽음의 세월' (동아일보 연재)(1962. 3. 29~6. 14)

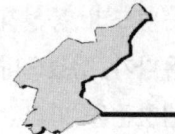

41

신정 구국 기독청년회 수난

― 신정의 반공 용사들

☞ 그때 남한의
　이모저모

• 48. 7. 17 / 대한민국
　헌법(정부조직법)
　공포(제헌절)
• 48. 7. 21 / 명지대학
　(우궁화학원) 창립

평안남도 강서군(江西郡) 서남부 지역인 신정면 함종면 일대(현재는 증산군〈甑山郡〉이다)에는 일찍 1890년대부터 감리교가 전도하여 많은 교회가 있었다. 신정(新井), 가현(加峴), 송천(松泉), 함종(咸從), 송동(松洞), 곶동(廛洞), 대정(大井), 갈정(葛井), 사리(四里), 증산(甑山), 두만(斗滿), 무본(務本), 오흥(吳興), 용덕(龍德), 석다산(石多山), 다족(多足), 운포(雲浦), 문도(文圖), 견전(甄田), 포동(浦洞)교회 등 여러 교회가 있었고 각기 부흥 운동에 노력했다.

교인 수가 적게는 100여명, 많게는 400여명 선의 교회들이었으니 1940년대 일제 때에도 상당히 부흥되고 있는 교세였다.

168　북한 기독교 100장면

8·15 해방과 더불어 이 지방 교회들도 상당히 부흥단계에 들어갔으나, 북한에 공산정권이 수립되면서 이 지방 교회들도 큰 수난을 겪었다.

신성한 교회 안에 김일성과 스탈린의 초상화를 걸라고 강요하고 교회당을 인민위원회 선거장으로 강제 사용하려고 하며 교인들을 각 직장에서 추방하고, 더욱이 교회 청년들을 〈민청〉(民靑 : 민주청년동맹의 약칭)에 강제 가맹시켜 유물주의(唯物主義) 사상을 강제 주입시키려고 했다.

이러한 때 곳동(鹿洞) 감리교회 김약숭(金若崇) 권사는 교회 청년들이 공산당에 끌려가 붉은 사상에 물들어 감을 통탄하여 교회 청년들 중심으로 〈구국기독청년회(救國基督靑年會)〉를 조직했다.

물론 각 교회마다 장로교는 면려청년회, 감리교는 엡윗청년회가 있어서 교회 안에서의 신앙과 교양운동에 적극 헌신하고 있으나 그것은 어디까지나 신앙중심의 청년활동이었다. 그러므로 구국기독청년회는 대외적으로 반공 구국의 뜻이 있는 청년들로 조직되었고, 회원은 비단 기독청년들만 아니라 이 뜻에 찬동하는 애국청년들은 누구나 가입할 수 있었다.

곳동 감리교회는 이경봉(李鏡鳳), 이남철(李南哲) 목사 등이 시무하던 교회로 교인 수는 150여명 정도였고, 신정교회는 이두식(李斗軾) 목사가 시무했는데 교인 수는 400여명이었다. 그밖에 신정면 소재인 대정 장로교회는 120여명이었고, 갈정 장로교회도 120여명, 사리 장로교회도 120여명 정도의 교인이 있었으니 신정면 전체 인구에 비하면 교인 인구가 대단히 많은 셈이었다.

앞서 말한 김약숭은 36세의 청년으로 구국청년회를 창립할 때, 궁극적으로 순교할 것까지 염두에 두고 살신성인(殺身成仁)의 정신과 각오로 시발했던 것이다.

1948년 6월 9일, 회장 김약숭은 총무인 윤성근(尹成根)을 서울에 비밀 파송하여 서울에서 활동 중인 서북청년회의 활동 실태를 파악하고 대북 공작의 지원을 요청했다. 그런데 서울로 간 윤성근이 귀환 약속 기일이 너무 지났는데도 돌아오지 않아 매우 불안과 초조로 기다렸다. 그래서 여러 가지 경로를 통해서 확인해 보았더니 서울에서는 이미 용무를 마치고 월북했다는 소식이었다.

불안과 초조 그리고 어떤 기대 속에서 기다리던 중에 홀연히 강서정치보위원들의 공격을 받았다. 그 날이 1948년 7월 13일 밤이었고, 윤성근을 남파시킨 지 한 달이 넘은 때였다. 나중에 안 사실이지만 윤성근이 임무를 마치고 돌아오다가 그만 불행하게도 검거된 것이었다.

이에 따라 김약숭은 이미 각오했던 바 단독 책임을 지고 다른 동지들의 신분을 끝까지 말하지 않고 저항한 까닭에 극심한 고문을 당했고 결국은 아오지(阿吾地) 탄광으로 끌려가 강제 노동을 당하며 일하다가 그만 견디다 못해, 1949년 3월 5일 당년 37세의 젊은 나이로 옥사하여 순국의 향기를 날렸다.

그런데 이 일이 있은 후 그의 동생 김약제(金若濟)가 또 다시 형의 애국적 유지를 계승하여 반공 투쟁 운동을 전개했다. 이는 기독교의 순교정신은 끊어질 수 없다는 역사적 사실을 증명하고 있다.

김약제는 당년 30세로 1943년 평양 광성학교를 졸업하고 고향 신정면에서 사립 초등학교, 사달학교, 신정국민학교에서 교감으로 시무하고 있는 자격 있는 교육가요 교회 봉사에도 언제나 선두에서 활동하는 모범청년이었다.

아무리 교감직에 충실하고 학교에서는 없어서는 안될 요직자라도 반동분자 김약숭의 아우라는 그 신분만으로도 무사할 수 없었다. 가시 방석 위에서의 생활을 계속하며 온갖 멸시와 감시를 받아가며 살다가, 6·25 전쟁이 발발한 지 두 달만에 김약제 교감도 예비 검속으로 끌려가 곧 총살형으로 세상을 떠났다.

결국 강서군 신정면 산하 구국기독청년회는 김약승, 김약제가 계속 순교하였으나 그 밖의 회원들은 비밀리에 반공 운동을 했지만 별 뚜렷한 성과를 거두지 못하고 6·25를 계기로 하여 끝나버리고 말았다.

그 당시 북한 각지에는 이와 같은 반공단체들 특히 기독교인들 중심의 청년단체가 많았으나 얼마 안 되어 거의 검거 투옥되는 바람에 크게 효과적으로 활동을 하지 못하고 말았다.

〈1948. 7. 18〉

참고문헌 「북한민주통일운동사(평남 편)」 1990. 북한연구소 간

42

기독교인 여의사 이정옥

― 인민재판 받은 여의사 이정옥

> ☞ 그때 남한의 이모저모
> - 48. 9. 30 / 한글 전용법 통과
> - 48. 10. / 국회법 공포
> - 48. 10. / 나사렛 성결교회 창립 (회장 : 정남수)

'인민재판(人民裁判)'이란 공산주의 국가에서만 있고 현재는 북한에만 남아 있는 순 정치성을 띤 특유한 재판이다. 일정한 원칙이 없고 공산당 간부들의 생각과 판단에 따라 언제나 어디서나 자기네 마음대로 재판을 열고 집행한다. 인민재판을 여는 목적은 소위 범죄자(그들의 반동분자)를 공개 처형하여 인민들에게 공포심을 더 하게 하여 그런 류의 범죄가 다시 일어나지 못하도록 하려는데 있다.

여기에 개성에서 1948년 10월 5일에 집행한 인민재판의 한 장면을 소개한다.

처형의 대상자는 기독교인이며 여의사(女醫師)인 이정옥(李貞玉)이었다.

개성시 인민위원회에서는 "오늘 약초원 뒷산에서 인민재판이 있으니 인민들은 통별 반별로 빠짐 없이 집결하라"고 지시했다. 노동자들에게는 잔업을 일찍 끝내고 재판장으로 나오라고 지시했다. 순진한 인민들은 인민재판이란 말은 들었어도 실제는 처음인지라 호기심 반, 공포심 반으로 모였다. 처형 대상자가 누군 지도 모르고 모였다.

시간이 되자 재판장이란 자가 개회를 선언했다. 곧 이어 재판장이 재판소 판결문을 낭독한다. 피고 이정옥은 개성시립병원 외과과장으로 근무하며 남한정부를 지지해 온 반동이고 공산주의를 근본적으로 반대하는 기독교인이고 그의 가족이 월남했다는 것이 그의 죄목의 전부이다. 판결 내용은 '사형(死刑)'이었다. 그리고 이 사형수의 처리는 개성 시민과 개성시 내무국장에게 맡긴다는 것이었다. 판결문을 낭독하기가 무섭게 "반동분자 이정옥을 죽여라" "반혁명분자 이정옥을 처단하라"고 대중들은 외쳤다. 변호사의 변호는 더욱 잔인했다. "천백번 죽여야 되나 노동이나 시키자"는 것이었다.

잠시 후 대중 앞에 끌려 나온 소위 피고 이정옥은 너무나도 태연했다. 그러자 돌연히 '탕' 하는 한방의 총성에 그는 최후를 마쳤다. 곱게 하늘나라로 갔다.

이정옥은 평소에 독실한 기독교인으로서 더구나 소아과 의사로서 시민에게 봉사 공헌한 바가 커서 시상과 표창을 해야할 처지인데, 개성시민의 이름으로 공개적인 인민재판의 사형집행으로 생을 마감한 것이다.

〈1948. 10. 5〉

참고문헌 「북한민주통일운동사」(경기미수복지구 편) 1990. 북한연구소 간

43

평서노회의 반공 운동

― 기독교도연맹을 끝까지 반대한 평서노회

☞ **그때 남한의 이모저모**

• 48. 10.　/ 국회법 공포
• 48. 10.　/ 중·고 분리의 신학제 (6·4·2·4제) 가결

대한예수교장로회 평서노회는 총회 정책에 의해 평남노회가 3분(평양, 안주, 평서)됨에 따라 1922년 2월 2일 진남포 비석리교회에서 창립되었는데 그 담당구역은 진남포시, 강서군, 용강군, 대동군, 평원군 일원이며, 초대 회장은 송인서(宋麟瑞) 목사였고 3개 시찰로 강서시찰, 용강시찰, 대평시찰로 구분되었다.

그 후 노회 내 각 교회가 은혜롭게 부흥되어 일제 말년에 그 어려운 고비도 잘 넘기고 8·15 해방을 맞았다.

그런데 해방 후 더 어려운 시련을 겪게 되었다. 그것은 그 당시 북한지역에 어느 교회나 어느 노회나 한결같이 겪은 수난인데, 소위 기독교도연맹(基督敎徒聯盟)이란 김일성 공산집단의 산하단체가 침투해 온 시험이었다. 즉 기독교의 이름으로 기독교를 박해하는 계략이었다.

때는 1948년 10월 가을 노회가 제48회로 평남선 강선(降仙)역전 요촌(腰村)교회에서 개최되었다.

그런데 이 노회 석상에 느닷없이 기독교도연맹 위원장 박상순(朴尙純 : 과거 비석리교회 시무한 유력한 목사)과 그 당시 북조선 인민위원회 서기장 강양욱(康良煜)이 나타나서 기독교도연맹의 대한 선전을 하려는 것이었다. 그리고 그 당시 노회장 조순천(趙順天) 목사에게 미리부터 발언권 요구를 강박 했던 것이었다.

그래서 개회 벽두에 노회장 조순천(그 당시 진남포 득신고등 성경학교 교장) 목사는 개회선언을 하기 전에 "오늘 이 시간에 평양서 오신 강양욱씨가 중대한 공문을 전하는 동시에 한 30분간 언권을 허락해 달라는 요청인데 어떻게 할까요?"라고 했다. 잠시 침묵이 흐른 후 "회장!" 하고 언권을 청한 회원은 고택구(高宅龜) 목사였다. "외람되오나 그 공문이 어떤 공문인지 알 수 없습니다만 만일 그 내용이 우리 노회에서 수년 전에 결의되어 시행 중에 있는 기독교도연맹에 관한 것이라면(기독교 신자로서 기독교 교리에 위배되는 어떤 단체에 가입함을 용서치 않는다는 결의가 1946년 가을 노회시 있었다) 그것은 임원회에서 사실해 보고 처리할 것이요 본회 석상에서는 소개하지 못할 것입니다. 그러므로 그 안건은 임원회에서 처리하기로 동의합니다." 그 때 장내 분위기가 엄숙하다 못해 조용해지고 말았다. 그 때 회원 중에서 "재청합니다" 하는 소리가 들리자마자 이에 회장은 재빨리 "가하면 네— 하시오" 하매 회원 일동은 일제히 "네—" 하고 큰 소리로 대답하매, 회장은 재빨리 "만장일치로 가결되었습니다" 라고 선포한 후 회장은 재빨리 서기부를 독촉하여 임원을 선거했다.

투표결과, 회장 : 방준원(方濬源 : 용악교회), 부회장 : 우성옥(禹成玉 : 갈리교회), 서기 : 이순경(李順璟 : 빙장리교회), 부서기 : 송영길(宋永吉 : 비석리교회), 회계 : 김승일, 부회계 : 임순호 장로 등이 각기 피선되었다. 강양욱 일행은 다시 조 목사에게 시간 요청을 강박 했다. 임원이 교체되면 발언할 시간이 없을 것 같아서 그들은 무리하게 강박했으나 조 목사는 조용히 부드러운 말로 "내 회장의 임기는 이미 지났습니다"라고 눌러 버리고 임원 교체를 진행했다.

그러자 이번에는 신임회장이 등단하여 인사하기도 전에 강양욱은 제3차 공세를 취하여 신임 회장이 인사말을 할 때에 잠시 언권을 허락해 달라고 애원 겸 협박 겸 간청했다.

신임 방준원 회장은 "심히 미약한 종이 중임을 맡아 심히 송구스럽고 어깨가 무겁습니다. 그러나 현명하신 회원 여러분의 협조를 얻어 우리 노회의 아름다운 전통을 그대로 계승할 것뿐입니다"라고 취임 인사를 마치고 의사진행을 지휘하며 회무를 무리 없이 잘 사회하며 진행해 나갔다.

김덕모(金德模 : 억량기교회) 목사는 긴급동의 언권을 얻어 "오늘날 교역자들이여 너 나 없이 정신차립시다. 하나님께서 내리신 지상사명을 감당 수행하지 않고 오히려 목사의 성직에다가 더러운 흠과 티를 끼치는 일이 있으니 깨여 회개치 않으면 주님의 징계가 감히 내릴 것입니다"라는 경고 발언까지 함에 그들 일행은 크게 위축되었다.

회무가 일단 끝나고 정회가 선포됨에 강양욱이 자진해 앞으로 나가 "내가 말씀드릴 것이 있으니 잠깐만 남아 주시요"라고 자작 광고를 했으나 회원과 방청객들은 재빨리 퇴장해 버렸다. 회의장에는 단 한 사람도 안 남았다.

강양욱 일행은 그날 창피와 구박과 모욕을 받고 분한 마음으로 돌아갔다. 그 후 그들은 의도적인 보복책을 썼다. 여러 가지 구실을 달아 조순천, 김덕모, 방준원, 송영길, 유정철 등 여러 목사들이 연속적으로 구속되어 갖은 고문 끝에 모두 처형됨으로 순교의 제물이 되었다.

〈1948. 10. 8〉

참고문헌 「한국교회 신앙체험사」(고택구 저) 1954. 복음세계사 간
「송곡 조순천목사 전기」(홍만춘 저) 1990. 다락방 간

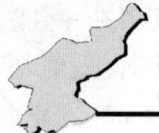

44

김관주 목사 수난

– 비밀 재판으로 희생된 김관주

☞ 그때 남한의
이모저모

• 48. 10. 20 / 여수
·순천 반란 사건

8·15 해방 이후 소련 군정하의 북한의 재판제도는 원칙적으로 2심제이다. 1심은 사실심이고 2심은 법률심이다. 그러므로 일반 사건은 시(市), 군(郡), 재판소가 1심으로 관할하고, 도(道), 특별시, 직할시 재판소는 2심을 담당한다(이 기록은 1948년 현재 상황임).

그러나 반역죄(반동죄) 등 사형(死刑)이 예견되는 범죄에 대하여는 특별시 재판소가 1심 재판소가 되고, 최고재판소가 2심 재판소가 된다. 단, 정부 기관의 요원(要員) 즉, 도 인민위원회 위원장 및 장급 이상이 범죄했을 때에는 최고 재판소가 1심 곧 종심(終審)으로서 단심제가 된다. 이것은 독재정권 하에서의 일면이 하급재판소에서 다루어짐으로써 야기되는 "내막이 대중 앞에 노정(露呈)"될 것이 우려되어 비밀재판으로 하는 것이다(이 제도는 8·15 해방 당시 소련 군정 하에서 시행한 재판제도이다).

범죄 혐의자에 대한 인신 구속은 검찰의 권한이다. 내무서원(사회안전원) 혹은 예심원이 인신 구속을 할 때는 물론 형식상 검찰의 승인을 받도록 되어 있다. 구속 기일은 30일이던 것을 개정 형사법에 의해 60일로 연장되었다(이 경우 상급검찰소장의 승인을 얻어 연장한다).

김관주 목사

구속에 대한 이러한 규제는 일반 범죄에 관한 형식상 규제일 뿐 북한정권에 대한 반역죄(반동죄), 반소죄(反蘇罪) 등에 있어서는 무시된다. 만일 어떤 계통을 통하여 반동, 반소 혐의자로 지목되었다면 검찰의 승인 없이 구속되는 것이다. 이 때 그들은 소위 혐의자의 가족이나 친지의 면전(面前)에서 구속하지는 않는다.

외출 중 혼자 있을 기회를 포착, 비밀리에 연행(납치)하는 것이다(6·25전만 해도 평양 시내에 인신을 구속할 수 있는 특수기관이 30여 개가 있었다고 한다). 따라서 언제, 어디서, 어디로, 왜 끌려가는지 알 도리가 없는 것이다. 이리하여 체포되어 간 자 중에는 그대로 행방불명이 되기도 하고 혹은 수개월 후 재판소로 기소되어 비밀재판으로 넘어간다. 비밀재판이란 문자 그대로 '비밀(秘密)'이다. 공판 심리는 비공개이며 재판 결과도 비공개로 처리된다. 심한 경우 그러한 재판이 있었던 사실마저 비밀에 붙인다(평서노회 조순천, 박성빈, 우성옥, 조승익 목사 등이 이와 같은 경우이다).

비밀재판에 관해 실제로 체험한 박현각(朴賢珏: 전 제일변호사회 회장) 변호사의 회고담을 소개한다.

내가(박현각) 북한에서 변호사로 시무할 때 일이다. 나는 평양변호사회 회장에게 특청(特請)하여 조선예수교장로회 목사인 김관주(金冠柱) 목사의 변호인이 되었다. 공산당원이 아닌 나로서는 이 비밀재판 수임이 처음인 동시에 마지막 기회였다.

추운 겨울 아침이었다. 재판소로부터 9시반 정각에 개정한다는 통보를 받고 김관주 목사 가족과 함께 최고재판소에 나갔다. 가족을 정문 밖에 대기시키고 담당 판사실로 들어갔다. 벌써 참심원(參審員)과 변호인들도 와 있었다. 판사가 "잠깐 개정 전에 보아 둘 것이 있으니 같이 갔다 오자"하면서 모두 동행하기를 청하니 나도 뒤를 따라 재판소 후문을 나섰다. 그런데 빨리 차에 오르라는 것이었다. 나는 개정이 늦어지리라는 것을 가족에게 알리려 했으나 판사의 독촉에 그대로 뒤차에 올랐다.

차는 일제 때 미인루(美人樓, 遊廓) 앞에 멈췄다. 그곳은 정치 보위부였다(대체 무엇을 보이려고 하는가). 순간 나는 의문이 풀렸다. 그곳이 곧 비밀재판을 할 비밀 공판장인 것이다. 물론 임시 법정이다. 피의자 가족들을 떼어버리고 비밀 공판장으로 온 것이다. 임시 법정은 책상을 모아놓아 간이법정을 만든 것이었다. 그 자리에는 정치보위부원 10여명이 방청석이란 곳에 앉아 있었다. 피소자(피고인)가 15, 6명쯤 되었는데 개별적으로 기소장에 의하여 심문했다.

특히 김관주 목사는 미·소(美·蘇)공동위원회가 평양에서 개최되는 것을 기화로 그의 자문기관인 〈기독교자유당(基督敎自由黨)〉이란 정당을 조직하려고 소련군 사령부와 북한 당국의 승인 없이 정강 정책을 준비하고 동지들을 규합하고 수 차례 회집하였다는 것이 그 죄목이었다. 공판 심리는 자정까지 계속되었고 판결 선고는 다음 날 오전(새벽) 1시에 내려졌다. 김관주 목사는 5년형이 선고되었다. 선고 후 각 변호사에게는 함구령(緘口令)이 내렸다. 그리고 밤이 늦었다며 지프차로 나를 귀가시켜 주었다. 이것이 비밀재판의 실상이다(비밀재판 피의자에 대한 변호인은 사건 기록 열람권은 물론 피고인과의 접견도 박탈당했다).

〈1948. 10. 10〉

참고문헌 「평서노회사(수난과 핍박)」 (홍만춘 저) 1998. 평서노회사 발간위원회 간

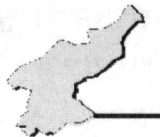

김익두 기념 고등성경학교 설립 좌절

- 교회 전면 폐쇄 안한것도 다행

☞ **그때 남한의 이모저모**

• 48. 10.   / 기독교 아동 복지회 창립
(총재 : V. J. Mills)

1948년 11월, 황해도 신천서부교회(당회장 : 김익두)에서 제69회 황해노회가 개최되었을 때(노회장 : 박경구) 여러 회무를 진행중에 "김익두 목사 성역 40주년 기념행사를 거행하기로 결의하고 그 기념사업으로 김익두 기념 고등성경학교를 설립하기로" 결정하고 그 인허 문제를 김익두 목사에게 일임했다. 그 이유는 당시 북조선의 실권자 강양욱을 설득하는데는 김 목사라야 하겠다는 실정이었다. 강양욱은 김익두의 제자이기 때문에 그가 북조선 임시 인민위원회 서기장이 된 후, 김익두 목사를 포섭하려고 여러 차례 신천을 방문한 일이 있었기에 가장 적임자라고 하는 생각에서 일임되었다.

김 목사는 이 일을 신천서부교회 신창록 집사에게 맡겼다. 신 집사는 강양욱이 김 목사를 찾아올 때마다 김 목사의 비서격으로 배석했던 일이 있음으로 강양욱을 만나 청원하기에 적임자라고 생각했기 때문이다.

신창록 집사는 어려운 문제임을 알면서도 김 목사의 지시이니 문제를 하나님께 맡기고 평양에 들어가 강양욱을 만나 노회에서 결정된 자 초지종과 김익두 목사의 특별 파송으로 온 사실을 설명하고 학교 설립 인가를 정식으로 요청했다. 강양욱은 약간 난처한 표정을 하더니 "그것은 내가 대답할 성질이 못됩니다. 수상(首相 : 김일성)을 직접으로 만나도록 하시요"라고 하며 신 집사를 김일성에게 소개했다.

신 집사는 매우 거북하고 어려웠으나 용기를 내어 자기의 온 뜻과 황해노회에서 김익두 목사 기념 고등성경학교를 설립하기로 결정했으니 허가해 달라는 뜻을 확실하게 전달했다.

그랬더니 김일성 수상은 "어디다가 그런 것을 세우려고 합니까? 절대로 안됩니다"라고 강경하니 대답했다. 이에 신 집사는 내친 길이라 다시 용기를 내서 "20개 정강에도 종교의 자유를 준다고 하지 않았습니까?" 했더니 "그것은 나를 반대하는 자유가 아니냐?" 함으로 신 집사는 한술 더 떠서 "우리는 김일성 반대하자는 성경학교가 아니고 하나님 말씀을 옳게 배우려고 성경공부하고 기도하려고 세우려는 학교입니다"라고 말했다.

이에 김일성은 언성을 높이면서 "하라는 김 구(金九) 이승만(李承晩) 타도는 안하고 도리어 나를 타도할 모의들이나 하며 새파란 중학생 새끼들까지도 삐라를 뿌리고 돌아다니는 반동분자 소굴에다가 무스께 아지트를 만들어 달라는 것이요" 하더니 김일성은 더욱 상기되어서 "쑥밭을 만들고 싶은 것도 꾹 참고 있는데 어디에다 뭘 만들어 달라고 하느거냐"라고 고성을 지르매 신 집사는 죽을 각오를 하고 "조선민주주의 인민공화국 헌법에도 종교의 자유가 있다고 하지 않았읍니까?"라고 했더니 김일성은 벌떡 일어서 책상을 치면서 "내가 헌법이요 내가 말 한마디만 하면 북조선 지역의 교회를 전부 문 닫을 수 있는데도 그냥 내버려두고 있는데 고마워할 줄을 모르고 반동분자 소굴에다가 그 따위 것을 만들어 달라고 하느냐"라고 화를 내며 자신이 자리를 박차고 나가버렸다.

결국 이 일은 김일성의 완강한 거부로 싹을 보지 못하고 말았다.

〈1948. 11.〉

참고문헌 「새롭게 하소서」(한춘근 저) 1987. 목회자료사 간

46

득신 고성의 만국기 사건

- 우문(愚問)에 현답(賢答)을 한 조순천

> **그때 남한의 이모저모**
>
> - 48. 12. 12 / UN총회 대한민국을 유일 합법 정부로 승인
> - 48. 12. 17 / 기독교 방송국 설립 준비 (음영위원회) 조직

평안남도 진남포에 설립되었던 득신고등성경학교는 본래 득신(得信)학교로서 1905년 5월에 진남포 비석리교회에서 설립한 기독교계 학교이다. 일본제국주의에 항거하여 애국정신 고취에 목적을 두고 개교한 학교였다.

설립은 구 한말이었으나 그 후 일제가 정식 보통학교인가를 주지 않고 일부러 소위 말하는 '잡종학교(을종)'로 인가를 주었다. 그래도 학교가 일취월장 발전해 가니 일제 말기에는 갖은 구실과 압력으로 학교 운영을 마비시켜 결국 1939년 강제로 학교 문을 닫게 하고 말았다.

1945년 8·15 해방을 맞아 득신학교 재건을 추진 중이었는데 뜻하지 않게 공산정권이 수립되면서 득신학교 건물을 국유화하고 무단 몰수하여 공산당 중등교원 연수기관으로 사용하려고 하였다.

설상가상(雪上加霜)으로 득신학교 재건을 다짐하던 비석리교회 박상순(朴尙純) 목사와 강양욱이 기독교도연맹 간판을 걸고 공산정권에 가담하게 되니, 학교 재건문제는 물론 신앙문제까지 흔들리게 되었다.

이에 뜻 있는 분들이 모여서 의논하기를 득신학교 건물은 되찾지 못한다 할지라도 〈득신학교〉라는 이름마저 뺏길 수는 없다고 생각하여 〈득신고등성경학교〉로 개명하고 순전히 교역자 양성을 위한 학교로 개교한 것이 1946년 4월 17일이었다.

이 일을 주력한 분은 조순천(趙順天) 목사인데 그는 일제 때 득신학교 시절부터 종교과 교사였다. 그가 득신학교 재건의 주역을 감당했고 개교와 아울러 교장직을 담당했다. 학과는 신학교 예과 수준으로 편성했는데, 3개년 과정으로 과목은 성경 66권을 위시하여 어학, 철학개론, 문학개론, 논리학, 윤리학, 사회과학 등이었다.

그러나 공산정권은 득신고등성경학교를 여러 모로 박해하고 괴롭혔다.

1947년 4월에는 교실 전면에 김일성과 스탈린의 초상화를 게시하라고 강압하여 한동안 크게 문제가 된 일이 있었는데, 1948년 12월 크리스마스를 기하여 또 한 차례 시련을 겪게 되었다. 이른바 〈만국기 사건〉이다.

학교 당국에서는 크리스마스 축하예배를 드리려고 준비하는 과정에서 크리스마스 트리를 세우고 만국기를 달았는데, 이것은 지금까지 해 오던 관례대로 한 것이지만 정치보위부에서는 이것을 문제삼아 조순천 교장을 호출했다. 정치보위부 간부들은 질문하기를 "크리스마스 축하에 세계 각국의 국기는 모두 걸었는데 조선인민공화국 국기는 왜 안 걸었느냐?"라고 따지는 것이었다.

이에 조 목사는 서슴지 않고 "그것은 아직 국가로서 세계 각국의 인정을 받지 못했기 때문이요, 그리고 이 만국기는 내가 고의적으로 계획적으로 다른 나라 국기는 만들고 일부러 인민공화국 국기는 빼놓은 것이 아니라 시중에서 파는 것을 사다가 달았을 뿐입니다. 그러므로 책임이 있다면 인민공화국 국기를 만들어 보급하도록 지시하지 못한 북한 당국이나 만국기 제작자나 판매자에게 책임이 있지, 어찌 상품화된 만국기를 사다가 사용한 사람에게 책임이 있겠습니까?"라고 조리 있고 당당하게 답변하며 반박했다. 결국 취조하던 공산당 간부들도 말문이 막혔으나 그렇다고 물러날 저들이 아니었다. 그밖에 여러 가지 트집을 잡아 억지를 쓰면서 조 목사를 감금하고 괴롭혔다.

이 사건은 그것으로 끝났으나 그 후 조 목사는 공산 당국의 미움을 더욱 사게 되었고 기독교도연맹을 끝까지 반대하다가, 1949년 12월 15일 평양 남산현교회에서 열리는 성화신학교(聖化神學校 : 감리

득신고등성경학교 교수와 학생들

교 운영) 음악예배에 참석했다가 귀가 도중 정치보위부 간부들에게 강제 불법 납치되어 행방불명이 되었다. 그 후에 알았지만 결국 평양교도소에서 복역 중 순교를 당했고, 득신고등성경학교는 6·25를 계기로 완전히 문이 닫히고 말았다.

추기 : 졸업생들 중에 후에 목사 된 분들…(기억에 남는대로)
이성택, 이기성, 이찬봉, 김창인, 이응선, 이종원, 우문선, 원성연, 강성국, 박지훈, 이상찬, 박치복, 조순덕, 이능백, 홍태우, 김용상, 황신환, 김영담, 김인식, 곽선희, 조지찬, 박용욱, 이찬순, 김인철, 이승현, 김광실, 최순호, 이동춘, 한재성, 김원우, 이성화, 김준근, 오석희, 우춘삭, 이원식, 이병준, 이병덕, 김현구, 정관국, 방상천, 김영수, 홍벙식, 노대풍, 한승진, 김충신, 조낙범, 이영순, 김영수, 기타 미상

〈1948. 12. 25〉

참고문헌 「송곡 조순천 목사 전기」(홍만춘 저) 1990. 다락방 간
득신학교 동창생 여러분들의 증언

47

초도 애국청년단 멸공 의거

— 북한에서의 최대 반공의거 사건

☞ **그때 남한의 이모저모**

- 49. 1. 1 / E.C.A 원조 도입 시작
- 49. 1. 4 / 주일 대표부 설치
- 49. 2. 1 / 예수교 재건교회 창립

    초도(椒島)는 황해도 송화군 풍천 관내에 있는 섬으로 북위 38°선 이북 지역에서는 가장 큰 섬이다. 면적이 32,286㎢, 해안선 길이가 5,461km이다. 더구나 초도는 옛날부터 국방상 요새지요, 중국을 왕래하는 사신(使臣)들과 무역하는 상인들이 통과하는 교통의 요로이기도 했다.

    이 섬에 기독교 복음이 전래된 때는 1907년으로 한국교회의 성령강림 부흥운동이 일어나던 뜻 깊은 해인데, 전교이래 신자가 비교적 많이 생겨 교회가 급진적으로 크게 부흥하게 되었다.

    그 무서운 박해가 극심했던 일제하에서도 은혜 중 순조롭게 발전하였는데, 오히려 8·15 해방 이후 공산당 통치하에서는 교회가 박해의 대상이 되었다.

사태가 이렇게 전개되자 교회 청년들을 중심한 반공사상을 가진 애국청년들이 더욱 결속되었고, 반공투쟁을 위한 조직체가 필요하여 〈초도애국청년단(椒島愛國靑年團)〉이 조직되었다.

1948년 9월 10일 밤, 배꼴(梨洞)에 사는 박이선(초도 이동교회 집사)의 집에 뜻이 같은 청년 동지들이 모여 심사숙고하며 구체적인 의논 끝에 초도애국청년단을 창단했다. 그리고 임원을 추대 선출하니 그 명단은 다음과 같다.

고문 : 최운학(崔雲學 : 초도학교 교장 역임)

단장 : 박이선(朴利善), 부단장 : 박주원(朴周元), 계달현(桂達鉉), 조직 : 이치수(李致洙), 총무 : 허정웅(許政雄), 정보 : 안광근(安光根), 경비 : 이동혁(李東赫), 단원 : 장원삼, 황인규, 김복현, 김윤서, 김현철, 박달원, 박양원, 박주원, 안귀백, 양봉현, 이병일, 이양필, 최찬근, 김장선, 김창진, 이치복, 최창준, 황창세 등이다.

단원 중에는 몇 사람의 비신자가 있었으나 임원급과 대다수가 기독교인이고 또 비신자라도 정신과 사상 면에서는 아주 철저하여 믿음직한 단체였다. 이들은 창립과 동시에 다음과 같은 강령(綱領)을 제정하고 선포했다.

① 우리는 대한민국을 절대 지지한다.
② 우리는 목숨을 걸고 공산당과 싸운다.
③ 우리는 본 단의 비밀을 사수한다.
④ 우리는 본 단에서 이탈하지 않는다.

그런데 단원 중에는 공산당원도 있었지만 내심(內心)은 청년단원들과 통했기 때문에 포용했으며, 오히려 그들을 통해서 공산당의 내막과 비밀정보를 수시로 알 수 있음으로 포섭한 것이었다. 그만

큼 믿을 수 있는 동지들이었다.

그런데 그 해 초겨울 이상한 소문이 퍼졌다. "남한에서 미군이 북한에 와서 소련군을 무장 해제한다"는 유언비어가 퍼지고 이 말을 퍼트린 용의자 9명이 체포되었는데 그 중에는 애국청년단 고문 최운학 씨와 단원 김장선이 끼어 있었다.

1949년 1월 17일 정보에 의하면 이들 9명이 송화군 정치보위부로 압송된다는 것이다. 이에 애국청년단 단원들은 이 일을 지연시키기 위하여 이들을 싣고 갈 배 흥성호(興盛號) 선장을 만나 기관 고장을 핑계로 한 주간만 연기시켜 애국청년들을 살리자고 호소했더니 뜻밖에도 쾌히 호응해 주었다.

1월 18일, 단장 박이선의 집에 단원들이 비상소집 되었고, 대책 수립에 앞서 단장 박이선 집사의 눈물어린 기도가 있었다. 이들은 언제나 모이면 기도를 드리고 회의나 행사를 했다. 이어 엄숙하게 강령을 낭독한 후 단장으로부터 작전계획에 대한 발표가 있었다. 단장은 벌써 거기에 대한 복안을 확립하고 있었다.

발표된 내용인즉 초도는 육지 본토에서 멀리 떨어져 있는 섬이니 초도에 있는 악질 공산당 간부들을 일시에 일망타진하자는 것이었다. 공산당 간부들이라도 무기를 휴대하지 않았고 다만 배꼴 분주소 소장과 소원 2명이 무기를 가졌으니, 특공대로 습격하여 무기를 탈취해야 하겠다고 했더니 이동혁, 김현철, 최창근, 김윤서 등이 용기 있게 자원했다.

그 날 밤 분주소 기습의 성공을 위해 하나님께 부탁하는 간절한 기도를 드린 후 사과 한 상자를 사 가지고 분주소 직원 위로라는 구실로 찾아갔다. 특공대원들이 분주소에 이르러 "동무네들 밤낮 수고하기에 사과 좀 사왔소"라고 했더니 반겨 맞아주어 사과를 나눠 먹게 되었는데, 사과가 많으니 교화장(教化場 : 유치장)에 있는 동

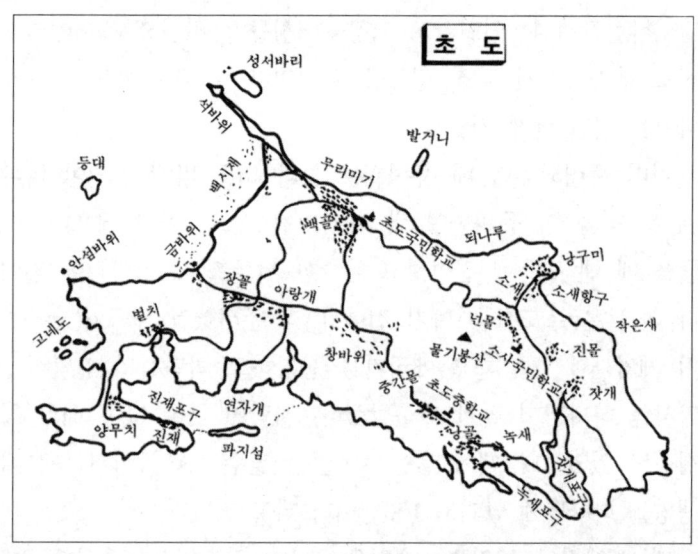

무들도 주자고 했더니 좋다고 하여 교화소 안에 사람들도 사무실로 나와서 사과를 먹게 되었다(교화소 안에서는 식사가 금지되어 있었다).

그런데 이상한 분위기를 눈치챈 양소장이 의자에서 벌떡 일어나 앞으로 나오자, 위험을 느낀 이동혁이 "달려들어"라고 고함을 지르며 양소장의 목을 휘감고 나머지 단원들도 미리 분담했던 대로 소원 두 명을 각기 때려눕히고 결박하여 감방 안에 집어넣었다. 그야말로 전광석화(電光石火)였다. 영문도 모르고 벌벌 떨고만 있던 고문 최운학은 그제야 "그래도 초도에 사람 있었구나"하고 감격의 눈물을 흘렸다. 이 거사 시간은 불과 5분밖에 안 걸렸다. 그야말로 고도로 훈련된 특수첩보원들의 작전보다 월등했고, 완전한 성공이었다. 소내를 조사해 보니 구식 소총 3정, 실탄 70발, 일본도 두 자루뿐이었다.

한편 소사에 있는 공산당 괴수들을 기습한 단원들도 모두 체포에 성공했으니, 이 때 체포된 적은 공산당 세포위원장, 민청동맹 위원장, 삼림감시원, 인민학교 교장, 여성동맹 위원장 등이었다. 이 작전도 불과 5시간 남짓 걸렸을 뿐이었다. 이제는 초도를 용케 빠져 나가는 일만 남게 되었다.

이미 준비되었던 배 흥성호는 불과 15톤 밖에 안되어 다른 작은 배 두 척을 더 동원하여 쌀 50가마를 싣고, 이미 체포한 공산당원들을 배 맨 밑층에 집어넣고 압수한 서류도 세 가마니에 넣어 실었다. 이들은 초도를 떠나기 전에 미리 준비했던 태극기(太極旗)를 국기 게양대에 게양하고 애국가를 봉창하고 박단장의 간곡한 기도로 만사를 하나님께 맡기고 출발했다. 사람이 너무 많아 배가 침몰 위험성도 있었으나 떼어 놓을 수 없는 필수 가족들이기 때문에 모든 생명을 하나님께 맡기고 106명이나 타고 떠났다.

배는 엔진이 12마력, 속력은 4마일 정도인데, 승선한 사람들은 신자, 비신자 할 것 없이 모두 엎드려 하나님께 간절한 기도를 드렸다. 날이 밝기 전에 38선을 넘어 자유 대한 땅을 찾아야 했기 때문이다.

배는 비교적 조용히 그리고 기운차게 항해를 계속하는 중, 밤 9시쯤 되어서 멀리 몽금포(夢金浦) 쪽에서 반짝이는 불빛이 보여 공산당 경비선인가 생각하여 몹시 긴장했다. 그래서 배 안에 기관실까지 모두 불을 끄고 될수록 조용히 항해를 계속하는 한편 교인들은 묵언(默言)기도를 더욱 열심히 간절히 뜨겁게 드렸다.

얼마 후 불빛은 보이지 않았고 나침반(羅針盤)을 보니 아직도 서행 중이라 뱃머리를 남으로 돌려 전속력으로 강행하여 드디어 38선을 넘었다.

박단장은 떨리는 음성이면서도 기운차게 "여러분 안심하십시오, 이제는 살았습니다. 우리는 지금 38선을 넘었습니다. 안심하십시오. 모두 하나님의 가호하심이니 기도합시다" 하고 또 눈물어린 감사의 기도를 드리고, 얼마 후 날이 밝아 태극기를 휘날리며 자유대한의 땅 백령도(白翎島) 용기포(龍機浦)항에 닻을 내렸다.

이 사건은 북한에서 일어난 반공 의거 사건 중 가장 규모가 컸고 결과도 대성공이었다. 한 지역 공산당 간부들을 일망타진하여 대한민국으로 압송해 왔고 주민 100여명이 자유를 찾은 것은 오로지 하나님의 인도하심이 앞섰거니와 단장 이하 기독청년 단원들이 기도하며 행동하여 성공한데 더욱 큰 의의가 있다고 하겠다.

이 사건 사실에 대한 신문기사가 1949년 2월 5일, 당시 동아일보(東亞日報)에 보도되었다. 그 기사 내용은 다음과 같다.

新版 民族 大移動, 以北 椒島 全 部落民의 越南
"지난 1월 18일경 황해도 송화군 풍해면 초도 거주민 중 뜻있는 동지 6명이 모여 시국담을 하다가 한 사람이 남한정부는 유엔에서 승인되어 당당한 정부로 되었으나 북한은 유엔총회에서 인정하지 않으니 미구에 파멸될 것이라" 라고 발언한 것이 불행하게도 공산당원들에게 탐지되어 이 사실을 초도 내무서에 보고하자 회합했던 동지들이 구속되고 사건이 확대될 위험성이 있어, 도내 반공청년들(기독교청년들로 구성된 초도애국청년단)이 초도 내무서를 습격하여 감금되었던 동지들을 구출하는 동시에 지서장 이하 공산당 간부 7명을 포박하여 가지고 반공 주민 106명이 배 세 척을 이용하여 백령도로 월남에 성공, 공산당 간부와 무기 서류들을 백령지서에 인계하고 조사를 받은 일행이 인천 이재민 수용소에 수용되고 이들에 대한 구호를 주선하고 있다.
(이 기사는 필자가 직접 동아일보사 자료실을 탐방하여 발굴한 역사적인 사료이다.)

〈1949. 1. 19〉

[참고문헌] 동아일보(1949. 2. 5) 기사 내용
「풍천향토지」(이찬영 저) 1992. 도서출판 소망사 간
이동혁(애국청년단 경비)의 수기

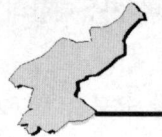

48

진남포 4 · 19 사건

- 순진했기에 사기 당한 사상 수난

☞ 그때 남한의
이모저모

• 49. 4. 18/해병대
창설
• 49. 4. 19/예상총회
(제35회) 장로회
(총회장 : 최재화)
신학교(교장 : 박형룡)
직영 인준

　　36년간 일본제국주의 학정 밑에서 탄압을 받던 우리 민족이 1945년 8 · 15에 해방되었으나 북위 38° 선으로 분단된 북한지역의 주민들은 일제시대의 탄압보다 더욱 극심한 박해를 당하게 되어 수난이 극심했다.

　　그런 중에도 특히 기독교인들은 통일의 그 날을 누구보다도 더욱 학수고대했다. 비록 억압 속에 살면서도 일루의 소망은 남한 방송을 비밀히 청취하였기에 어느 정도의 남한 정세를 파악하면서 행여나 좋은 소식이 들려 오기를 기다리는 실정이었다. 그 당시 북한 공산당국에서는 남한 방송을 듣지 못하도록 남한 방송 전파를 단절하고 있었기 때문이었다.

그러던 중 그 당시 대한민국 내각 총리 이범석(李範奭)의 '남북 통일의 메시지'를 들었다. 이 총리가 남북 통일을 호언장담했기 때문에 북한 사람들은 방금이라도 남북의 장막이 무너지고 통일이 될 것 같은 환상과 기대에 부풀어 있는 와중에서 북한 각지에서는 이상한 소문이 나돌고 관련된 사건들이 일어났다.

그 중에 하나가 "진남포 4·19 사건"이었다. 그 진상은 이렇다.

1949년 3월초부터 진남포 지방에 이상한 소문이 퍼지기를….

"4월이 되면 남한의 국방군이 이북 동포들을 해방시킬 것이다."

"5월 1일 메이데이(노동절)를 기하여 남북이 통일된다."

"소련군이 북한에서 물러간다"

"김일성이 소련으로 망명할 것이다."

"남한의 국방군이 북한으로 진격해 온다고 남한의 국방부장관이 성명했다." 등등의 그럴싸한 유언비어(流言蜚語)가 유포되기 시작했다. 이상의 유언비어는 북한 사람들이 꼭 바라고 원하는 소식들이었다. 그러니 얼마나 기대에 부풀었겠는가.

그러던 참에 4월초부터는 또 이상한 현상이 나타났다. 진남포 시내 신흥리 시장과 비석리 시장 그리고 시내 골목골목 요소 요소에 새벽마다 이상한 포스터가 붙여지곤 했다.

"민족의 악질 두목 ○○○을 죽여라"

"가짜 ○○○ 장군은 물러가라" 등의 전단이 매일 새벽마다 새롭게 붙여지는 것이었다.

귀신도 잡아낸다는 북한 정치부 요원들이 범인의 주동자는커녕 행동대원 하나 잡지 못한 실정이니 누가 이렇게 신출귀몰하고 용감한 일을 했는가 궁금증만 더해갔다.

시민들의 감정은 이상하기도 하고 한편 올 것이 오고 있다고 은근히 기대를 걸고 속으로 좋아하면서도 일변 불안했다.

젊은 청년 학생들은 순진하기 때문에 대문과 창문까지 잠그고 비밀리에 태극기를 만들고 환영 프랑 카드까지 만들었다. 국군 환영의 준비였다.

그러던 4월 10일경 진남포 중앙감리교회 최승길(崔承吉) 장로에게 어떤 낯설은 청년 하나가 찾아 왔다. 큰 절로 인사를 하고 자기는 남한에서 온 비밀연락원이라고 하며 진남포에 침투한 목적과 자기의 사명에 대하여 진지하게 그리고 초조하게 설명하는 것이었다.

그 내용인즉 남한의 국방군이 5월 1일 메이데이를 기하여 진격해 올 것이라는 것이었다. 이 때 애국인사들과 청년들이 총궐기하여 일제히 봉기할 것이며, 아울러 국군 환영식도 해야 할 것이다라는 것이었다.

사실 최 장로는 항상 그렇게 되길 기대하던 참이라 최근 시내에 나붙은 포스터가 결코 헛된 것은 아니었다는 확신을 가지게 되었고, 또한 그 정체불명의 사나이를 의심 없이 믿고 그저 반갑고

민주당 진남포지구당 결성

진남포 시청

고맙기만 했다.

최 장로는 당시 신덕교회 전도사로 시무하고 있었기에 직접 나서서 활동하는데 미흡할 것이니, 젊은 애국청년으로 하여금 이 일을 전담하도록 하는 것이 효과적이라 생각하고, 시장에서 포목상을 경영하는 애국청년 승윤흥(承允興)에게 이 청년을 소개했다. 승윤흥은 쾌히 승낙하고 그 청년을 자기 집에 숨겨 놓고 극진히 대접하면서 우익인사 애국청년들과 접촉시켜 명단을 작성했다.

청년 학생들은 국군 환영준비를 하게 하고, 계속하여 애국인사들을 만나며 그들의 동의서를 받았다. 이름하여 〈국군 환영 북조선 5도연합 진남포지부〉라고 했다.

중요 인사들의 동의서를 받은 후 비석리교회 하층에서 비밀회의를 가졌다. 그 자리엔 기독교계, 교육계, 상업계(은행원), 인사들 학생들까지 30여명이 모였다.

이 자리에서 괴청년은 원산(元山)에 본부가 있는데 그곳에 대표 몇 명을 뽑아 보내어 '진남포지부' 결성 사항을 보고하고 인준을 맡아야 한다고 하며 대표 몇 사람을 선출하자고 했다. 거절할 문제가 아니라는 뜻에 따라 괴청년과 승윤흥 그리고 풍성학교 교사인

조모 선생을 선출했다. 그리고 그들은 그 길로 평양에서 기차를 타고 원산으로 떠난다며 헤어졌다.

그런데 이틀, 사흘 후에도 소식이 없다가 갑자기 대 검거 선풍이 불었다.

이 사건에 연루되어 체포 희생된 인사가 억량기교회 김덕모(金德模) 목사, 비석리교회 송영길(宋永吉) 목사, 감리교의 신석구(申錫九) 목사 등 48명이나 검거되었다.

결국 나중에 진상을 알았지만 국군 북진의 유언비어를 만들어 유포시킨 것이나 새벽마다 비밀리에 포스터를 붙인 것도 모두 북괴 정치보위부의 사전 음모 조작이었다. 그리고 괴청년을 내 세워서 반공인사들이 단합해서 행동하도록 동의서까지 받았으니, 여기에 속은 것이 분하고 미련하고 경솔했을 따름이다.

결국 한 마디의 핑계나 발뺌의 여지가 없이 꼼짝 못하고 고스란히 일망타진되고 말았던 것이다.

이 일을 세칭 "진남포 4·19 사건"이라고 말한다.

〈1949. 4. 19〉

참고문헌 「평서노회사」(홍만춘 저) 1998. 평서노회 간

49

풍천 해서동지회 반공운동

– 교회 중직자 중심의 반공 거사

☞ **그때 남한의 이모저모**

• 49. 9.   / 지리산 공비 300명 광양 습격
• 49. 9. 14 / 목포 형무소 파옥사건 야기
• 49. 10.   / 대한민국 공조창설
• 49. 10.   / 대한 예수교 장로회 전국 청년회 창립

풍천(豊川)은 황해도 송화군(松禾郡) 풍해면(豊海面)에 속하는데, 과거에는 독립된 군으로서 한때 도호부(都護府)였으며, 현재는 북한의 행정 구역 변경에 따라 황해남도 과일군이라고 하여 독립된 일개 군이요 과일읍이라고 부른다.

풍천은 근대사에 위대한 인물이 많이 배출된 고장으로 기독교인이었던 노백린 장군(盧伯麟 : 상해 임시정부 국무총리 역임), 청년 의사 조명하(趙明河), 애국지사 이관구(李寬求) 선생을 위시하여 정치, 언론, 문학계의 명사였던 함석훈(咸錫勳), 상훈(尙勳), 대훈(大勳) 형제들을 낸 고장이다. 특히 기독교계로 보면 풍천읍교회 출신 정태희(鄭泰熙 : 3 · 1 운동 유공자, 종교교육, 성서공회 유공자)

목사, 풍천읍교회에서 장기목회 하시다 순교하신 김태석(金泰錫) 목사(3·1 운동시 48인 중 1인인 김원벽의 부친), 애국자 김형원(金亨元) 목사, 황금천(黃金泉 : 예장 제61회 총회장 재직 중 순직) 목사 등이 있다. 또 그들의 신앙적 지도와 감화를 받은 인물들이 많이 있었는데 이들이 공산 치하에서 반공 애국운동에 선봉을 서서 활동했다.

풍천하면 이상과 같이 반공사상으로 강화되고 무장한 고장으로, 8·15 해방 후 모스크바 삼상회의 결정인 신탁통치(信託統治) 반대시위를 대대적으로 두 번씩이나 강행한 고장이었다.

이런 배경을 가진 풍천 반공인사들이 오랜 숙의 끝에 1946년 3월 10일, 경준섭씨 집에 모여 비밀결사를 조직한 것이 곧 〈해서동지회(海西同志會)〉이다. 이들은 강령을 제정하고 준수하기로 서약했다.

해서동지회 강령(綱領)

1. 우리는 조국 대한민국을 위하여 충성을 다한다.
2. 우리들은 공산당원들의 활동을 적극 타도한다.
3. 우리는 반공 계몽활동을 통하여 국민을 선도한다.
4. 우리는 유능한 청년들을 자유대한으로 보내는데 적극 주력한다.

이에 임원을 선출 추대하니 다음과 같다

회장 : 오기원(吳基元 : 풍천읍교회 장로, 주교부장, 정인영 목사 장인)

고문 : 고익균(高益均 : 안수집사, 3·1 운동 유공자, 임정 황해도 책임자)

고문 : 유하용(柳河庸 : 풍천 금융조합 서기, 풍천 유지대표)

선전 : 이국승(李國承 : 안수집사, 찬양대장, 이광은 장로 부친, 이찬영 목사 장인)

연락 : 오경덕(吳敬德 : 안수집사, 창씨제도를 끝내 거부한 민족주의자)
재무 : 박홍국(朴洪國 : 효자상 수상자, 박인세 장로 부친, 박홍양 장로
   의 장형)
총무 : 경준섭(景俊燮 : 안수집사, 금융조합 서기, 경진형 집사 부친)
회원 : 여인계(呂仁季 : 정보제공 책임자, 여찬수 장로 부친)
회원 : 김순영(金順榮 : 월남 실무 책임자, 김화순 권사의 오빠)
회원 : 김두형(金斗亨 : 북조선 민주당 간부, 김두희 집사 장형)
회원 : 김명헌(金明憲, : 안수집사, 찬양대 반주자, 김신자 권사 부친)
회원 : 송제백(宋濟伯 : 안수집사, 면려청년회장, 송수은 목사 부친)
회원 : 박제문(朴濟文 : 안수집사, 주일학교부장, 박동규 집사 부친)
회원 : 오하영(吳夏泳 : 풍해면 서기, 유일한 생존자, 사실 증언자)

그 삼엄한 감시망 속에서도 비교적 오랫동안 탄로나지 않고 효과

풍천교회 주일학교 교사들
오기원 장로(회장, 앞줄 중앙) 이국승 집사(선전부장, 맨오른쪽끝)
이찬영(유일한 생존자, 오른쪽에서 네 번째 양복입음) 박제문 집사(뒷줄 왼편에서 네
번째) 송제백 집사(다섯번째) 김명헌 집사(뒷줄 오른쪽에서 두번째)

적으로 활동했다.

동지들이 주로 활동한 내용은 반공사상의 계몽 선전이다. "공산주의 사상은 무신론(無神論)사상이요 독재 전제정치이므로 국민이 다 잘 살 수 없는 제도이고, 농민, 노동자를 위한다고 하지만 공산주의 정치를 하는 나라마다 제일 못 살고 불쌍한 계급이 곧 농민과 노동자들이다. 결국 농민과 노동자를 핑계하고 이들의 이름을 팔아 결국 집권자들만 잘 사는 것이다. 그리고 자유가 없고 통제만 있는 사회이다. 구호는 언론, 집회, 결사, 신앙의 자유가 있다고 하나 실제는 모든 것이 통제되어 있다. 우리 주위의 실정을 보라 신앙의 자유가 있다고 하면서 주일에 선거를 강행하여 기독교인들을 공개적으로 탄압하는 일들과 기독교 지도자들의 동정을 항상 감시하여 억압하는 실정을 우리 모두가 체험하고 있지 않느냐"라고 기회 있는 대로 만나는 사람마다(물론 상대의 사상 성분을 참작하지만…) 역설했다. 이런 작업이 암암리에 또는 철저히 이루어졌다.

또 동지들이 주로 활동한 일은, 반공인사나 애국청년들 중에서 공산당원들에게 주목의 대상이 되고 감시 받는 요시찰인(要視察人)이 되면 체포되기 전에 시급히 이들을 비밀리에 월남시키는 일에 주력했다.

풍천이란 지역은 해안선이 가깝고 38선이 그리 멀지 않기 때문에 비밀리에 배를 타고 장산곶(長山串)만 돌아가면 곧 남한이 되는 것이다. 그러므로 이런 일은 평안북도나 함경북도 지방 사람들은 상상도 못할 일이지만 풍천지구에서는 가능한 셈이었다.

이 일은 주로 이국승 집사가 담당했고 오경덕, 김순영 동지가 이런 인사들을 대동하고 여러 차례 서울을 왕래했기 때문에 훗날 사건이 적발되고 재판을 받을 때 그들의 미움을 받아 오경덕, 김순영 동지는 극형인 사형(死刑)을 당했다.

이렇게 해서 반공인사들이 서울에 오면, 앞서(1946년 봄) 월남하여 서울에서 활동 중이던 풍천읍교회 출신 황금천(黃金泉) 목사가 서울에서 덕영학사(德榮學舍)를 경영하며 월남한 향토 청년들의 터전을 마련해 주는데 주력했다.

"꼬리가 길면 잡힌다"는 속담과 같이 비밀결사의 활동 상황이 점차 확대되자 공산당 정보기관에 탐지된 바 되었는데 여기에는 가롯 유다처럼 배신한 '김선주'라는 자의 밀고가 있었다. 그는 평북에서 이사와서 교회에 침투하여 열심 있는 교인 행세를 하며 동지들과 어느 정도 접근하여 그 정보를 공산당국에 비밀 보고한 것으로 판단된다.

1949년 음력 8월 15일 추석 전날 밤, 해서동지회 회원들은 거의 동시에 체포되었고 결국 이 검거 선풍에서 요행히 빠져 유일한 생존자가 된 오하영 동지만 후일 월남하여 사건의 비밀 진상을 얼마만큼 파악하게 되었다.

체포된 동지들은 송화내무서를 경유하여 도청 소재지 해주(海州)로 압송되어 재판을 받았다.

동지들의 처형 내용은 대개 다음과 같이 파악되었다.

연락 : 오경덕, 서울 왕래한 행동대원이기에 사형
연락 : 김순영, 서울 왕래한 행동대원이기에 사형
회장 : 오기원, 14년형 받고 평북 모 형무소 복역 중 옥중 순국
선전 : 이국승, 14년형 받고 평북 천마형무소 복역 중 옥중 순국
재무 : 박흥국, 7년형 받고 ○○형무소 복역 중 옥중 순국
총무 : 경준섭, 7년형 받고 ○○형무소 복역 중 옥중 순국
정보 : 여인계, 7년형 받고 ○○형무소 복역 중 옥중 순국
회원 : 김두형, 7년형 받고 ○○형무소 복역 중 옥중 순국
회원 : 송제백, 3년형 받고 해주형무소 수감 중 6·25 때 탈옥 월

　　　　　남 후 별세
회원 : 박제문, 3년형 받고 홀동형무소 수감 중 6·25 때 출옥 월
　　　　　남 후 별세
회원 : 김명헌, 검거 이전에 월남, 6·25 때 입북 멸공전투에서
　　　　　전사
회원 : 오하영, 유일한 생존자, 월남 2000년까지 생존

　추기 : 이상과 같이 순교자가 나고 순국자들이 많이 배출된 풍천읍교회 교인 대부분은 6·25후 1·4후퇴시 월남하여 대한민국에서 자유로이 신앙생활하였는데, 그 중 목사 된 분이 17명, 장로 된 분이 50여명, 권사가 70여명, 집사가 170여명이 넘는 신앙의 후손이 많이 생겼다.

〈1949. 9. 20〉

참고문헌 「풍천향토지」(이찬영 저) 1992. 도서출판 소망사 간
　　　　「풍천읍교회100년사」(이찬영 저) 1996. 도서출판 소망사 간
　　　　오하영(유일한 생존자) 사실 증언

50

황주 반공 애국청년단

― 기독청년 중심의 황주 청년단

☞ 그때 남한의 이모저모

• 49. 10.   / 첫 징병 검사 실시
• 49. 11. 11 / 한국 기독교 시청각회 창립

1949년 황해도 황주(黃州) 지방에서는 기독청년들 중심의 반공 애국청년들이 활동하다가 37명이나 일시에 체포된 사건이 있었다.

황주지방에 복음이 전파된 것은 역사가 깊다. 평양에 선교본부를 둔 미국 북 장로교 선교사 이길함(李吉咸, L. Graham)이 1894년에 황주지방에서 전도하여 홍촌(洪村)교회가 설립되었고 곧 이어 1896년 5월 1일에 황주읍교회가 설립되었다. 계속하여 많은 교회가 설립되어 6·25 때까지 군내에 52개 교회가 있어 전국에서 군(郡) 단위로 제일 많은 수의 교회가 있었다.

이와 같이 교회가 크게 부흥된 지방인만큼 8·15 해방 이후 공산당이 일어나면서 교회를 박해하는 양상도 극심했지만, 따라서 여기에 대응하여 교회 청년들을 위시한 반공 청년들의 반발 또한 만만치 않았다.

황주지방 신앙 청년 학도들이 뜻을 모두어 〈반공 애국청년단(反共愛國靑年團)〉을 만들었다. 사리원 농대(農大)학생인 임춘길(林春吉)을 중심으로 30여명이 단합했는데, 이들은 얼마 안 되어 38선 이남에서 국군이 북진해 올 때 공산당원들이 애국자 반공지도자들 특히 기독교인, 일반 양민들을 대량 학살할 것이라고 예측하고 그 때를 대비하여 이를 막기 위하여 싸워야 한다는 취지와 목적으로 조직되었던 것이었다.

그러나 농대 교사인 김모씨의 가룟 유다적 역할로 인하여 어린양들을 이리떼들에게 넘겨주었다. 이때 체포된 분은 임춘길을 위시하여 유금봉, 최태봉, 조성학 등 모두 37명인데 대부분이 기독교인들이었다.

일행은 평양 정치보위부에서 재판을 받고 두목격인 동네 청년은 사형(死刑)을 받고 기타 단원들은 18년, 16년, 15년에서 최하가 13년형을 각기 언도 받고 북행열차에 실려 간 후 전혀 소식을 알지 못한다. 아마도 압록강변 강제노동 수용소에서 복역하다가 6·25를 전후하여 모두 처형당한 것으로 추정된다.

단체 조직까지 했으나 아무런 거사도 제대로 못하고 허망하게 끝나버리고 말았으니 더욱 애석한 역사다.

〈1949. 12. 1〉

참고문헌 「황해민보」 제5호(1979. 12. 10), 임춘복 기고문 참고

51

안봉진 목사의 수난
– 양과 함께 수난을 각오한 선한 목자

☞ 그때 남한의 이모저모

• 49. 12. 17 / 한일 통상 협정 체결
• 49. 12.   / 대한 국민당 발족 (윤치영, 이인)
• 49. 12.   / 한국 문학가협회 창립

안봉진(安鳳鎭) 목사는 1895년 함경남도 북청(北靑)에서 출생했다.

일찍이 학생시절부터 예수를 영접하고 장차 목사가 되려는 목표를 세우고 일본에 가서 아오야마(靑山)학원 신학부에서 수업하고 귀국했다.

목사 안수를 받고 경기도, 강원도, 함경도 여러 지방으로 두루 다니며 목회 하다가 조국이 해방되던 당시에는 북청 동부교회를 시무하고 있었다. 그는 해방 후 함남노회장(咸南老會長)을 역임했으며 사회적으로는 조선 민주당(당수 : 조만식) 북청군 당수직을 맡아 건국사업에도 이바지했다.

그런데 새로 수립된 공산정권은 안 목사를 방임해 두지 않고 3·1절이나 광복절 같은 특별 기념행사가 있을 때를 전후하여 며칠씩 예비 검속으로 가두어 두고 수시로 가택 수사를 예고 없이 단행하여 괴로움을 많이 주었다.

이 같은 상황 속에서 다수의 기독교인들 특히 민주인사들은 모든 수단과 방법을 개의치 않고 기회가 있는 대로 월남하려고 했다. 안 목사도 그런 권면을 받았지만 그는 "어린양들을 남겨 두고 목사가 떠날 수는 없다"고 한결같이 거절했다.

그러면서 안 목사는 먼저 월남한 장 목사가 시무하던 중앙교회까지 돌보았고 1948년부터는 다시 신창교회도 돌보았다.

도 인민위원회에서는 안 목사에게 북청 기독교도연맹 위원장이라는 이름을 붙여 쌀 배급 통장을 만들어 주는 등 안 목사를 이용하여 여러 모임에서 북한 정권에 유리한 선전을 하도록 유도했으나, 그 때마다 강경히 거절함으로 그가 목회하는 교회는 간섭과 탄압이 더욱 심해졌고 그로 인해 신앙이 약한 교인들은 교회 출석도 매우 힘들게 되었다.

그런데 1949년 3·1절 행사에 인민위원회는 안 목사를 종교단체 대표로서 강단에 앉히고 자기네들이 만든 축사를 낭독하도록 강요했다. 그러나 안 목사는 행사에 참석은 했으나 축사 낭독은 거절했다.

그 때문에 '반동분자'의 낙인이 찍혔고 안 목사도 스스로 최후를 각오하고 이에 대비했다. 그 해 12월 24일 크리스마스 이브에 안 목사는 크리스마스 행사를 방해하고 행사를 허가하지 않는 인민위원회에 직접 항의하고 허가를 신청하기 위하여 보안서로 찾아갔다. 그러나 그것이 안 목사의 마지막이었다. 그대로 끌려가 그는 곧 반동분자라는 죄목으로 처형되어 순교의 제물이 되었다.

〈1949. 12. 24〉

참고문헌 「해방후북한교회사」(김흥수 저) 1992. 다산글방 간

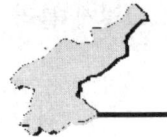

장로교 평양신학교 강제 폐쇄

- 50년의 역사를 지닌 평양 신학교

☞ 그때 남한의
이모저모

• 49. 12. / 귀속
재산법 통과
• 49. 12. / 한일통상
비준

1884년 미국 북 장로교 선교사 알렌(安連, H.G. Allen)의 입국과 다음 해 언더우드(元杜尤, H.G. Underwood)의 내한으로 한국에 장로교(長老敎)가 창립되어 발전하는 중에 미국 남 장로교, 캐나다 장로교, 호주 장로교 선교사들도 계속 내한하여 〈선교사공의회〉가 설립되었고, 뒤이어 교역자 양성을 위한 신학교가 창립되었다.

1901년 5월 15일 평양 대동문 옆 술막골에 있는 마펫(馬布三悅, S.A. Moffett) 선교사의 집에서 신학교를 개교하니, 학생은 두 명(邦基昌, 金宗燮)이었고 교장은 마펫 선교사, 교수는 레이놀드(李訥瑞, W.D. Reynold)였다. 학교 명칭은 〈조선예수교 장로회신학교〉였으나 학교가 평양에 소재

한 고로 일반적으로 보통 〈평양신학교〉로 불리었고 또 그렇게 불러야 통했다.

신학교 과목은 신구약 성경을 위시하여 교회사, 조직신학, 실천신학 등이었고 경건회는 매일 한 시간씩 있었다.

1907년에 제1회 졸업생을 냈으니 길선주(吉善宙), 이기풍(李基豊), 서경조(徐景祚), 양전백(梁甸伯), 한석진(韓錫晉), 방기창(邦基昌), 송린서(宋麟瑞) 등 7명인데, 이들은 그 해 창립된 독노회(獨老會)에서 목사 안수를 받아 장로교 제1대 목사가 되었다.

1916년 당시 교수와 교과 담당은,

교장 : 마펫(목회학, 선교사), 교수 : 클라크(郭安連, A.Clark : 실천신학, 종교교육), 엥겔(王吉志, G.Engel : 교회사), 어드맨(魚塗萬, W.C. Erdman : 구약주석), 로버츠(羅富悅, S.L. Roberts : 신약주석) 등이었으며, 1920년부터는 1년 2학기, 3년간 수업으로 졸업하게 되었다.

신학교 교사 건축은 두 번 있었는데 제1차는 미국 거주 맥코믹(Mac Corrmk) 여사의 특별건축헌금(25,000불, 한화 환산 70,000원)으로 평양시 하수구리 100번지, 5,000평 대지 위에 한국식 기와집으로 건축했다. 그러나 날이 갈수록 학생수가 급격히 증가됨으로 맥코믹 여사가 다시 35,000불을 헌금하여 벽돌로 3층 양옥으로 다시 짓고 1922년 9월 27일에 성대한 헌당식을 거행했다. 그리고 계속해서 기숙사도 6동이나 건축했는데 맥코믹 기념관 2동, 알렉산더 기념관 2동, 마르다 기념관, 빅토리아 기념관 등이었다.

이렇게 부흥 발전되는 중에 신학교 교수진도 더욱 강화되어 1930년 전후에는 한국인 교수 남궁혁(南宮赫), 이성휘(李聖徽), 박형룡(朴亨龍) 박사 등 3명이 보강되었다.

한참 부흥단계에 이르러 선교 희년(禧年, 50주년)도 지났는데, 일제는 기독교를 박해하되 신사참배(神社參拜)를 강요하는 무서운 시련

평양신학교 교사
(1948년 공산정권이 강탈하여 검찰청 본부로 사용함)

이 닥쳐 1938년 제 27회 장로교 총회에서 신사참배는 우상숭배가 아니요 국민의 의무라는 구실로 신사참배를 하기로 가결함으로 일제에 굴복하고 말았다. 따라서 평양신학교는 신사참배를 하면서 신학교를 하라고 하면 차라리 자진 폐교 하겠다는 결의로 문을 닫았다. 그러나 친일파(親日派) 목사들 몇이 선두에 서서 신사참배를 하면서 신학교를 다시 열자고 하면서 채필근(蔡弼近) 목사를 교장으로 하고 신학교 문을 다시 열었다.

이런 과정에서 서울에서는 김재준(金在俊) 목사를 중심으로 또 하나의 신사참배를 하는 신학교가 생겼으니 곧 조선신학원인데, 지금은 한신대학교가 되었다.

역사는 흘러 1945년 8월 15일을 기하여 일본제국은 패전 항복했고 우리나라는 해방 독립되었다. 그러나 원치 않는 38선의 설치로 인하여 남북이 불행하게 분단되자, 북한에는 무신론 조종국가인 소련군이 진주하여 가짜 김일성 장군을 내세워 공산주의 정권을 세우며 기독교 말살정책을 펼쳤다.

그러나 장로교는 북한 5도 연합노회를 조직하고(회장 김진수〈金珍洙〉) 평양신학교를 재 개교하여 운영했다. 교장은 김인준(金仁俊) 목사를 모셨다. 비록 공산정치 통제하이지만 학생이 무려 600여명이 되었다. 그러나 공산주의를 적극 배격하는 김인준 교장이 검거 투옥되었음으로 다시 이성휘 박사를 교장으로 추대했다.

당시 교수진은(1949년 말까지) 최지화(崔志化), 김태복(金泰福)을 위시하여 강문구(姜文求), 김세진(金世鎭), 박경구(朴敬俅), 김영윤(金榮潤), 계효언(桂孝彦), 박인관(朴仁寬), 변인서(邊麟瑞), 김치근(金致根), 이학봉(李學鳳) 등 여러 목사들이었다. 모두 하나같이 쟁쟁하고 박학다식(博學多識)의 유능한 교수진이었다. 그 당시 실정으로 볼 때 신학적인 자격도 구비되었지만 공산치하에서의 목사 양성이니 사상적으로도 철저한 교수들이었다. 그러므로 그들의 당시 교수는 학식 전달만 아니라 사상과 인격 지도에도 무언의 스승 노릇을 훌륭하게 했다.

그러나 공산정권의 주구(走狗) 노릇을 적극적으로 하고 있던 소위 기독교도연맹 간부들이 앞장서서 평양신학교를 강제 폐쇄시키려고 음모하였다. 그래서 1949년 가을 학기를 필한 후 방학 기간에 교장 이성휘 박사를 위시하여 교수들을 불법 검거 투옥하는 한편 감리교에서 운영하는 성화신학교(聖化神學校)도 강제 폐쇄하여 두 신학교를 강제 통합한다는 구실로 기독교도연맹이 운영하는 기독교신학교라는 간판을 내걸었다.

그리고 학생 수도 두 학교 학생 1,200명의 10분지 1에 해당되는 120명으로 대폭 축소했으며, 입학 자격은 기독교도연맹에 가입한 자에 한하였다. 그러나 그 당시 신학생치고 기맹에 가입하고 공산주의를 찬성하며 목사 되려는 사람은 거의 없었기 때문에 120명 학생도 미달되었다. 간신히 60여명 학생이 등록하고 수업도 제대로 못하다가 6·25 동란으로 인해 그나마도 중단되고 말았다.

〈1949. 12. 25〉

참고문헌 「한국기독교사총람」(이찬영 저) 1994. 도서출판 소망사 간
평신출신 여러 목사들의 증언

53

반공인사들 시베리아 유형

― 한국인이 왜 시베리아로 갔는가?

☞ 그때 남한의
이모저모

• 50. 4. 21 / 예장
총회(제36회)
총회장 : 권일호
비상정회

• 50. 5. 30 / 제2대
국회의원 선거

• 50. 6. 19 / 제2대
국회의원 개원
(의장 : 신익희)

이 기사는 북한에서 일어난 기독교와 직접적으로 관련된 사건은 아니다. 그러나 사건의 주동 인물들이 주로 기독교인들이며 북한 공산정권이 그들의 반동분자들을 박해한 여러 방법 중에 하나가 국내 감옥에 수용하여 강제 노동을 시킬 뿐 아니라 공산주의의 조국인 소련으로 유형(流刑)보내 강제 노동을 시킨 사례가 많았는데, 그 중에서 특수한 사건 하나를 소개한다.

다음 기사는 1945년 10월 흥남(興南) 지역에서 있었던 사건이다. 이 곳에 처음으로 공산당의 행패에 대결하여 〈흥남 반공청년동지회〉라는 비밀 결사대를 조직 적극적인 반공 투쟁을 하다가 회원 중 지성호란 자의 배신으로 조직원들이 일망

213

타진되었는데, 이들은 함흥 주둔 소련군정치부를 거쳐 함흥형무소에 수감되어 악독한 고문을 당하고 결국 북한에서 가장 극형인 시베리아 유배형을 받았다.

그들은 조직 책임자 : 박정호(朴正浩), 총무 책임자 : 장창호(張昌鎬), 기획 책임자 : 염응규(廉應圭), 선전 책임자 : 안오선(安五先) 등 젊은 동지 4명인데, 시베리아 각지를 전전하며 갖은 고생과 난경을 겪으면서도 용하게 5년간의 유형생활을 마치고 1950년 6월 22일 귀국 귀가했다.

이 글은 그 중에 장창호가 쓴 「나의 소련 유형기」인데 이들이 끌려 다니며 거쳐간 수용소 순으로 간략하게 기술한다.

1. 〈구로데코후〉 야전 감옥

기성 건물도 아닌 임시로 만든 야전 감옥으로 10평 이하의 좁은 감방에 50여명을 억지로 수용시켜 기거하여 기본 생활에 곤고를 주며, 식사는 하루 두 번(아침, 저녁)인데 하루 분량은 '홀레브'(소련인들 중에 제일 가난하고 낮은 백성들이 먹는 검은 빵) 100g, 양배추, 작은 감자, 수수, '수프'(질은 돼지 사료만도 못함)였으며, 주로 한 작업은 식량을 열차에 싣고 내리고 운반하는 일이었다. 그렇게 많은 식량을 다루면서 제일 굶주리는 고역을 당했다.

2. 〈비고와드〉 외인 수용소, 〈다쉬겐트제일 주루마〉 감옥

바이칼 호수 – 우라운데 – 바이칼 역 – 노우시베리스크 – 알마타(기루기스 공화국 수도) – 디쉬켄트(우즈벡크 공화국 수도) – 비고와드(25일간의 긴 수송 여행, 죄수 수송은 화물열차를 이용했는데 300여명 죄수를 함께 수송했다.)

식사는 홀레브(검은 빵) 200g(소련 일반인 식량의 4분지1 분량).

작업은 모타 수리작업, 운하 건설공사, 야채 창고작업, 철공작업, 흙벽돌 제조작업, 면화 기름 공장작업, 콘크리트 작업, 재목 운반작업 등 모두 힘든 노동이었다.

환자가 많이 생겨 니켈(수용소)인 〈주하마〉 국제 포로 수용소로 이전되다.

3. 〈주하마〉 국제 포로 수용소

수용자 국가별로 나누어 보면 독일, 이태리, 체코, 오스트리아, 폴란드, 중국, 몽골, 한국, 백계 러시아, 일본 등(이상 여러 나라에서 공산주의에 반대하다가 정치범으로 몰려 소련으로 유형되었기에 마치 인종 박람회 장을 방불케 했다)

식사는 홀레브(검은 빵) 300g, 까샤(죽) 하루 두 번.

작업은 야채 창고작업(그래도 소련 유형 중 가장 대우가 나은 곳이었다.)

4. 〈휄가나〉 강제 노동 수용소

작업은 화력발전소 건설공사, 전동기 수리작업, 운하 파기, 토목공사, 흙벽돌 제조공사, 대장간 작업, 콘크리트 작업, 벽돌공장, 면화씨 기름공장작업 등인데 그 중에도 면화씨 공장에 가면 기름을 몰래 먹는 기회가 있어 좋아했다.

5. 〈하바로스크〉 일본인 포로 수용소(니켈) 1949년 1월에 옴.

작업은 빠구르스카(목재 적재작업), 나제루카(원목 장작 만들기 작업), 자고젤로(양곡창고 작업). 그런데 특히 이곳에서 창고에 쌓인 대량의 쌀가마니에 영흥정미소 제(永興精米所 製), 진남포정미소 제(鎭南浦精米所 製)라는 꼬리가 붙어 있음을 볼 때 이 많은 쌀이 결국 북한에서 약탈해 온 것이 분명함을 알고서 피가 역류되는 느끼는 감정을 억제하기 매우 힘들었다. 우리나라는 많은 쌀을 생산하고서도 소련에게 모두 약탈당하고 본국의 인민들과 유형된 죄수 아닌 죄수들이 굶어 죽어야 하는가, 원통하고 통분한 신세가 아닌가.

돌이켜 보면 유배 작업 중 가장 힘들고 위험하고 귀찮은 일만 골라 시켰다고 사료된다.

유배 기간이 만료되어 그나마도 살아서 귀국하는 행운을 얻었다. 귀국 날짜가 1950년 6월 22일이니 6·25 전쟁이 일어나기 3일 전이었다.

〈1950. 6. 22〉

참고문헌 「북한민족통일운동사(함남 편)」 1990. 북한연구소 간

54

6 · 25 남침전쟁 발발

- 주일 새벽에 남침 개시

☞ **그때 남한의 이모저모**

• 50. 6. 25 / 유엔 안보리, 공산군 침략 규정 철퇴요구
• 50. 6. 26 / 서울시내 기독교 지도자들 국군후원회 조직

　1947년 〈Wedemeyer 보고서〉에는 인민군은 소련의 지원 하에 잘 훈련되었고 충분히 무장된 125,000명으로 구성되어 있었다고 기재되어 있다. 소련은 인민군에게 3,000명의 군사 고문을 배치하여 직접 남침 훈련을 시켰으며 소련 출신 조선인들을 중심으로 제105전차연대를 창설했다. 또한 해군, 공군을 돕는 동시에 별도로 내무성 산하에 보안대(保安隊), 경비대(警備隊) 등의 이름으로 막강한 군사 예비대를 확보하여 전쟁 수행에 만전을 기했다.

　그리고 49년 초부터 전시체제로 돌입했다. 북한은 병력 보충을 위한 인적 자원을 얻기 위하여 각 도(道)에 민청(民靑) 훈련소를 설치하여 모든 청장년을 훈련시켰으며, 또 고급중학(고등학교) 이상의 모든 학교에서는 배속 장교를 통해 군사 훈련을 철저히 실시했으며, 북한 전역에 조국보위 후원회를 조직하여 17세 이상 40세까지 모든 남녀를 동원하여 강제로 군사 훈련을 시켰다. 사단별 훈련을 마친 다음 49년 2월말에는 적진 돌입 및 배후 침투를 위한 보병, 포병, 전차병 등의 합동훈련을 실시했으며, 50년 초부터는 서울을 중심한 남한 전역에 대한 지형(地形)을 연구하고 이를 토대로 훈련을 강화했다.

북한이 남침 준비를 완료하자 소련 군사고문단은 50년 6월초를 기하여 일단 철수하여 자기네는 남침전쟁에 간여하지 않은 것처럼 보이게 하려는 은폐 전술을 썼다.

드디어 북한은 1950년 6월 25일 거룩한 주일 새벽 4시를 기하여 서해안의 옹진반도로부터 동해안에 이르는 38선 전역에 걸쳐 국군의 방어 진지에 맹렬한 포화를 집중시키면서 기습 공격을 가하여 침략전쟁을 도발했다. 소련제 야크(YAK) 전투기는 서울 상공에 침입하여 김포 비행장을 폭격하고 시가지에 기관총 소사를 감행했다.

그 당시 국군은 노동절(5월 1일), 국회의원 선거(5월 30일), 북괴의 평화공세 등 일련의 사태를 감안하여 비상근무를 해 오나가 이 때는 오히려 이완(弛緩)상태에 있던 참이었다.

북한의 평화공세에 따라 그 동안 실시되어 오던 비상경계령이 6월 24일 24시를 기해 해제되어 병력의 3분지 1 이상이 휴가 또는 외출 중이었는데 북한의 기습 공격을 당한 것이었다. 물론 북한은 이런 남한의 동태를 비밀 정보망을 통해서 잘 알고 파악하는 중에 절호의 기회로 알고 감행했던 것이다.

그 당시 북한의 군사력은 인민군 10개 보병사단, 105전차사단, 고사포연대, 3개 38선 경비여단, 한만 국경경비대, 보안대, 철도 경비사단 등 보병 약 120,000명, 경비대 35,000명, 탱크 342대, 사마흐트 208대, 120mm대포 156문, 82mm포 1,053문, 76mm포 668문, 45mm포 663문, 아크 9형과, 아이엘 10형 비행기211대, 비행병 약 2,000명, 해군 함정 약 30척, 육전대 등 해군 병력 약 10,000명 등 도합 200,000명 병력으로 남침을 시작했고, 또 남침 후에도 제6, 7 두 전차사단을 창설했다.

앞서 언급한 바와 같이 6월 25일은 주일인데다가 상당수의 국군이 휴가와 외출 중이어서 전 전선이 전투태세가 되어 있지 못했다. 이를 탐지한 인민군은 의정부, 동두천, 고랑포, 개성, 옹진 그리고 춘천, 강릉 등 38선 전역에 걸쳐 일시에 침공해 들어왔다. 평소에 장비 부족에다 아무 대비도 없던 국군은 전 지역에서 참패하며 후퇴하기에 바빴다.

대한민국에 대한 북한의 남침을 평화의 파괴, 침략행위로 보고 미국 트루먼(H.S. Truman) 대통령이 참전할 것을 선포하고, 유엔 안전보장이사회 소집을 요구했다. 유엔총회 안전보장이사회는 미국이 제출한 결의안을 토의하고 9대 0, 기권 1(유고슬라비아), 결석 1(소련)로 채택하는 한편, 북한의 남침을 평화의 파괴로 선언하고 적

남침하는
북한군 기동부대

대행위의 중지와 인민군의 38선 이북으로의 철수를 요구했다. 6월 27일 유엔총회 안전보장이사회는 북한의 대한민국 침략을 국제연합 자체에 대한 공격으로 간주하고 이를 제지하는 것이 유엔의 의무라고 선언하고 그 결의안을 제출하여 찬성 7, 반대 1, 기권 2, 결석 1로 가결되어, 유엔 회원국들이 동 지역에서 군사적 공격을 격퇴시키고 국제평화의 안전을 회복하기 위하여 필요한 원조를 대한민국에 제공할 것을 결의하게 되었다.

그리고 이사회는 7월 7일, 7대 0, 기권 3, 결석 1로써 군대와 기타 원조를 제공하는 국가들이 미국이 지휘하는 '통합사령부'에 집결할 것을 요구하는 결의를 채택했다. 그리고 미국의 맥아더(D. MacArthur) 장군을 유엔군 사령관으로 임명했다.

이에 참전 국가는 미국을 위시하여 영국, 호주, 뉴질랜드, 프랑스, 캐나다, 남아프리카 공화국, 터키, 태국, 그리스, 네덜란드, 콜롬비아, 에티오피아, 필리핀, 벨기에, 룩셈부르크 등 16개국이 육, 해, 공군의 병력과 장비를 지원했으며, 그 밖의 많은 나라들이 경제적 인도적 측면에서 지원을 해 주었다.

인민군의 남침 개시 다음 날인 6월 26일 서울 시내 각 교파 교역자들이 승동교회에 비상 소집하여 국군후원회를 조직하였고, 서울 사수(死守)의 비장한 결의와 각 교회가 특별 기도회를 가지며 교회로서 도울 수 있는 일을 하자고 다짐했다.

그러나 뜻밖에도 서울은 28일 아침에 인민군이 침입하여 점령당했다. 사태가 이렇게 되자 교역자들과 교인들이 필사적으로 서울을 탈출하여 대전, 대구, 부산으로 또는 가까운 시골로 피난 갔다. 그러나 서울을 빠져나가지 못한 교역자들과 교인들이 더욱 많았다. 서울에 남아 있던 목사들 중에 인민군이 패전하여 북으로 다시 도주할 때 강제 납북(拉北)된 분들이 60여명이나 생겼으며, 그들은 북으로 끌려가 모두 희생되었다.

한편 7월 3일 대전 제일교회에서 비상 소집된 교계 지도자들이 구국회(救國會)를 조직하니, 회장 : 한경직(韓景職), 부회장 : 김창근(金昌根), 황치헌(黃致憲), 황종율(黃鍾律) 등이며 30개 도시에 지회를 두고 정부(국방부, 사회부)와 협력하여 선무, 방송, 구호, 의용대 모집 등의 국방상 중요한 사업을 수행했다. 600여명의 선무대원들이 각지에 흩어져 선무에 진력했고, 3,000명에 달하는 기독교 의용대(일명 십자군, 황금천 목사, 김병섭 장로 주도)를 조직하여 전투에 참가하여 크게 공헌했다.

전쟁 중에 선교사들의 활동도 눈부시었다. 언더우드(元漢慶, H.H. Underwood) 박사는 미국에서 유엔군이 동원되도록 큰 역할을 했고, 특히 미 북장로교 선교사인 아담스 킨슬러, 캠벨, 언더우드 목사 등은 마치 옆집에 불이 나서 불을 재빨리 진화시켜야 된다는 안타까운 심정으로 피난 교역자들과 교인들을 위로와 격려, 구호에 열과 성을 다하며 애써 노력했다.

대구가 위기에 빠졌을 때 북장로교 선교사들은 교파에 구별 없이 약 2,000명의 교역자들과 그들의 가족들을 울산, 부산 등지로 집단 이동시켰으며, 또 거제도, 제주도로 보내기도 했다.

한편 미국 본 교회에 호소하여 막대한 양의 구호물자와 식량, 구호금들을 얻어 교인들 구호에 총력을 기울였다.

이 구호작업은 1·4(1951) 후퇴 후에도, 그리고 휴전(53. 7. 27)후에까지 계속되어 미국 선교사들의 베푼 온정과 위로는 한국인이 영원히 잊지 못할 감격스러운 역사로 남게 되었다.

〈1950. 6. 25〉

[참고문헌] 「한국기독교사총람」(이찬영 저) 1994. 도서출판 소망사 간

55

소위 전승 예배 강요

― 기독교는 미신이라고 하면서 전승 기도를 하라고…

그때 남한의 이모저모

- 50. 6. 27 / 정부 대전으로 이전
- 50. 6. 28 / 서울 함락됨(공산군에게)
- 50. 7. 4 / 기독교 구국회 조직

1950년 6월 25일 불법 남침하여 동족 학살의 전쟁을 일으킨 북한 인민군은 기습작전으로 대한민국 수도 서울을 함락했다. 세계 전쟁 역사상 개전 3일만에 수도가 함락된 역사가 있었는가? 참으로 어처구니없고 통탄할 노릇이나, 이 또한 숨길 수 없는 엄연한 사실이었다.

기고만장해진 공산당국은 평양(平壤)을 위시하여 함흥(咸興), 원산(元山), 신의주(新義州), 진남포(鎭南浦), 선천(宣川), 해주(海州), 사리원(沙里院) 등지에서 소위 〈서울 함락 경축대회〉를 열었다.

일반 시민은 물론, 공공기관인 학교, 관청, 공장, 광산, 심지어는 형무소(감옥)에서까지 대대적으로 경축식을 거행했다. 있을 수 있는 일이요 그들로서는 으레 할 일을 했다고 하겠다.

그런데 더욱 해괴한 것은 지역에 따라 교회가 연합하여 소위 〈전승 기념 감사예배〉를 드렸다는 사실이다. 무신론 공산주의자들의 동족 살상 침략전쟁의 전승을 축하하고 기념할 교회가 어디 있으며, 이런 예배를 주관하고 인도할 교역자가 어디 있겠는가. 이런 것은 상식문제다.

그런데 있을 수 없는 일이 일어났다. 물론 이것은 교회나 목사가 자진해서 했을 까닭이 전혀 없고 배후에서 강압적 위협에 몰려 이루어진 것이겠지만 너무나도 기막히고 안타까운 비극의 한 토막이다.

종교는 아편이라고 악선전하며 기독교 말살정책을 쓰던 공산주의자들이 진심에서 전승을 감사하며 예배드릴 것을 기대했을 까닭도 없겠지만, 이렇게 하여 기독교인들을 심리적으로 굴복시키며 괴롭히려는 이중 삼중의 변태적인 기독교 탄압의 한 수단 방법이라고 할 수 있겠다.

사실 확인을 위하여 여기에 원산에서 거행된 기념예배의 한 장면을 소개한다.

시일 : 1950년 6월 29일
장소 : 원산 중앙 감리교회 당
사회 : 한준명(韓俊明) 목사(예수교회)
설교 : 조희염(曺喜炎) 목사(장로교회)

이 모임은 각 교회에서 배당적으로 강제 동원된 600여명의 교인이 모인 대집회였다. 조 목사는 서울 함락 기념예배에서 설교하기를…(이것도 설교라고 하겠나?)

"인민군의 서울 함락은 그 동안 분단된 조국을 통일로 가져오는 거보(巨步)이며 이것이야말로 김일성을 통하여 주신 하나님의 성과라"고 했다. 그는 계속하기를 "우리 기독교인들은 인민군의 조국 해방을 위한 전투를 승리로 이끌어 주실 것을 믿으며 신(神)은 우리 편에서 이 싸움을 독려해 주실 것이라"는 해괴한 말(설교?)을 했다. 입장을 바꾸어 생각해 보면 그 당시 조 목사의 고충과 심정이 어떠했을 것인가 이해되고도 남는다.

장병욱(張炳旭)의 「6·25 남침과 교회」(1983년, 한국교육공사 발행)에서 발췌,

"이 설교는 아마도 공산주의와 자유주의와의 전쟁에서 공산당의 승리를 기원한 최초의 설교로 간주된다. 그리고 이 예배와 설교는 공산당의 그리스도인에 대한 간악한 박해의 한 양상이다. 사실 공산당의 협박과 공갈이 아니고서는 무신론 공산당의 침략전쟁을 기념하고, 승리를 감사 축하하는 설교를 조 목사로서 할 수 있었겠는가? 아니 누구라도 못 할 노릇이다."

원산중앙감리교회

그런데 기념예배를 드린 다음 날인 30일에 북한 공산정부 정치부원들은 원산에서 교역자들을 모두 검거했는데 경축대회를 주관한 조희염, 한준명, 권의봉 목사들을 위시하여 많은 교역자들이 그 대상이었다. 그 이유는 경축

대회를 하는 꼴이 너무 형식적이고 진심에서가 아니었다고 간주되었기 때문이다. 물론 그 말은 맞는 말일 것이다. 속된 말로 죽지 못해 억지로 끌려간 처지에 무슨 기분으로 감사 기념 경축을 했었겠는가.

결국 조희염 목사는 총살당했고, 한준명 목사는 집단 생매장시키는 시체더미 속에서 기적적으로 살아났으며 그 후 월남하여 이 끔찍하고 놀라운 사실을 증언하여 만인이 알게 되었던 것이다.

공산 당국은 이와 같은 간악하고 야비스러운 방법으로 교회와 교역자들을 괴롭혔다. 그러면서 공산 정권에 굴복하고 협조하기를 노리는 작전을 병행하여 사용했다.

또 한 예를 들면 북한 기독교인들에게 소위 〈전승 기원예배(戰勝祈願禮拜)〉를 강요하여 8월 13일을 침략자 미 제국주의자들과 망국노 리승만 도당을 완전 소탕하는 전승 기원의 날로 결정 선포하고, 북한 소재 전 교회에 강제로 지시하고 지킬 것을 독촉했다. 물론 이 지시와 명령이 전체적으로 모두에게 행해진 것은 아니었다.

한 예를 들면 8월 15일자 북괴 기관지인 〈노동신문(勞動新聞)〉의 한 기사에서, "이 날 평양 신양리교회(新陽里敎會)에서는 교인들 다수가 모여 새벽 5시부터 전승기도회(戰勝祈禱會)가 거행되었는데 김창일 목사의 설교를 듣고 사랑하는 조국의 통일과 자유와 영예를 위하여 전선에서 신속한 종국적 승리를 위하여 충심으로부터 염원하는 간절한 기도를 드렸다"라고 그럴듯한 보도를 했다.

그리고 전국 교회가 여기에 호응하여 전승 기원예배를 드렸다고 대대적으로 선전했다. 그러나 이것은 사실과 다르다. 전체 교회가 호응한 것도 아니지만 외부적으로 선전하기 위해서 과장된 보도를 한 것이다.

그런데 그 당시 그런 공문(전승기도회를 갖도록 하달한 공문)이 하달되었다고 하나 평양 부근, 그것도 몇 몇 교회일 뿐 전체적은 아니었다. 아마도 과잉충성을 노리는 공산당 간부들이 날뛴 지방에서 자기네 독자적으로 한 것이지, 중앙에서의 전체적인 정책으로 하달된 지시는 아니었다고 본다.

혹시 강제에 눌려 기원예배를 드렸다고 할지라도 그들의 기도의 중심이 어디 있었겠는가, 추측할 수 있을 것이다.

그 당시 북한에서 교역하던 목사와 전도사들 중에는 6·25를 전후하여 월남해서 생존해 있는 분들이 많고 그 중에는 지금도 목회를 계속하는 분들도 많은데, 이들의 증언에 의하면 그 당시 그런 공문을 하달 받은 일이 전혀 없었고 평양 시내에 더러 있었으나 이를 시행한 교회는 별로 없었다고 한다.

(필자도 그 당시 북한에서 교회를 담임하고 목회를 지속했는데, 그런 공문을 받은 일도 없었고 물론 강제적으로라도 기원예배를 드린 일은 더구나 없었다.)

〈1950. 6. 29〉

참고문헌 「감리교서부연회수난사」(윤춘병 저) 1987 원로목사회 간
「해방후북한교회사」(김흥수 저) 1992 다산글방사 간
「한국기독교와 역사」(제7권) 1997 한국기독교역사연구소 간
북한 노동신문(1950. 8. 15자 기사) 평양노동신문사 간

56

교역자 궐기대회 개최

— 평양 기독교란 미명을 빌어서…

☞ 그때 남한의
이모저모

• 50. 8. 1 / 낙동강
방어선 구축
• 50. 8. 3 / 유엔군
워커라인 구축
• 50. 8. 18 / 정부
부산으로 이전

　신성한 주일을 기하여 한반도의 적화통일(赤化統一)을 목표로 일으킨 북한의 침략전쟁이 치열하던 8월 5일, 평양 서문밖(西門外) 교회당에서 소위 평양 기독교인들의 총궐기를 호소하는 회의가 열렸다.
　회의를 주최한 북한 기독교도연맹 중앙위원들과 북한의 기독교 각 교파의 소위 대표라는 교직자들과 그리고 강제 동원된 교인들이 참가했다.
　회의는 전쟁의 승리가 있기를 기원하는 기도가 있은 후, 북조선 기독교도연맹 중앙위원회 위원장 강양욱(康良煜)의 보고가 있었다.
　강양욱은 보고에서 세계 제패를 꿈꾸며 조선에서 노골적인 침략전쟁을 감행하는 미 제국주의자

227

들의 범죄적 죄악을 통렬히 규탄하고 그들의 정체가 여지없이 폭로된 오늘날, 우리 기독교인들은 이 죄악의 무리를 우리 조선 강토에서 섬멸 구축하기 위하여 전체 기독교인들은 총궐기해야 한다고 강조했다. 보고는 대회 참가자들의 열렬한 환영을 받았다. 이것은 물론 강제로 억지로 받은 환영이었다.

보고를 지지하여 몇몇 교직자들과 교인들의 계속된 연설이 있었다. 물론 이것도 미리 짜놓은 각본에 따라 진행되었다. 그리고 이 회의에서는 전 북반부 기독교인들에게 전쟁에 승리를 위하여 총궐기할 것을 호소하는 호소문을 만장일치로 채택했다. 그 호소문 내용은 다음과 같다.

호 소 문

사랑하는 전 조선의 기독교 교직자들이여!
사랑하는 전 조선의 기독교도들이여!
지금 우리 조국의 운명은 위기에 처해 있다.
미국 통치자들은 일체의 가면을 다 벗어버리고 노골적인 침략행위를 감행하고 있다. 내란 도발자 이승만(李承晩) 역도들을 소탕하고 조국통일의 성업을 성취하려는 영웅적 인민군대의 노도와 같은 진격을 막기 위하여 미 제국주의자들은 직접 자기네 육, 해, 공군을 총동원시켰다.
우리 조국에서의 전쟁 종말은 미 제국주의자들이 파송한 고용병들 때문에 지연되고 있다. 미제 고용병들은 우리 조국의 평화스럽고 아름다운 도시와 농촌과 어촌에 연일 폭탄을 던지고 있으며 함포 사격을 감행하고 있다. 놈들은 매일 우리 인민의 무수한 생명을 빼앗고 있다. 그들은 입버릇처럼 "신앙의 자유" "평화" "박애" "민주주의" 등을 옹호한다고 하면서 "기독교 문명의 수호자"로 자처하던 미국 통치자들은 평양, 원산, 서울의 여러 도시들의 우리 교회에까지 태연하게 폭탄을 던지고 있다.

무엇 때문에 미 제국주의자들은 이처럼 우리나라에 군대를 파송하여 우리 인민을 학살하며 우리 조국 통일의 위업을 방해하며 우리 민족의 자주권을 침해하며 무력 간섭을 감행하는가.

모든 것은 명백하다. 미 제국주의자들은 우리 조국을 식민지로 만들려는 것이요, 우리 인민을 노예로 만들려는 것이다. 미 제국주의자들은 우리 조국을 세계 제패를 망상하는 자기네들의 침략적 군사 기지로 만들려는 것이요, 이 나라의 아름다운 강산을 자기네들의 피 묻힌 발톱으로 유린하려는 것이다.

미 제국주의자들은 우리 조선 사람들이 오직 미국 독점 자본가들의 피 묻은 달러($) 주머니 불리기 위해서만 생존할 것을 요구하는 것이며, 우리 교도들에게 달러($)와 원자탄을 믿으라고 강요하고 있다.

미 제국주의자들은 지난 5년간 우리 조국의 남반부에서 수많은 애국 동포들을 무참히 살해한 진범이며, 애국적 정당 사회단체는 물론이며 기독교 민주동맹을 위시하여 각종 종교단체까지 총검으로 강제 해산시킨 진범이며, 내란 도발의 진범이고 귀중한 자원을 대대적으로 약탈한 강도 떼들이다.

놈들은 이러한 죄형에 신성한 하나님과 예수의 이름을 관련시키려 한다. 묻노니 성경 어느 장 어느 절에 과연 사람을 무차별 학살하며 남의 나라를 침략하여 남의 재산을 빼앗으며 다른 사람을 노예로 만들라는 구절이 어디 있는가.

구약에서인가? 신약에서인가? 아무 데도 없다.

성경에 그런 구절이 없으며 있을 수도 없다.

사랑하는 형제자매여! 전 조선의 기독교인들이여! 똑똑히 보라!

미 제국주의자들의 고용병들이 파괴한 우리 도시와 주택과 병원과 문화시설을…

그리고 교회들을 보라. 그놈들에게 억울하니 쓰러진 동포들의 시체를 보라! 이것이 놈들이 주려는 "자유와 평화" "박애" "민주주의"의 선물인가.

이처럼 참혹한 결과를 가져 온 미 제국주의자들의 만행에 대하여 기독교의 교리로서 준엄한 심판을 내리자.

오늘날 미 제국주의자들이 제 아무리 예수의 이름을 부르며 자유, 평화, 박애를 부르짖어도 저들의 모든 행동은 모조리 교리에 배치되며 교리에 대한 모독이고 흉악한 침략이다.

미 제국주의자들은 주 예수 그리스도의 이름을 판 악한 가롯 유다의 화신이다. 놈들은 위선자이며 음흉한 침략자이다.

이 땅의 넋을 얻은 자로서 미제의 이 같은 만행을 어찌 보고만 있을 수 있으며 정의를 사랑하는 우리 기독교인들은 또한 이를 수수방관(袖手傍觀)만 하겠는가.

문제의 장소
서문밖교회

이 강산 안에 사는 우리 3,000만 동포들은 이런 미제의 무력 공략을 물리치며 조국의 통일 독립과 자유를 옹호하기 위하여 모두 다 일어납시다. 모든 것을 아끼지 말고 목숨까지 바쳐 싸워야 합니다.

우리의 직접 체험은 물론이고 역사의 모든 경험은 똑똑히 말하고 있다. 조국의 완전한 독립과 자유가 없는 곳에는 신앙의 자유를 누릴 수 없다. 자유를 찾기 위해서는 먼저 조국을 찾아야 하고 정의를 찾기 위해서는 먼저 불의를 물리쳐야 한다.

사랑하시는 전 조선의 기독교 교직자 여러분이여!

사랑하시는 전 조선의 기독교도들이여!

신성한 교리와 정의를 옹호하기 위해서, 평화와 자유와 조국의 통일을 위해서 우리들은 사랑하는 형제들에게 다음과 같이 호소한다.

각 교회에서는 반드시 미 제국주의자들을 우리 강토에서 몰아내기 위하여 정의의 성전에서 용감한 우리 인민군대가 하루 속히 완전 승리할 수 있도록 하나님께 진심으로 필승기원의 예배를 드리자. 우리 교도들에게 신앙의 자유를 보장해 주며 우리들에게 평안하고 화목스러우며 사랑이 가득한 생활을 보장해주는 조선민주주의 인민공화국의 융성을 위하여 기도 드리자.

살인자이며 내란 도발의 범죄자인 리승만 도당에게 하나님의 정의의 심판이 속히 임하기 위하여 기도하자.

평화스러운 우리 농촌과 도시에, 신성한 우리 예배당에 거리낌없이 폭탄을 던지는 침략자 미 제국주의자들에게 하나님의 정의의 심판이 속히 임하기를 기도하자.

내란 도발자와 침략자를 반대하여 조국의 통일과 민주주의와 자유와 평화를 위하여 우리의 전쟁은 정의의 전쟁이니, 불의와 죄악을 제거하기에 어떤 것도 아끼지 말라고 하신 예수 그리스도의 가르치심을 받들고 정의로운 우리의 전쟁의 승리를 위하여, 영웅적 우리 군대에게 비행기, 탱크, 함선을 더 많이 헌납하기 위하여 기금 거출 운동을 교도사이에서 더욱 맹렬히 전개하자.

정의는 반드시 승리한다 승리를 믿자!

존경하는 종교인들이여! 미 제국주의자들로부터 침략적 공격을 받아 조국과 인민의 운명이 위기에 처한 이 때, 침략자를 물리치며 조국의 통일과 독립과 자주권과 자유를 위한 정의의 전쟁이 빨리 승리하도록 교리나 교파의 상관을 불관하고 한 덩어리가 되어 싸워야 할 것이라고 확신하는 우리기독교 교직자들은 오는 8월 13일에 "침략자 미 제국주의자들과 망국노 리승만 도당을 완전 소탕하는 전승 기원의 날"로 정할 것을 당신들에게 제의한다. 전 조선의 종교인들은 각각 자기네들의 종교 의식을 따라 우리들의 이 제의에 호응할 것을 굳게 믿으며 호소한다.

만고 역적 리승만 도당과 침략자 미 제국주의자들에게 하나님의 저주가 있으라.

영웅적인 우리 인민군대에게 승리의 영광이 있으라.

조선민주주의 인민공화국에게 융성과 번영이 있으라.

　　　　　　　1950년 8월 5일 평양시 기독교 교역자 궐기대회
(강양욱 : 북한 기독교도연맹 위원장, 김익두 : 기독교도연맹 총회 총회장, 리진구 : 감리교 서부연회 부회장, 김웅순 : 기독교도연맹 총회 부회장, 리원창 : 평양 성공회 신부, 박명대 : 중앙선도원 예수교회 목사, 조기성 : 성결교 북부지방 지방회장, 문순희 : 장로교 함북노회 노회장, 리원균 : 장로교 함남노회 노회장, 김일성 : 함남 기독교도연맹 위원장, 김영철 : 감리교 원산 지방 지구장, 김석복 : 자강도 기독교도연맹 위원장, 김응율 : 장로

교 삼산노회 노회장, 정창순 : 장로교 의산 노회 노회장, 리영태 : 신의주 간부 양성소 소장, 계창봉 : 장로교 의산노회 노회장, 한의문 : 장로교 평북 노회 노회장, 김석원 : 감리교 영변지방 감리사, 위두찬 : 장로교 평동노회 노회장, 박선택 : 장로교 안주노회 노회장, 조윤승 : 감리교 평양지방 감리사, 김치근 : 장로교 평서노회 노회장, 조택수 : 장로교 황동노회 노회장, 정봉익 : 감리교 사리원지방 감리사, 윤재만 : 평남 기독교도연맹 위원장, 곽희정 : 평양 기독교도연맹 위원장, 리피득 : 평양 박구리 감리교회 목사, 리창호 : 장로교 평양노회 부회장, 김창일 : 평양 신양리교회 목사, 김세진 : 평양 연화리교회 목사, 권성훈 : 평양 기현교회 목사, 여운원 : 평양 인흥리교회 목사, 류도선 : 평양 남산현교회 전도사, 리문혁 : 평양 중앙교회 장로, 변린서 : 평양 장대현교회 목사)

노동신문(1950년 8월 7일) 보도된 기사 내용

(이상의 명단은 대부분 본인도 모르게 도용(盜用) 기재된 분이 많다. 또 이들 중에는 1·4후퇴시 월남하여 생존자도 있고 이상의 사실을 전혀 부인하는 증언자도 있다. 다만 당시의 보도된 신문기사가 사실이라는 것은 아니고 보도된 내용을 가감 없이 기술한 것이다. - 필자 주)

〈1950. 8. 5〉

참고문헌 「노동신문」 1950. 8. 5 기사

57

서울 목사들 집단 납북

- 서울에 잔류했던 목사들의 수난

☞ **그때 남한의 이모저모**

- 50. 8. 3 / 워커라인 구축
- 50. 8. 22 / 국민병 소집 개시

6·25 전쟁은 우리 민족으로는 영원히 잊을 수 없는 피맺힌 한(恨)의 역사요 고통의 과정이었다. 더구나 기독교인들은 2중의 시련을 겪었다.

1950년 6월 25일 주일 새벽에 불법 남침한 북한 인민군이 파죽지세로 수도 서울을 사흘만에 함락했으니 세계 전쟁사상 개전 삼일만에 수도가 적군에게 점령당한 역사가 어디 있었는가?

인민군이 한 달만에 남한 전역을 점령하여 제법 전쟁에 승리를 거두는 것 같았으나 전열을 새로 가다듬은 국군과 정의에 입각한 유엔군의 협력작전으로 전세를 만회하고 반격전을 개시했다.

이에 낙동강변에서 전멸상태에 빠졌고 잔여 인민군이 서울에서 북한으로 패주하면서 선량한 많은 청년들과 시민들을 인민군으로 강제 징발했고, 정치계를 위시하여 종교계, 법조계, 문화계, 예술계 등 각계 각층을 망라하여 저명인사들을 납치할 수 있는 범위까지 확대하여 강제로 납북했다.

납북 사건의 시발은 1950년 7월 하순경부터 시작되었다. 제1차로 거물급 정치인사들인데 오화영(吳華榮, 감리교 목사, 국회의원), 김규식(金奎植, 새문안교회 장로, 임정 부주석) 등을 위시하여 80여명에게 평양 건설상을 관광시킨 후 곧 서울로 다시 온다고 속여, 입고 온 복장 그대로 군용트럭에 실려 북으로 끌고 갔다. 제2차로 8월 초순에 김동원(金東元, 장로, 제헌 국회의원), 이광수(李光洙, 문학가) 등 100여명을 밤중에 도보로 끌고 북으로 데려갔다.

제3차가 8월 10일 경인데 주로 기독교 저명인사들이었다.

서울이 인민군 수중에 들어간 후 7월 10일 경 전 경동교회 교인이었다는 김 욱(金旭)이란 자가 소위 기독교민주동맹이라는 간판을 가지고 나타나 종로 YMCA 회관에서 각 기독교 교파별로 동맹을 조직시킨 후 김일성 정부 환영회의 거행을 강요했다.

7월 15일 경에는 전 목사 최문식(崔文植)이란 자가 나타나 종로 기독교서회 건물을 점유하고 미처 피난 가지 못하고 서울에 남아 있던 교역자들(주로 목사들)을 회유(懷柔)시키는데 진력한 결과, 소위 자수(自首)라는 명목으로 지하에 숨어 있던 교역자들이 나타나게 되었다. 저들 앞에 일단 공개적으로 나타난 교역자들은 하는 수 없이 저들이 하자는 대로 기독교 궐기대회를 열기도 하고 혹은 남북통일 호소문을 발표하기도 하며 초조하게 국군이 하루 빨리 서울을 수복하기를 기다리고 있던 참이었다.

그러나 궐기대회가 있은 지 2일 후 동 대회에 참석했던 교역자들을 검거하기 시작했다. 그 이유는 그들의 태도가 너무 무성의하고 무기력하여 도리어 반공적이었으며 인민정부를 비방하고 조롱하는

끌려가는 서울의 민주인사들(목사들이 많이 포함됨)

태도였기 때문이라는 것이다. 그래서 공산당 수뇌부에서는 기독교는 회유나 설득으로는 안되겠고 탄압 외에는 다른 방도가 없다고 판단되어 교역자 총 검거령이 내려졌다. 그리고 검거하는 대로 야간을 이용하여 보행으로 평양으로 끌고 갔다.

그 당시 납북된 기독교 저명인사들의 명단은 대개 다음과 같다.

성명	출신지	교파	성직	납북 당시 시무처
김경종(金庚鍾 : 함남 홍천)		長	牧師	서울 후암교회
김동철(金東哲 : 함북 길주)		長	牧師	서울 서소문교회
김두석(金斗錫 : 함남 함흥)		長	牧師	서울 영등포교회
김삼석(金三錫 : 경북 의성)		救	士官	서울 서대문영
김 연(金 鍊 : 경남 의령)		聖	牧師	서울 ○○교회
김영주(金英珠 : 함남 북청)		長	牧師	서울 새문안 교회
김원규(金元奎 : 경기 개풍)		監	牧師	개성지방 감리사
김유순(金裕淳 : 황해 신천)		監	牧師	서울 감리원 감독
김유연(金有淵 : 황해 옹진)		聖	牧師	성결교 신학교 교수
김진규(金珍珪 : 경기 장단)		監	牧師	서울 동지방 감리사
김태주(김泰周 : 서울)		長	牧師	서울 성북교회

김희운(金熙運 : 서울)	監	牧師	서울 중앙교회
남궁혁(南宮赫 : 서울)	長	牧師	신학교수, NCC총무
박만춘(朴萬春 : 경기 부천)	監	牧師	감리교총리원전도국
박상건(朴相健 : 충북 청주)	長	牧師	서대문 형무소 형목
박선제(朴璇濟 : 평남 강서)	監	牧師	기독교보험협회회장
박현명(朴弦明 : 함남 북청)	聖	牧師	성결교 총회장
박형규(朴亨圭 : 충남 부여)	聖	牧師	서울신학교재단총무
방 훈(方 薰 : 경기 강화)	監	牧師	서울 북지방 감리사
백학신(白學信 : 평북 용천)	監	牧師	경기강화교회감리사
서두성(徐斗成 : 서울)	聖	牧師	서울 백암교회
서태원(徐太源 : 충남 논산)	監	牧師	감리교신학교 교수
송창근(宋昌根 : 함북 경흥)	長	牧師	조선신학교 교수
송태용(宋台用 : 충남 논산)	하성	牧師	기독교계명협회총무
신명섭(申明燮 : 충남 당진)	監	牧師	교육협회 부총무
안길선(安吉善 : 서울)	長	牧師	서울 신당동교회
양주삼(梁柱三 : 평남 용강)	監	牧師	감리교 초대 총리사
오택관(吳澤寬 : 황해 옹진)	長	牧師	제헌 국회의원
유세근(俞世根 : 경기 인천)	聖	牧師	서울 독립문교회
유재헌(劉載獻 : 서울)	長	牧師	임마누엘수도원원장
이 건(李 鍵 : 함남 북청)	聖	牧師	성결교 신학교 교장
이제향(李濟香 : 서울)	長	牧師	서울 교회
장덕로(張德櫓 : 평북 의주)	長	牧師	서울 옥인동교회
전효배(田效培 : 경기 강화)	監	牧師	서울 금호교회
정달웅(鄭達雄 : 서울)	監	牧師	서울 청파교회
조상문(曺相文 : 경기 강화)	監	牧師	서울 아현교회
조춘일(趙春一 : 경기 인천)	監	牧師	서울 금화교회

주재명(朱在明 : 평양)	長	牧師	서울 잔다리교회
주채원(朱採元 : 함남 북청)	長	牧師	서울 향화동교회
차경창(車敬昌 : 경기 부천)	監	牧師	서울 수표교교회
최상은(崔相殷 : 함남 영흥)	長	牧師	서울 응암동교회
최석모(崔錫模 : 서울)	聖	牧師	서울 아현교회
최종묵(崔宗默 : 평남 강서)	監	牧師	서울 궁정동교회
허 은(許 殷 : 평북 철산)	長	牧師	서울 해방촌교회
현석진(玄碩珍 : 평남 강서)	長	牧師	광주군 은전리교회
황덕주(黃德周 : 평양)	監	牧師	공주형무소 형목

이상 납북자들은 평양 30리 못미처 중화(中和) 일대 농가에 분산 수용되었는데, 이들은 매일같이 기도하고 찬송가를 불러대니 경비원들은 "예수 광신(狂信) 병자"라고 조롱과 멸시로 호통을 치고 억압했다. 하기야 예수에게 미치지 않고서야 어떻게 죽음의 길에서 기도와 찬송이 나오겠는가. 하도 젊은 경비원들이 노인들에게 욕설을 하기에 어느 목사가 점잖게 타일렀더니 "반동분자들에게 어른이 어디 있느냐? 너희는 우리의 원수(怨讐)란 말이야"라고 더욱 핏대를 올리며 대들었다.

결국 이들은 이런 모양으로 이리 저리 끌려 다니며 온갖 고역을 치르다가 병사(病死), 아사(餓死), 총살(銃殺) 등으로 모두 순교의 제물이 되었다.

〈1950. 8. 10〉

참고문헌 「죽음의 세월」(납북인사 북한 생활기)
동아일보 (1962년 3월 29일 기사 〈연재〉)
「한국기독교사총람」(이찬영 저) 1994. 도서출판 소망사 간

58

납북인사들 첫 집단 항거

― 기독교 부흥지 북한에 와서 희생

☞ **그때 남한의 이모저모**

• 50. 9. 28 / 국군 서울 수복
• 50. 10. 1 / 국군 38선 돌파 북진

6·25 전쟁이 한참 치열할 무렵 남침했던 인민군들이 전세가 불리해지자 북으로 도주하면서 7월 초순부터(1950) 서울에서 정치, 종교, 사회 등 각계 각층의 지도자급 인사들을 수없이 강제 납치하여 북으로 끌고 갔다.

이들이 황해도 김천(金川)지구를 지나 해주(海州)에 도착하여 해주중학교 교사에 수용 중일 때 처음으로 집단적인 항거운동이 일어나 사건화한 일이 있었다.

8월 17일 밤 11시쯤이었다. 미리 비밀리에 모의한 50여명의 열혈 인사들이 갑자기 궐기하여 유리창을 부수고 경비원들의 입을 틀어막아 소리를 지르지 못하게 한 후 질식시켜 처단하고 도망쳤다.

소식을 듣고 비상 출동한 경비원들은 총을 난사하여 위협을 하며 달려와 근방 야산과 해변가를 샅샅이 뒤지며 범인 탐색에 혈안이 되었는데 새벽녘에 20여명을 붙잡아 왔고 3, 4명은 해변가에서 사살되었다고 한다. 그리고 나머지 인사들은 행방불명되었는데 아마도 그들도 결국 어디선가 붙들려서 처형되었거나 비명횡사(非命橫死)했으리라고 본다. 그 당시 북한 상황으로 보아 며칠이라도 어디 숨어서 지내기가 불가능한 실정이었다. 북한 전역이 하나의 크고 넓은 감옥이기 때문에…. 다시 말하면 몇 사람의 반공인사 외에는 모든 인민이 정보원이요 감시자이기 때문에 도저히 그 감시망을 벗어나서 살 수가 없었다.

날이 밝자 인민군 경비대장은 800여명 피납 인사들을 모아 놓고 탈출하다 붙잡혀 온 20여명에 대한 군중 재판(소위 인민재판)을 벌였다. 이미 군중 속에 그네들의 '프락치'가 여러 명 배치되어 있었다. 주모자급 5명에 대하여 민족 반역자 반동분자들은 처형하는 것이 당연하다고 외치자, 여기 저기서 "옳소!" "옳소!" 하는 소리가 터져 나왔고, 이어 현장에서 총살형을 집행했다. 총살당한 인사는 하진문(변호사), 박윤선(관리), 최영수(기자), 2명은 성명 미상이었다.

나머지 15명은 15년씩 징역형이 언도되었지만 항거운동에 가담하지 않은 사람들이라고 자유가 있는 것도 아니니 실상은 새로 언도를 받은 사람이나 그렇지 않은 사람이나 당하는 고초는 매 일반이었다.

그리고 젊은이들은 모조리 뽑아서 인민군대에 강제 편입시켜 방공호 파기, 도로공사, 교량수리, 군수품, 식량 운반 등 강제 노동을 시켰기 때문에 쇠약한 몸이 지칠 대로 지쳐서 견디다 못해 집단 항거 운동이 일어났던 것이다.

9월 10일(1950)의 일이었다. 황해도 재령군 북율면(北栗面)에서 일이 또 터졌다. 젊은 목사 장세준(張世駿)이 방공호 굴착작업이 너무 고되어 작업 능률이 조금 저하되자, 경비원이 일을 빨리 하라고 화를 내며 총대로 장 목사의 머리를 후려갈겼다. 그러자 장 목사는 머리를 맞고 피를 흘리면서 경비원에게 달려들었다. 이 광경을 지켜보던 동료인사들 수 십명이 일제히 달려들어 그 경비원을 마구 두들겨 패고 때렸다.

이 일로 인하여 강동진(姜東鎭 : 변호사), 김홍순(金弘順 : 판사), 이수영(李秀英 : 사법관) 등은 10여일 씩 영창 속에 갇히어 주먹 밥 하나 물 한 모금 제대로 먹지 못하고 갖은 혹독한 고문을 겪고 나왔는데, 이 세 사람은 나온 그날부터 틈만 있으면 경비원을 살해하고 탈출할 모의를 비밀리에 거듭했다. 이 사실을 알게 된 동료 인사 등 60여명이 이에 가담하여 함께 감행할 것을 결의하고 다짐했다.

9월말쯤이었다. 어느 날 밤, 자정쯤 되어 이들 모의한 60여명 동료들은 화장실에 가는 척하고 한 사람씩 밖으로 빠져 나와 경비를 서고 있던 두 명의 인민군에게 달려들어 교살(絞殺)한 후 도주해 버렸다.

그 순간 순찰 중이던 인민군에게 발각되었고 연락 받은 인민군이 총동원되어 현장에서 모두 사살 또는 체포되었다.

다음 날 주모자들은 포박되어 어디론가 끌려가 그후 영 소식이 없었다. 아마 어떤 곳에서 비밀리에 처단되었을 것이다.

〈1950. 10. 9〉

참고문헌 「죽음의 세월」(납북인사 북한 생활기) 동아일보(1962. 4. 2 기사)

59

원산교화소 수감자의 몰살

- 극에 달한 잔인 무도적인 처형

☞ 그때 남한의
이모저모

• 50. 10. 5 / 전남
임자도교회 교인 43명
집단순교 (공산군에게)

• 50. 10. 19 / 국군
평양점령

1950년 6·25 전쟁 당시 기습 남침한 인민군에게 몰려 남쪽으로 몰렸던 국군이 유엔군의 참전을 힘입어 전열을 재정비하고 반격 북상하게 된 10월 중순 경, 국군의 반격이 의외로 빠른데 크게 당황한 북한 공산당국은 만주지방으로 도망하면서 북한 전역에 걸쳐 애국 반공 인사들을 천인공노(天人共怒)할 수단 방법으로 무자비하게 대량 학살했다.

여기 소개하는 기사는 원산교화소(元山敎化所)를 중심으로 전개된 사건이다. 국군의 북진 정보를 접하고 크게 놀란 북한 정치보위부 원산지부 교화소 간부들과 인민군 장교들은 10월 18일 (1950) 어두움이 드려지기 시작할 무렵부터 다음

원산교화소 학살 현장

날 19일 새벽 3시까지 원산교화소에 수감 중이던 애국인사, 반공 애국자들(대부분 기독교인) 500여명을 악랄하게 집단 학살하고 도주했다.

  그 당시 이곳에 수감자는 약 800명이었는데 그 중에 기독교인이 대부분이었다. 이들 중 500명의 정치범을 골라내어 200여명은 철산리(鐵山里) 교외에서 집단 총살하여 시체를 바다에 던졌고, 나머지 300여명은 신풍리(新豊里) 뒷산 기슭에 있는 방공호 속으로 끌고 들어가 몰살시킨 다음 방공호 입구를 다이너마이트로 폭파하여 매몰

시켜 버리고 말았다. 그 중에는 여자도 28명 있었다고 한다.

이런 끔찍한 학살은 김일성의 잔인한 지령으로 이루어진 북한 전역에서 강행된 전대미문(前代未聞)의 야만적인 대량 학살극이 아닐 수 없다.

이런 엄청난 사건이 감쪽같이 진행되어 영구히 침묵 속에 잠길 줄 알았으나 세상에는 절대 비밀이란 도저히 있을 수 없고 거짓말 같은 기적도 생겨나는 법이다. 이런 엄청난 극비의 사실이 백일하(白日下)에 드러나게 된 기적이 있었다. 천만 뜻밖에도 이 죽음의 지옥 속에서 그야말로 기적적(奇蹟的)으로 6명이 살아났는데 그 중에 한 사람이 하나님의 종 한준명(韓俊明 : 원산 예수교회 시무)목사이다. 그가 겪은 생지옥의 체험담을 다음과 같이 간증했다.

"나는 1950년 7월 1일(전쟁 시작된 지 5일만에) 예비 검속으로 구속되었지요.(예비검속이란 범죄 사실이 공개적으로 나타나지 않았어도, 범죄 가능성, 또는 위험성이 있는 자는 미리 검거 구속하는 일이다.) 그놈들의 총살 방법은 4명씩을 포승으로 함께 묶어서 차례로 굴 속으로 끌고 들어가 먼저 사살된 시체 위에 포개어 엎드리게 하고 뒤통수에 총을 대고 쏘아 죽이는 방법을 썼는데, 이 사실은 인간 도살장(屠殺場)을 방불케 하는 것이었지요. 지옥의 저승사자 격인 사수(射手)놈들은 사람인지 귀신인지 장난치듯 웃어가며 농담을 해 가면서 처리하더군요.
사람을 이렇게 학살하고도 양심의 가책도 없이 살아 갈 수가 있을까, 이런 환경 속에서 사람의 재간으로 살아날 수가 있다는 것은 만 분의 일이라도 가능성이 없는 일이었지요.
다만 공포와 체념 속에서 기도하는 중에 내 뒤통수에서도 총성이 울렸지요. 죽음이란 이런 것인가? 그러나 얼마 후 내가 죽지 않았다는 사실을 느꼈지요. 참말로 전율할 만한 감격이었지요.
그리고 암흑과 시체 속에서 나 외에도 산 사람이 몇이 있다는 사실을 알았고 살기 위하여 어느 시체의 허리춤에 있는 미숫가루를 찾아내기까지 했지요. 모두가 거짓말 같은 사실이지요. 나와 함께 죽음의 소굴에서 살아 나온 사람이 모두 6명이었지요.

세상에는 '뛰는 놈 위에 나는 놈이 있다'고 하더니 형무소를 떠나 압송 도중에 차량에서 탈출한 사람도 14명이나 된다는 사실도 나중에 확인되었지요."

〈1950. 10. 9〉

[참고문헌] 「북한민주통일운동사(함남 편)」 1990. 북한연구소 간

60

납북인사들 기도로 항거

— 최대의 반항무기 기도

그때 남한의 이모저모

- 50. 10. 7 / UN총회 한국통일부흥위원단 설치
- 50. 10. 25 / 중공군 한국전쟁에 개입

6·25 전쟁 때 서울에서 공산군에게 강제 납치되어 북으로 끌려간 저명한 기독교 지도자들은 일단 평양 부근에 수용되었다. 국군과 유엔군이 북진을 감행하자 패전을 자인한 인민군은 북으로 북으로 도망해 갈 것밖에 없었지만 자기네끼리 도망치기도 급한데 납치해 간 남한 인사들을 모두 끌고 갈 욕심을 부렸다. 그것은 이들을 빌미로 앞으로 남한 정부나 유엔을 상대로 해서 유리한 흥정의 밑천으로 삼으려는 음흉한 계획이 있었던 것이다. 그래서 그 급한 현실에서도 그 막중한 고역을 치르면서 끌고 갈 참이었다.

10월 8일(1950) 밤 10시쯤 북한 중앙당 간부들이 '고노꼴' 인민병원에 수용 중에 있던 저명인사들을 모아 놓고 "미군이 무력을 총동원 해 가지고 무기도 없는 우리 인민군을 공격해 왔기 때문에 중앙정부의 수도를 임시 북으로 천도하게 되었으니 곧 출발준비를 하라"고 창피하지만 솔직하게 말하여 일행은 할 수 없이 보따리를 쌌다. 짐이라야 무엇이 있으리요만 그래도 일단 움직이니 따라 갈 수밖에 없었다.

이 때 신병으로 몸이 몹시 불편하고 부자유한 오화영(吳華榮 : 감리교 목사, 국회의원), 김규식(金奎植 : 임시정부 부주석, 새문안교회 장로) 등 몇 사람은 부축을 받아가며 끌려가는 신세가 되었다.

일단 평안남도 중화(中和)지방 농가에 분산 수용 중이던 기독교 지도자들은 남궁혁(南宮赫 : NCC 총무, 신학박사), 오택관(吳澤寬 : 혜화교회 목사, 제헌 국회의원), 박현명(朴炫明 : 성결교 총회장), 송창근(宋昌根 : 조신 교수), 방 훈(方薰 : 감리교 총리원), 김동철(金東哲), 구자옥(具滋玉) 등 이었다.

이들은 출발에 앞서 밭 두렁에 모여 앉아 기도회를 가졌다. 이에 화가 난 경비원들은 기도를 중단하라고 고래고래 고함을 지르며 심지어는 총대로 뒷등을 때렸으나 죽음을 초월한 목사들은 기도를 할 만큼 다 하고 계속하여 찬송을 불렀다.

이들에 대한 감시는 각별히 극심했다. 만일 국군과 유엔군이 급격히 진격해 오면 모두 사살하라는 명령까지 내려져 있었다. 다행히 이들이 북송되는 과정에 국군이 진격해 오지 않았기에 사살은 일단 면하고 계속 북송되어 평안북도 강계(江界, 압록강변 국경지대)까지 끌려갔다. 그 후 이리 저리 끌려 다니다가 한 사람도 살지 못하고 모두 계속적으로 죽어 순교의 고귀한 생애를 마감했다.

〈1950. 10. 9〉

참고문헌 「죽음의 세월」(납북인사 북한 생활기)(동아일보 1962. 4. 5 기사 〈연재〉)

61

황해도 반공 의거

― 국군 북진견에 궐기한 의거

☞ 그때 남한의 이모저모

• 50. 10. 7 / 유엔총회 UNCURK 설치 결의

〔이 사건의 기사는 순수한 기독교사는 아니다. 그러나 그 당시 북한에서 일어난 반공 의거사건의 주모자 대부분이 기독교 지도자들 중심이었고, 여기 소개하는 신천, 재령 지구 10·13 반공 의거사건은 더욱 그러하다. 전체 북한에서 일어난 반공 의거 사건 중에서 그 규모에 있어서나 그 투쟁과정에 있어서나 또는 그 전과(戰果)에 있어서 검토해 볼 때 타공사상(打共史上) 최대 사건이라고 간주되기 때문에 특별히 여기 소개한다. ―필자 주〕

황해도는 역사적으로 김 구(金九), 이승만(李承晩), 노백린(盧伯麟), 안중근(安重根), 金마리아, 김순애(金順愛) 등 이루 헤아릴 수 없을 정도로 많은 기독교 출신 애국자, 민족 지도자, 의사(義士)들이 배출된 고장으로, 무신론주의자 김일성

도당에 대한 반공 투쟁 역시 가장 극렬했던 지방이었다.

6·25 전쟁이 일어나기 두 달 전인 1950년 4월 17일, 그 동안 산발적으로 조직되어 개별 활동하던 비밀결사, 반공 지하조직체인 대한 광복회(大韓 光復會), 반적대(反赤隊), 반공 구국동지회(反共 救國同志會), 구국 기독교동맹(救國 基督敎同盟), 반공 동우회(反共 同友會) 등 여러 단체 대표 지도자들이 재령읍 부성리(富城里) 소재 모 동지 소유 과수원에 비밀리에 모여 반공 단체 총 연합회를 구성했다. 참으로 믿음직하고 든든한 조직체였다.

동년 6월 초 학생과 교직원으로 형성된 반공구국 학도회(反共救國 學徒會)가 조직되었고, 6·25 전쟁이 발발된 직후인 7월 6일에 연합된 조직체에서 구월산 반공 유격대(九月山 反共 遊擊隊)가 조직되어 6·25 전쟁을 맞아 적극적인 활동을 개시했다.

이 거사는 주로 신천, 재령 두 곳에서 일어났는데, 여기에서는 주로 신천지구에서 이루어진 활동을 기록했다는 것을 미리 말해둔다.

무력 항쟁을 위해서는 무기가 절대로 필요했으나 그 당시 아군(유격대) 수중에는 권총 5정 뿐이었다. 8월에 들면서 산발적으로 사건이 일어났으니 백주 권총사건, 보초 살해사건, 지서 습격사건, 수류탄 강탈사건, 돌무지 권총사건, 신환포 나룻배사건, 반공호 암살사건, 척서리 소총 탈환사건 등등이 꼬리를 물고 일어나 공산당원들의 간담을 서늘케 했으며, 그간 각 기관에 침투하여 근무하는 반공 동지들을 통하여 공산당원들의 일거일동(一擧一動)의 정보를 입수하고 본격적인 투쟁을 전개했다.

여기서 한 가지 말해 둘 것은 다른 지방에서의 반공투쟁은 대개 그 비밀과 동태(動態)를 적(공산당원)들이 감시했으나, 신천지구에서는 적의 동태를 반공인사들이 감시하면서 대응했으니 얼마나 유리하고 멋진 일인가.

동년 10월 9일 오후 2시 사리원(沙里院) 방면에서 해주(海州) 방면으로 무기를 수송하는 인민군 트럭이 통과한다는 정보를 탐지한 의거 본부에서는 용감한 동지 수명을 인민군 군복으로 변복시키고 검문을 빙자로 트럭을 정지시킨 후 인민군 장교 한 명을 현장에서 처단하고 운전병을 항복시켜 공습 대피인양 재빨리 과수원 깊숙이 감춤으로 위장했다.

이 때 노획한 무기 소련식 장총 214정 중에 100정은 재령으로 114정은 신천으로 급속히 운송했다. 이 때 애국 부녀들과 여학생들이 의거에 대비하여 태극기를 만들고 의료품을 준비하고 또 연락병 노릇도 잘 감당했다.

거사의 날 1950년 10월 13일 아침 반공 인사들의 비밀 활동을 어느 정도 눈치 챈 공산당원들은 시내 일원에 걸쳐 수사에 혈안이 되어 살기 등등했으며, 혐의가 있는 애국청년들을 잡으려고 가택을

반공의거 대원들(1950. 10. 14)

수색하며 당 세포 위원장은 목창(木槍)을 만들었다. 그리고 그들이 그날 밤(13일) 9시를 기하여 이미 검거한 애국청년들과 교인들을 내무서 뒷간에서 총살하는 동시에 시내 전체에 방화하려는 끔찍한 내용의 정보가 입수되었다.

이런 사실을 감지한 의거본부에서는 그들보다 앞서 오후 4시에 행동 개시를 결정하였다. 그래서 의거 무장군은 제1, 2, 3중대, 특공대, 무선공작대, 의무반, 연락반 등으로 편성해 일발의 신호탄으로 "대한민국 만세"를 외치며 총궐기했다.

공격 목표는 공산당 본부와 각 인민 기관들이었다. 무선 공작대는 재빨리 유선 방송실이 설치된 문화극장을 점령하고 전 시민에게 방송을 실시했다. "대한민국 만세, 의거군 만세, 동해물과 백두산이 마르고 닳도록 하나님이 보호하사 우리나라 만세" 우렁찬 애국가 소리가 스피커를 통하여 의거군의 돌진과 함께 시가지를 힘차게 메아리 쳤다.

드디어 반공 의거는 일어났다. 인민들의 내무서를 비롯하여 정치보위부, 검찰청, 우편국, 인민병원 등 각 기관을 공격하여 점령했다. 그리고 그 간부들을 체포하여 처단했다. 인민군들은 몰리고 몰려 군 노동당 사무실에 집결하여 최후의 반격을 시도했다. 탄환이 부족한 의거군은 서리 3. 1 비누공장에 집결하여 그곳을 의거 본부로 정하고 밤 9시경 몽둥이대, 봉화대를 조직하여 시내로 돌진했다. 삽시간에 전 시가지는 불 천지요 교회와 성당에서는 자유의 종소리가 울려 퍼졌다. 그리고 봉화 신호로 각 군, 면에 의거 소식을 전했던 것이다.

오후 10시 30분 황해도 구월산 일대에서 반공 의거의 봉화가 올랐다는 요지의 유엔 방송을 듣고 의거군의 사기는 더욱 충천했다. 치열한 전투에서 적에게 막대한 타격을 주었으나 아군의 희생도 적지 않았다. 그러나 의거군은 일보의 양보도 없이 포위망을 압축하며 공산도배들을 섬멸하기에 혈안이 되었다.

그 다음 날인 14일에는 밤낮 전투가 계속되었고 인민군들이 숨었던 방공호도 검은 연기를 뿜으며 불구덩이로 화했고, 아군은 일제히 백병전으로 적을 섬멸하고 적군의 근거지를 완전히 섬멸해 버렸다.

도주하던 인민군들은 생젓산과 범바위산을 중심으로 반격을 시도했으나 용감한 의거군의 반격으로 모두 패퇴하고 말았다. 그러나 사리원, 해주 방면에서 후원해 온 인민군들 때문에 아군도 일시 곤경에 빠졌으나, 17일 북부 돌무지부대, 노월부대의 합동작전으로 황해도 인민위원회 위원장 이용진과 해주 해방극장에 있던 소련여자 류뽀브 엔 리쁘쁘의 모자를 생포하여 사기가 올랐다. 이용진은 신천읍에서 처단되었고 소련여자는 유엔군 사령부에 인계되었다. 이때는 이미 국군과 유엔군이 38선을 넘어 평양을 향해 진격 중이었으며 17일에는 사리원 점령, 19일에는 평양에 입성했다. 실로 감격적이며 경탄할 만한 결과였다.

10월 19일, 의거군은 유엔군 사령관에게 그 동안 신천, 재령에서 의거군의 얻은 전과를 보고하고, 전리품인 화물자동차=118대, 야포=2문, 반탱크포=37문, 소총=4,046정, 따발총=312정, 중경기관총=195정, 수류탄=한 트럭, 탄환=20여 상자, TNT=2 트럭, 권총=46정, 우마차=30여대, 인민군 포로=1,078명을 인계하였다. 그리고 의거군은 각기 해산하여 자 지역 치안을 담당하거나 가정과 직장에 복귀하여 본업에 충실했다.

김일성 도당이 후일 북경 평화 옹위 대회에서 보고한 내용을 보면 황해도 신천, 재령에서 10월 13일 사건으로 노동당의 희생 수가 35,000여 명이라고 보고한 바가 있다.

그리고 이 성스러운 의거 봉기에 가담하여 신천에서 224명, 재령에서 329명, 은율에서 601명, 안악에서 111명, 장연에서 79명, 기타에서 8명, 합계 1,472명의 애국동지들이 고국과 동족과 자유를 위하여 거룩하게 산화했다.

〈1950. 10. 13〉

참고문헌 「황해민보」 제52호 (1979. 9. 10) 박승덕 기고
　　　　　　　제137호 (1986. 10. 10)
　　　　　　　제138호 (1986. 11. 10) 김광섭 기고
　　　　　　　제139호 (1986. 12. 10)
　　　　　　　제161호 (1988. 10. 10)
　　　　　　　제162호 (1988. 11. 10)
　　　　　　　제163호 (1988. 12. 10)
　　　　「신천군지」 1984.

62

신천 서부교회 새벽기도회 피습

– 김익두 목사의 최후

☞ 그때 남한의
이모저모

• 50. 9. 28 / 서울
완전 수복 이승만
대통령 북진명령

김익두(金益斗) 목사는 1874년 황해도 안악(安岳)에서 출생했으며, 청년시절에는 인생문제로 고민하며 상당히 방탕하다가 친구 박태환(朴泰煥, 후에 장로됨)의 전도로 소안론 선교사의 "영생"이란 설교를 듣고 예수를 영접했다. 열심히 신앙생활에 힘쓰다가 소명감이 생겨 평양신학교에 입학하여 수업 후 1910년에 제3회로 졸업하고, 황해노회에서 세 번째로 목사 안수를 받았다.

김익두는 성령 충만한 부흥사(復興師)가 되어서 전국 각지를 누비며 집회를 인도하며 많은 구도자를 얻었을 뿐 아니라, 특별한 신유(神癒)의 은사를 받아 많은 병자와 불구자를 고치는 이적(異蹟)이 나타나 사회 일간지 동아일보를 위시하여 여러 신문에 크게 보도된 사실이 있다. 그래서 황해노회에서 이적 증명회를 조직하여(회장=임택권 목사) 후원 한 일도 있었다.

그는 일제 말년에 신사참배를 반대하다가 일제에 의해 신천서부 교회 시무를 강제 사면 당하고 함구령(緘口令)을 받아, 장련 직전리 (長連 稷田里) 산골에 들어가 은둔생활을 하다가 해방을 맞았다.

김익두 목사

8·15 해방 후 북한에는 무신론 공산주의자들이 소련의 옹호 밑에 공산정권을 수립하고 교회 박해에 열을 올렸다. 많은 목사들이 수난을 당해 투옥되는 과정에서 그의 측근들이 월남하기를 누차 강권했으나 "교인들을 그냥 두고 목사만 살겠다고 월남하겠느냐"고 거절하며 공산 치하에서 일하다가 죽겠다고 잔류해 있었다.

당시 북한에는 기독교의 이름으로 공산정권에 협조하는 소위 기독교도연맹(基督敎徒聯盟)이란 인민단체가 있었는데, 그 실력자가 김일성 정권의 서기장인 강양욱(康良煜)이 위원장이었다. 강양욱은 김익두의 제자이어서 김 목사를 업고 행세했다.

당시 북한 교회는 북한 5도 연합노회(회장=김진수)가 총회를 대행하여 산하 노회와 교회를 총괄했었는데, 공산정권은 회장 김진수 목사 이하 간부 목사들을 사소한 구실로 구속 투옥하여 실제적으로 산하 교회를 총괄할 상부기관이 없는 실정임을 기화로, 소위 기독교도연맹 총회를 조직하고 김익두 목사를 회장으로 추대했다. 그런 연고로 김 목사는 본의 아니게 총회장 노릇을 하게 되었다.

한번은 공산 정권이 김 목사에게 대남 비난 방송(對南非難放送)을 강요했으나 거절했는데, 며칠 후 김 목사와 음성이 비슷한 성우(聲

優)를 시켜 김익두 목사로 위장하여 방송을 했다. 추후에 이 사실을 알게 된 김익두 목사가 통절하게 안타까워하면서 통회하는 것을 동료 목사들이 보고 김 목사를 이해하고 동정했으나, 이런 사실을 모르는 많은 목사들과 교인들은(특히 월남해서 서울에서 이 방송을 들은 목사들은) 모두 김익두 목사를 오해하고 비난했다.

그러던 참에 6·25 전쟁이 일어났고 북한교회는 더 큰 환난을 당했다. 불법 남침했던 인민군들이 낙동강변에서 전멸되고 국군의 반격으로 인민군은 북한으로 몰리는 과정이요, 국군과 유엔군은 북진을 하는 판이었다.

이 때를 기하여 북한에서는 반공 의거가 곳곳에서 일어났다. 김 목사가 살던 황해도 신천(信川)에서는 10월 13일을 기하여 신천 반공청년들이(대부분 기독교인 청년들) 궐기하여 인민군 섬멸전이 전개되는 판국이었다. 이 곳에서 김익두 목사는 시련 속에서도 기도를 열심히 하다가 국군의 북진 소식과 반공 청년들의 궐기를 보고 너무 기뻐서 10월 14일 새벽에 교회에 나가 그 동안 못 울리던 교회 종(鐘)을 30여 번 치고 몰려든 교인들과 새벽기도회를 드리며, 국군과 유엔군이 금명간 진주하리니 국군이 오면 환영예배를 드리자고 광고를 하고 끝으로 "대한민국 만세" 삼창까지 하고 교인들을 일단

신천서부교회당

귀가시켰다. 그리고 나머지 10여명과 목사는 남아서 계속 기도하는데 도주 중에 있던 인민군 잔당들이 교회 밖에서 모두 엿듣고 화가 나서 교회당 안으로 난입하여 목사를 위시하여 기도중인 교인들에게 총을 난사하여 김 목사 이하 몇 분이 현장에서 순교의 제물이 되었다.

기독교도연맹에 가맹하여 총회장 행세를 했다고 비난하던 사람들도 김 목사의 마지막 죽음을 보고 오해가 풀렸다.

〈1950. 10. 14〉

참고문헌 「한국기독교회사총람」(이찬영 저) 1994. 도서출판 소망사 간
「새롭게 하소서」(한춘근 저) 1987. 목회자료사 간

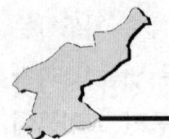

63

신천지구 기독교인 집단 생매장

- 천인 공노할 집단 생매장

☞ 그때 남한의 이모저모

- 50. 11. 1 / 해군본부 군목실 설치
- 50. 11. 5 / 한국 보육원 창설

〔이 사건은 본서 248p 61. 황해도 반공 의거의 연속적인 사건임으로 해당 항목을 먼저 읽은 후 본란을 참고하심이 도움이 될 것이다. -필자 주〕

6·25 전쟁이 한창 치열하던 9월 28일(1950) 국군과 유엔군에 의하여 서울이 수복되기 직전에, 북한 공산도배들은 패전을 예감하고 '기독교 지도자(주로 교역자와 장로급까지)들을 총검거 숙청하라' 는 지령이 내려져 서울에서만도 60여명의 목사와 50여명의 신부가 연행 납치되어 살해되었다.

북한 지역에서도 같은 지령으로 처처에서 개별적으로 또는 집단적으로 성직자들이 희생되었는데, 특별히 황해도 신천(信川)지구에서 자행된 기독교인 집단 생매장 사건은 그 유례를 찾아보기 힘들 정도로 잔인성과 야만성이 극에 달했다. 참으로 천인공노할 죄악상이다.

신천군은 황해도 안에서도 기독교가 가장 왕성하던 지역이어서 북한 공산 당국에 의해 '반혁명적 요소가 많은 지역'으로 단정되어 크게 주목을 받던 곳이었다.

국군과 유엔군이 북진해 오자 앞서 기술한 신천 서부교회 새벽기도회(김익두 목사 피살 사건) 사건을 위시하여 기독교 지도자들을 일망타진하려고, 그 분주한 패주 어간에도 기독교인들을 색출 연행하여 어디로 끌고 갔는지 행방도 알지 못하게 처단하고 말았다.

그리고 잠시 반공세력이 치안을 유지하다가(1950. 10. 15~1951. 1. 4. 후퇴시) 중공군의 불법 개입으로 다시 힘을 얻은 인민군들은 신천지구에 되돌아와서, 그 동안 반공 활동한 시민들 특히 기독교인들을 남녀노소 가리지 않고 발각되는 대로 수없이 연행하여 갔는데 그 행방을 알지 못하고 말았던 일이 있었다.

바로 이 행방불명된 사람들이 오랜 세월이 지난 후 즉 휴전 후 1956년에 집단 생매장되었던 사실이 알려졌고 그 시체(유골)들도 발견되었다.

신천지구에는 폐광(廢鑛)된 동굴이 많이 있었는데 이 동굴들이 전쟁 중에 없어졌기 때문에 반동분자의 은신처를 없애려고 군에서 봉쇄한 것으로만 알려져 있었다.

그런데 휴전 후 북한 공산당은 농업집단화 정책을 강력히 시행하면서 야산(野山)개간에도 농민들을 동원시켜서 작업을 했다. 이 때 농민들이 개발작업을 하는 중 그런 엄청난 비밀이 숨겨져 있는 곳인지도 모르고 폐광 자리를 파헤치다가 이들 시체더미를 발견했는데, 모두 해골이 되었고 그 수가 헤아릴 수 없이 많고 또 여러 곳에서 나와 비밀로 숨겨졌던 사실이 폭로되었던 것이다.

이는 국군이 북진해 올 때 공산당원들이 패주하면서 많은 반공인사 특히 기독교인들을 이렇게 비밀리에 생매장했고 그 사실이 6년 후에 노출되고 비밀의 진상이 폭로된 것이다.

크게 당황한 공산당국은 숨길 수 없는 이 엄청난 사실을 교묘하게 덮어씌우기 작전을 세웠다. 즉, 국군과 유엔군이 북진해 와서 양민들을 집단 학살하여 생매장했던 것이라고 역(逆)선전하면서 국군과 유엔군의 만행이라고 떠들었으나 그 말을 믿는 자는 한 사람도 없었다.

공산정권은 추도식을 거행하고 신천군에 〈신천 혁명박물관〉을 만들고 피 묻은 의류, 끔찍한 시체들의 사진, 기타 그럴듯한 관련 물품들을 전시하여 반미(反美) 사상을 고취하며 자신들의 죄상을 감추려고 안간힘을 썼으며, 또한 〈신천복수여단〉이라는 이름의 군대를 만들어 국군과 유엔군에 대한 복수심을 고취시키기에 광분했다.

〈1950. 10. 15〉

참고문헌 「북한종교와 선교통일론」(박완신 저) 1994. 지구문화사 간

64

조만식 장로 순사

- 반공 용장 조만식

☞ **그때 남한의 이모저모**

• 50. 10. 26 / 국군 압록강 초산까지 진격

고당 조만식(古堂 曺晩植)은 1882년 평안남도 강서(江西)에서 출생하여 숭실중학을 마친 후 일본에 건너가 '세이스쿠(正則) 영어학교' '메이지(明治)대학' 등에서 수학하면서, 인도(印度) 간디(M.K. Gandhi)의 무저항주의(無抵抗主義) 사상과 민족정신을 배우고 귀국하여 오산학교(五山學校, 정주 소재) 교장직을 맡아 애국인사 양성에 주력하다가, 1919년 3·1 운동 때 선두에서 활동했기 때문에 옥고를 치렀다.

33세 때, 한정교의 전도로 예수를 믿고 그 동안 열심히 교회 봉사했으므로 1922년에 평양 산정현교회(山亭峴敎會) 장로로 장립 받았다.

1922년부터 물산장려협회(物産奬勵協會)를 창설

하여 국산품 애용사상을 계몽 지도했으며, 한 때 민립대학(民立大學) 설립을 위해 진력했으나 일제의 방해로 이루지 못하고 또 조선일보(朝鮮日報) 사장직을 맡았으나 이것도 일제의 무모한 탄압으로 수난 중에 지내다가 1945년 8·15 해방을 맞았다.

해방 직후 평양에서 평남 건국 준비위원장이 되어 건국사업에 심혈을 기울였으나 신탁통치 반대에 적극 나서자 이에 당황한 소련군과 공산주의자들이 조만식을 1946년 1월 5일 평양 고려호텔에 불법 감금시켜 놓고 적극 회유했으나 끝까지 굽히지 않았다. 해방 후 5년 만에 6·25 전쟁이 한참 치열하게 진행되다가 공산군이 북으로 도망칠 때 즉 1950년 10월 15일 밤에 순국의 이슬로 사라졌다.

조만식 장로

그러니까 10월 15일 국군과 유엔군이 전세를 만회하여 38선을 돌파하고 평양 입성을 다투던 때, 평양 시내에서는 공산당 간부들과 내각 간부급들 그리고 각 기관의 주모자들은 벌써 북쪽으로 도망쳐 버리고 일반 시민들은 집안에 숨어서 얼씬도 못했음으로 인민 수도 평양을 사수하라는 명령을 받은 인민군이 얼마 남아 있었고, 을씨년스럽게도 늦가을 찬비가 줄기차게 내려 붓는 어두운 밤이었다.

그 때 대동강변에 자리잡고 있는 내무성 정보처 안에서 어두움을 뚫고 일발의 총성이 요란스럽게 울렸고 뒤이어 수십 발의 총성이 주위의 정막을 깨트렸다. 그 순간 이 나라의 위대한 지도자, 민족주의 애국자, 조만식 선생이 68세를 일기로 공산 내무서원 한규만 소좌가 지휘하는 내무서원들의 무자비한 총탄에 맞아 피를 흘리며 마루바닥에 쓰러졌다. 그러나 이 사실은 목격자들 외에는 알 사람이 없었다.

조만식은 고려호텔에 감금된 이후(1946. 1. 5) 5년째 되던 해 6·25가 발발되었고, 선생은 극심한 정신적 고통과 심장쇠약에 복막염까지 겹쳐서 남평양 의과대학 부속병원 특별실에 수용되어 있었다.

유엔군의 참전으로 전세가 역전되자 넓은 내무성 구락부에 감금해 두었던 재북 저명인사, 종교 지도자들을 모두 집결시키고 병상에 누워 있던 조만식마저 그곳으로 옮겼다. 이 때 이들 저명인사들을 후송시킬 책임을 맡은 자가 내무서 간부 한규만이었다.

제1차로 한규만은 조만식을 후송하려 했다. 그런데 조만식의 머리가 너무 텁수룩하여 '바리캉'을 가지고 와 먼저 머리를 깎으려 했는데 조 선생은 이를 완강히 뿌리쳤다. 그리고 입고 있던 한복을 벗기고 군복 비슷한 양복으로 갈아 입히려 했을 때도 선생은 분노에 못 이겨 이빨로 그 옷을 갈기갈기 찢으며 마루바닥에 쓰러져서 "나는 죽어도 평양을 떠날 수 없다"고 딱 잘라서 말했다.

그러니 그는 딴 감금자들을 먼저 트럭에 실어 강계(江界)방면으로 후송하자, 그 곳에는 조만식 선생과 김선묵(金善默) 목사 외 10여명의 거동이 어려운 중환자들만 남게 되었다.

밤 11시쯤 포장을 씌운 한 대의 소련제 '스리코드'가 내무성 구락부 정문 앞에 '라이트'를 끄고 달려와 멎자 수명의 내무서원이 황급한 걸음으로 건물 안으로 사라졌다. 한규만 일당이었다. 강당 안으로 들어 온 한은 "차가 왔으니 빨리 타시오"라고 크게 소리쳤다. 이에 조만식은 "죽이려거든 여기서 죽여주게. 간들 어차피 도중에서 죽을 몸이 아닌가." 이에 초조해진 한은 부하를 시켜 강제로 끌어내려고 했다. 그 순간 선생은 그들의 손을 완강히 뿌리치면서 "내 몸에 손가락 하나 대지 말아 주게"하고 언성을 높였다. 몸은 비록 쇠약했으나 어디서 그런 기운찬 음성이 튀어 나왔는지 그리고 그의 얼굴에는 감히 접근하기 어려운 근엄함이 서려 있었다.

멀리 대동강 남쪽에서는 국군과 유엔군의 포성이 어둠을 뚫고 은은히 들려 오고 있었다. 하루 이틀만 참으면 국군이 평양에 입성할 수 있는 지경까지 이른 때였다. 참으로 안타까운 순간이었다.

이에 당황한 한은 당시 평양 방위사령관 무정(武亭)에게 전화를 걸어 지시를 받으려 했다. 무정은 "될 수만 있으면 살려서 데리고 가되 만일 피치 못할 경우면 사살하라"고 명했다.

이윽고 불빛 하나 없는 구락부 안에서 한방의 총성이 요란하게 울리고 뒤이어 무질서한 총성이 잠시 계속되었다. 그리하여 조만식 장로, 김선묵 목사, 그리고 끝까지 남아있던 중환자 인사들이 함께 사살되었다. 일을 치르고 난 그들은 즉시 선생의 시체를 어디론가 가져다가 버리고 강동방면으로 도망쳐 버렸다.

조만식을 사살한 한규만은 6·25 얼마 전에 평양에서 피신 중이던 김화식(金化湜 : 당시 장대현교회 시무) 목사를 사살했는데 김 목사는 기독교 자유당을 창당하려던 과정에서 체포되었던 것이다. 김 목사는 유명한 작곡가 김동진(金東振)의 부친이며, 그의 동생은 부산 부산진교회(釜山鎭敎會)를 시무한 김성여(金聖與) 목사이다.

그 후에도 한규만은 수많은 사람들을 제멋대로 사살한 까닭에 기한 선 제대(불명예 제대)를 당한 후 남평양 피복 협동조합에서 일했고 그 후 내각직속 출판 지도송국 검열원으로 있었다고 전해진다.

〈1950. 10. 15〉

참고문헌 「죽음의 세월」(납북인사 북한 생활기)
동아일보 (1962. 3. 29 기사) 내외문제 연구소 제공

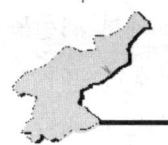

65

남한 기독교 사절단 평양 방문

- 기독교 지도자들의 평양 입성

☞ **그때 남한의 이모저모**

• 50. 10. 25 / 중공군, 한국전쟁 개입
• 50. 10. 27 / 정부 서울 완전 환도

1950년 6·25 전쟁 중 불법 남침했던 공산군이 낙동강변에서 전멸상태에 이르고 국군과 유엔군이 군비를 정비하고 반격전을 전개하여 그 해 9월 28일 수도 서울을 수복한 후 계속 북진하여 38선을 돌파하고 평양을 향해 진격을 계속했다.

"만난을 무릅쓰고라도 평양만은 반드시 우리 국군의 힘으로 찾으라"는 이승만(李承晚) 대통령의 간곡한 부탁이요 명령은 유엔군의 후원을 얻어 전쟁을 치르고 있지만 평양만은 국군이 찾게 해 주기를 바라는 마음이었다.

당시 국군 선봉인 제3사단은 10월 1일 정오 주력부대가 감격의 38선 돌파를 감행했으며 다음 날에는 제3수도사단의 지휘소가 양양(襄陽)에 설치됐다. 국군 제1사단 병력이 10월 10일 고랑포(高浪浦)에서 38선을 돌파한 후 시변리(市邊里)를 거쳐 10월 16일 밤에는 신계(新溪)에 돌입했으며 10월 15일에는 연안(延安)으로 진출했다. 그야말로 파죽지세(破竹之勢)의 진격이었다.

10월 17일에는 국군 제1사단이 평양 동남방 38km지점인 율리(栗里), 상원(詳原) 일대로 진출했으며, 10월 19일 오전 사단 선봉인 제15연대는 율리에서 일단 주력부대에서 떨어져 더욱 깊숙이 북상 진입하여 대동강(大洞江) 상류에서 도강한 후 모란봉(牧丹峰)을 동북쪽으로 공격하여 오후 3시에 평양시내에 돌입하여 평양시청 및 주요 기관 건물에 태극기(太極旗)를 게양하는 감격을 이루었다.

국군과 유엔군은 계속 북진하여 북한 일대는 제2의 해방을 맞았다. 이에 발 맞추어 서울에서 기독교 대표자들이 숙의하고, 북장로교 선교부와 북한에 적을 둔 장로교의 중진 목사들의 평양 방문을 결정하고 시행했다. 이것은 이미 북한 각지로 들어갈 기독교 구국회(救國會) 선무반원들의 보고에 의하여 북한교회의 재건과 선교사업의 재개가 시급했기에 위험을 무릅쓰고 재빨리 단행하게 되었다.

북장로교 선교부를 대표한 동회 총무 아담스(安斗華, E.A. Adams), 전 평양 선교사 허 일(許一, H.J. Hill), 킨슬러(權世烈, F. Kinsler), 남한교회를 대표한 증경총회장 이인식(李仁植), 한경직(韓景職), 김양선(金良善), 황금천(黃金泉), 황은균(黃殷均) 목사 등 사절단 일행은 위험을 무릅쓰고 10월 25일에 평양에 입성했다.

국군과 유엔군이 평양을 점령하고 치안을 유지한다고 하나 평양시내에는 사람이 별로 없었다. 그것은 평양시민들의 일부는 분별없이 패주하는 공산군을 따라 북쪽으로 지방으로 오지로 흩어졌고, 지하에 숨어 있던 반공인사들이나 기독교인들은 그때까지 은밀한 곳에 깊이 숨어서 외계의 정세와 동향을 살피고 있었기 때문에 외

이승만 박사
평양에서
연설하는 모습

부에 나도는 사람이 별로 없었던 것이다.

폐허된 평양시내에 들어간 사절단 일행은 처음에는 유숙할 곳조차 구하기 힘들었다. 공장으로 변한 교회당을 몇 곳 찾았으나 난잡하게 도구만 흩어져 있고 목사나 교인들은 한 사람도 만날 수 없었다. 그러나 일행은 자동차로 각 교회를 일일이 순방하며 교인들을 찾아냈다. 그리고 숨어 있던 목사들도 몇 분 만났다.

마침내 그 다음 주일(10월 29일)이 돌아오자 평양시내 교회는 일제히 문을 열고 종을 치고 예배를 드리기 시작했다. 그리고 오후 2시에는 약 3,000명의 교인들이 서문밖(西門外) 예배당에 모여서 남한 사절단 환영예배를 드렸다. 설교를 담당한 황은균 목사는 옛날 아합왕 시절에 바알 우상에 도전하여 승리를 거둔 엘리야의 역사를 배경하여 "유엔의 신(神) 하나님은 승리했다"라는 제목으로 설교하여 큰 감명을 주었다. 예배에 참석했던 많은 교인들은 평생 처음 느끼고 받은 감격적인 예배요 설교였다고 두고두고 말했다.

이에 선교사들은 평양 선교부의 복구를 위한 계획을 세우고, 선교사들의 사택과 신학교, 숭실대학 등 선교사들의 소관 기관들의 접수와 그 관리를 개시했다. 선교부의 원로 허일 목사는 평양에 주재하면서 선교사업 재개에 관한 사업을 진행시켰다. 북한 교회의 재건과 교육 기관의 재건을 위하여는 전체적인 계획과 함께 그것을 지도 할 수 있는 교역자를 가지는 것이 가장 급선무임을 확신하고, 사절단은 일단 서울로 돌아와 이북 신도 연합회에 제출하여 그 방안을 강구하여 적극적으로 복구사업을 진행하기로 했다.

교회 재건을 위하여는 증경 총회장 윤하영(尹河英) 목사를, 교육사업 복구를 위하여는 한경직 목사를, 청년운동과 문화사업을 위하여는 황은균 목사를 기용하기로 하고, 기타 각기 적절히 책임을 맡겼다. 그리고 북한에 숨어 있다가 살아남은 목사들과 교계 지도자들의 적극적인 헌신도 있어 모든 일이 착착 진행되어 가고 있었다.

그러나 11월 중순에 이르러 중공군(中共軍)의 불법 개입으로 만주로 쫓겨갔던 인민군이 평양을 다시 접수하게 됨에 따라 우리들의 재건 사업은 더 이상 진행되지 못하고 중단되고 말았다.

이 때 평양에 남아있던 허일 선교사는 피난해야 할 수만 명의 교인들을 대동강을 건너 남하시키는 데 필사(必死)의 노력을 했으며, 수십 명의 교역자들도 함께 북한 땅을 탈출하여 남하하였다. 평양뿐만 아니라 일단 국군이 진격하여 수복되었던 북한의 여러 곳에서는 교인들을 위시하여 반공 애국 동포들이 잠시동안(두 달 동안) 해방, 복구 재건의 기쁨과 의욕을 누렸지만, 다시 북한 지역은 적지(赤地)가 되고 교회는 완전히 문이 닫히고 이제 또 50년의 세월이 흘렀다.

〈1950. 10. 25〉

참고문헌 「한국기독교해방10년사」(김양선 저) 1956. 총회종교교육부 간
「한국기독교회사총람」(이찬영 저) 1994. 도서출판 소망사 간

66

죽음의 행진

— 강제 북행중에 처참한 죽음들

☞ 그때 남한의
　　이모저모

• 50. 11. 1 / "The Korea Times" 창간
• 50. 11. 11 / 부역자 처벌법 공고

6·25 전쟁 당시 남침했던 공산군들이 전세가 불리해지자 미처 피난가지 못하고 서울에 남아 있던 기독교 지도자들(주로 목사들)을 집단적으로 납치하여 북으로 끌고 간 것이 1950년 8월 중순이었다. 이들은 전쟁 포로 이상으로 학대받았고 죽음의 세월을 보냈다. 그 중에 몇 몇 인사들의 그 비참한 모습을 여기에 일부 소개한다.

기독교 지도자들이 북으로 북으로 정처 없이 끌려가던 11월 중순경, 평안남도 중화(中和, 평양 조금 못 미처)를 지나 군우리(軍隅里), 영변(寧邊)을 거쳐 온정리(溫井里)까지는 비교적 큰 길로 갔다. 납북인사 중에 여기 소개하는 일행에는 남궁혁

269

(南宮赫), 구자옥(具磁玉), 유한주(俞漢柱), 송창근(宋昌根), 오택관(吳澤寬) 등이 있었고 그 외 인사들은 미상하다.

납북인사들은 그 동안 대부분 제대로 먹지 못하고 먼길을 끌려오느라고 지칠 대로 지쳐서 모두 쓰러질 지경이었다. 그 중에도 남궁혁, 송창근, 오택관은 도저히 걸을 수 없기 때문에 인민군에게 업혀서 갔다. 이렇게 납북인사들을 들것에 들고 가고, 업고 가려니까 인민군들인들 오죽 짜증이 났겠는가. 자기네들도 장거리 보행에 지칠 대로 지치고 힘들어 쓰러질 판인데 반갑지도 않은 사람들(아니 적성분자)을 업고 가려니 얼마나 화가 나고 힘들었겠는가.

구자옥

"이런 반동분자 새끼들을 업고 가면 뭘하느냐"라고 화를 내며 힘들면 길바닥에다 내동댕이치기도 여러 번 했다. 그 때마다 쓰러진 인사들은 신음을 하며 기도를 드렸고, 뒤에서 감시하며 뒤따르던 인솔 책임자인 당 간부들은 허둥지둥 쫓아와 인민군 졸병들을 책망했다. 그도 그럴 것이 이들은 이들대로 또 자기네들의 상부의 명령에 따라 책임지고 안전하게 인솔해야 할 판이었기 때문이다.

출발 시부터 확실한 명단이 작성되어 있어서 한 사람도 낙오자가 생기지 않게 목적지까지 호송하라는 책임을 맡았기 때문에 자기네 책임이 더 컸던 것이다. 그러므로 끌려가는 납북인사들 못지 않게 인민군과 그 간부 인솔자들은 더욱 죽을 지경이었다.

공산 당국이 이렇게까지 고역을 치르며 납북인사들을 끝까지 끌고 다닌 목적은 후일에 어떤 경우에든지 납북인사들을 볼모(人質)로 삼아 정치 흥정을 하는데 이용하려는 것이었다. 이것은 그들 나름대로 방법의 하나였다.

용연(龍淵) 약 8km 못 미쳐 산길에서 이때까지 들것에 실려오던 구자옥(YMCA간사, 경기도지사 역임)이 그만 숨을 거두고 말았다. 동행 인사들은 그 자리에서 모두 시체를 둘러싸고 꿇어앉아 눈물 흘리며 기도하고 찬송가(291장)를 구슬프게 불렀다.

　"날 빛 보다 더 밝은 천국 믿는 맘 가지고 가겠네／믿는 자 위하여 있을 곳 우리 주 예비해 두셨네／며칠 후 며칠 후 요단강 건너가 만나리／며칠 후 며칠 후 요단강 건너가 만나리"

　인솔자들과 인민군들은 시체를 포기하고 어서 가자고 고함을 지르며 야단도 치고 달래기도 했으나 이들은 5시간 이상 시체 옆에 꿇어앉아 움직이지 않았다. 이들은 시체를 매장하려고 했으나 천 조각 하나 구할 수 없어서 자기네들의 옷을 찢었다. 찢은 옷 조각을 줄줄이 묶고 거기에다 연필로 각자 자기 이름을 쓰고 그것으로 시체를 둘둘 감았다. 그리고 양지 바른 곳을 골라 나무 꼬챙이와 손으로 구덩이를 파고 돌을 골라내고 시체를 묻었다. 그리고 나무로 십자가(十字架)를 만들어 세웠다. 그나마 동료들 손에 장례를 치름 받은 그는 행복하다고 할 수 있다.

　이 고개를 넘을 때 구자옥보다 먼저 숨을 거둔 이는 유한주 신부였다. 그는 운명할 때 호주머니에서 고이 간직해 오던 "十字架"를 꺼내어 옆에 있던 남궁혁에게 주고 운명했다.

　그리고 그들은 또 다시 계속하여 죽음의 행진으로 북행을 계속하여 강계에 도착한 것은 11월 10일 경이었다.

　이 얼마나 비극적인 처참한 죽음의 행진이었던가.

〈1950. 11. 5〉

참고문헌 「죽음의 세월」(납북인사 북한 생활기)
　　　　　동아일보(1962년 3월 29일 자 기사)

67

김규식, 납북 중 별세

- 임정 부주석의 기구한 말로

☞ **그때 남한의 이모저모**

- 50. 12. 4 / 국군 평양 철수
- 50. 12. 14 / UN 총회 한국정권위원회 설치 결의

6·25 전쟁 당시 수많은 납북 인사들 중에 큰 인물 중의 한 분인 김규식(金奎植 : 새문안교회 장로, 상해임시정부 부주석 역임)이 북녘 땅 한만 국경지대인 압록강변 만포진(滿浦津)에서 비극적인 최후를 마친 사건이 있었다.

김규식은 1877년 출생으로 일찍이 언더우드 선교사의 도움으로 예수 믿고 미국 유학(버지니아주 르낙크 대학 수료)을 마치고 귀국하여 언더우드의 비서로 일하며 YMCA, 경신학교 등 주로 교육계에서 활동했다.

새문안교회를 현 위치로 옮겨 새 성전을 건축하는데 큰 공을 세우고 1910년 동 교회에서 장로 장립을 받았으며, 경기노회와 주일학교 사업에 크게 활약하여 큰 공을 세웠다.

  1913년, 큰 뜻을 품고 중국으로 건너가 독립운동에 헌신하여 상해 임시정부의 여러 요직을 거쳐 부주석이 되어 활약하던 중, 일본의 패망으로 1945년 8·15 해방 후 귀국했다. 남한 단독 선거에 반대하여 주석 김 구(金九)와 함께 평양까지 방문했으나 목적을 이루지 못하고 돌아와 정치에서 일단 손을 떼고 있었다. 그러던 중 6·25 전쟁이 일어났고 그 해(1950) 8월 서울에서 정치계, 종교계 기타 각계 지도자 수백 명이 납북 당할 때 김규식도 북으로 끌려갔다.

  북한에서 이곳 저곳으로 끌려 다녔지만 그래도 김규식은 납북 인사들 중에 최고 인물이요 나이도 70이 넘는 고령인지라, 어느 정도 예우(禮遇 ?)를 받은 셈이나 평소의 지병이었던 심장쇠약과 천식으로 고통을 겪어야만 했다. 1950년 12월말 평북 강계에 머물렀던 김규식은 11월 28일 외귀(外貴)부락 한 마을 농가에 수용 중, 고질인 천식이 너무 심하여 자리에 눕지도 못하고 3일간 꼬박 앉아서 부인 김순애(金順愛, 독립운동가) 여사만 목매어 부르다가 동료들 품에 안겨서 숨을 거두고 말았다(1950. 12. 10). 그의 나이 당년 74세.

  이 소식을 듣고 만포에 있던 북한 인민정부 부주석 홍명희(洪命熹) 등 몇 사람이 찾아와서 장의위원회를 조직하고 납북인사 100여 명이 참석한 중에 장례식을 치르며 형식이나마 조화(弔花)까지 올렸다. 아마도 그는 납북 인사들 중에 그래도 장례식을 치르며 가신 유일한 인물일 것이다. (그런데 홍명희 부수상이 만포에 있다가 달려 온 것은 국군의 북진으로 인민 수뇌들이 평양에서 도망하여 그곳에 머물렀기 때문으로 간주된다. - 필자 주)

〈1950. 12. 10〉

참고문헌 죽음의 세월(납북인사 북한 생활기)
          동아일보(1962년 4월 12일 자) 기사

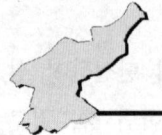

68

기독교 민주동맹 가입 유도

— 유물주의 악마들의 유괴

☞ **그때 남한의 이모저모**

• 50. 12. 10 / 북한 동포남하 피난 50만 돌파

• 50. 12. 21 / 대통령 특령(대비지 29호) : 군목제도 실시

앞서 〈김창준의 연설사건〉을 소개했거니와 그 사건과 관련된 사건 하나를 더 소개하겠다. 북한에서 소위 허울 좋게 신앙의 자유를 말하면서 기독교도연맹(基督敎徒聯盟, 위원장=박상순, 산동 선교사 역임)이 있었고 별도로 〈기독교 민주동맹(基督敎民主同盟)〉이란 괴뢰 단체가 또 있었다. 이 기독교 민주동맹 위원장은 목사계의 배신자 가룟 유다격인 김창준이었다.

김창준은 1919년 3·1 운동 당시에는 종로 감리교회 전도사였고 33인 민족 대표의 한 사람으로 서명했던 명사 중의 1인인데, 변질되어도 180도 방향 전환되어서 무신론 공산당의 주구(走狗)가 되었다.

김창준은 서울에서 강제로 납북되어 온 기독교 지도자들(남궁혁, 송창근, 오택관 등)을 설득시키려고 1950년 12월 15일에 만포(滿浦)에 까지 쫓아 와서 유도 연설을 하다가 "반역자 가룟 유다는 물러가라"는 공박을 받고 오히려 창피를 당하고 물러갔었으나, 그는 계속하여 끈질기게 여러 모양으로 기독교 민주동맹에 가입하라고 온갖 공작으로 유도했으나 결국은 아무 소득도 못 얻고 말았다.

송태용(宋台用 : 하나님의교회 부흥사)같은 강경파 인사들은 "유물주의 악마(唯物主義 惡魔)들은 물러가라"라고 소리지르며 오히려 한시 바삐 회개하고 하나님의 진노를 면하라고 꾸짖었다.

만포(滿浦)로 옮겨 온지 얼마 안되어 김동철(金東哲, 서소문교회) 목사가 불행하게도 '발진(發疹) 티부스'에 감염되어 눕게 되었는데, 삽시간에 급속도로 40여명이 감염되어 사경(死境)에 이르자 미 감염자들을 딴 곳으로 옮기는 소동까지 벌어졌다. 안전 조치는 좋으나 동지들이 서로 헤어지는 것은 또 하나의 비극이었다.

이 병으로 주재명(朱在明 : 장로교 서계동교회) 목사와, 서태원(徐太源 : 감리교 신학교 교수) 목사 등 몇 사람이 세상을 떠났다. 더 큰 곤욕을 면하게 하시려고 하나님께서 부르신 것으로 생각하며 위로 받았다. 이런 비극적인 실정인데도 나머지 인사들에게는 더욱 더 세뇌공작(洗腦工作)이 극심했고 기독교 민주동맹에게 가입하도록 유도하고 강요 협박했다. 그러나 하나 같이 강경하게 거절만 하니 김창준은 더욱 창피만 당하는 꼴이었다.

이런 와중에 무식한 경비원이 홧김에 납치 인사 한 분을 구타했다. 이것이 도화선이 되어서 주위에 있던 10여명의 동지들이 일제히 들고일어나 반격하게 되자, 기독교 민주동맹 간부들이 허겁지겁 달려와 형식적이나마 정중히 사과하고 위로의 말까지 하고 돌아갔다.

그러나 이 때부터 경비원들은 더욱 감정이 나빠져서 식사도 제대로 주지 않고 방에 불도 제대로 때주지 않아 굶주림과 새우잠을 자며 완전히 노예 취급을 당했다. 고생함은 더욱 더 자심해 갔다.

무엇보다도 경비원들을 제일 싫어하고 화나게 하는 것은 목사들이 기도를 드리는 것이었다. 일단 공개적으로 기도를 하기만 하면 "미치광이 짓 그만 하라"고 소리를 질렀다.

하루는 박상건(朴相健 : 서울 서대문 형무소 형목) 목사가 "일제 총독정치 하에서 신사참배 강요에 항거하며 투쟁하다가 옥중에서 순교한 선배들의 뒤를 따르자. 오늘 우리도 유물주의 무신론 공산주의를 반대하여 죽음으로써 우리의 믿음을 지키려는 것이요"라고 파견되어 온 정치부원들에게 일장 연설을 하자, 경비원들이 극도로 화가 나서 총대머리로 박상건의 어깨를 내려치면서 앉으라고 고함을 지르는 바람에 그 날부터 병석에 눕게 되었다. 이에 격분한 동료들이 이날부터 단식투쟁(斷食鬪爭)에 들어갔다.

이 사실을 알게 된 별오리(別午里) 중앙당부에서는 당 간부들을 보내어 형식적이나마 정중한 사과를 표하고 파견 내무서원과 경비원 전부를 갈아 치웠다. 그래서 납북 인사들에게 다소의 위로가 되었다.

북한 공산당 간부들은 어디까지나 기독교계 납치인사들을 소위 기독교 민주동맹에 가입시켜 목사들의 변절과, 동시에 정치적으로 이용하려는 심산이었으나 결국 완전 실패에 돌아갔다. 그래서 그들의 목적했던 공작은 완전히 좌절되고 말았다.

〈1950. 12. 15〉

[참고문헌] 죽음의 세월(납북인사들의 북한 생활기)
동아일보(1962. 4. 14.) 기사

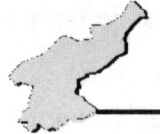

69

"두문동" 시벌 사건
- 두문벌을 받고 사는 반공인사들

> **그때 남한의 이모저모**
> - 51. 2. 28 / 육군 군목 40명 임명
> - 51. 4. 11 / 맥아더 유엔 군사령관 해임
> - 51. 4. 22 / 중공군 춘계 공세 개시
> - 51. 4. 28 / 한국 신학대학 개명 (조선신학교)

6·25 전쟁 때(1950년 8월 경) 서울에서 강제 납북된 인사들이 북한에서 이곳 저곳 끌려 다니며 고역을 치르는 과정에서 목도한 일인데, 1951년 4월 말경 평안남도 개천지방에 머물던 때였다.

이상한 일을 발견하고 또 한번 놀라게 되었는데, 그것은 농가(農家)마다 "두문(杜門) 6월" 또는 "두문 1년"이라고 써 붙인 커다란 종이조각 때문이었다.

이상하고 도무지 이해가 안되어 납북 인사들은 "도대체 이것이 무슨 뜻이냐?"라고 물었으나 주민들은 몹시 난처해하면서 대답을 주저했다. 그러자 옆에 있던 경비병들이 말하기를 "소위 반동의 집이란 말이오. 이 자들은 국군이 들어 왔을 때 협력하거나 국군을 따라 남한으로 간 반동의 집안인데, 6개월 또는 1년간 집에서 나 다니지 못하게 두문벌(杜門罰)을 내린 거요"라고 의기양양하게 떠들었다.

그러나 이 경비원들에게 호송책임자는 "왜 쓸데없는 소리를 지껄이느냐?"라고 야단치는 바람에 그만 입을 다물었다.

옛날 왕권이 갈릴 때 구 정권 인사들이 새 정권에 협조하기 싫어서 으슥한 산골로 피신해 사는 은신처(隱身處)를 "두문동(杜門洞)"이라 불러 왔는데, 여기의 경우는 자기네들이 두문하는 것이 아니라 집권자들의 강압으로 선량한 양민들이 두문을 당하고 있는 것이다.

뿐만 아니라 밭에서 일하는 농부들의 등에도 "두문 1년"이란 글을 써 붙인 천이 붙어있는 것도 보았다. 아마도 무조건 외출을 못하게 할 수 없으니 농사일을 하려고 나올 때는 이런 꼬리표를 달고 나와야 하는 모양이었다.

밭에서 일하는 농부들의 30% 이상이 이런 모양이었다. 그런데 이런 벌을 받는 사람들의 대부분이 과거 기독교인이었다는 사실도 알게 되었다. 결국 이들은 이중적인 벌을 받으며 살고 있었다.

〈1951. 4. 20〉

참고문헌 「죽음의 세월」(남북인사 북한생활기)
동아일보(1962. 4. 19 기사)

70

무명씨 할머니의 비밀 접대

- 숨어있던 성도의 정성도 유죄?

☞ **그때 남한의 이모저모**

- 51. 5. 9 / 이시영 부통령 사임
  (후임 : 김성수)
- 51. 5. 23 / 부역자 합동 수사본부 해체
- 51. 5. 26 / 예장 제36회 속회 총회 총회신학교 설립 결의

6·25 전쟁 때 서울에서 강제 납북된 목사들이 '발진(發疹)티브스'에 걸려 모두 쇠약해졌기 때문에 1951년 초순, 그간 머물렀던 만포(滿浦)를 떠나 평양지방으로 이동시킨 일이 있었다.

제1진으로 남궁혁, 박상건, 오택관, 장덕로, 이건, 박현명, 김유연 등 20여명의 목사들이었다.

그 당시 이들의 모습은 너무나 처참해서 머리카락이 숭숭 빠지고 피골(皮骨)이 상접하여 마치 해골(骸骨)과 같아서 마주 보기에 소름이 끼칠 정도였다.

호송 도중 어느 농가에서 잠깐 쉬는 동안에 목사들이 일제히 무릎을 꿇고 기도를 드렸다. 이에 화가 난 경비병들은 호령을 하면서 강제로 호송

트럭에 마구 끌어올리려고 했다. 그러나 목사들은 끝내 버티고 하려던 기도를 다 마치고 "아멘"하고야 일어났다.

이들이 만포를 떠나 강계를 거쳐 안주(安州)지방에 이르렀을 때 어느 농가에서 하루 밤 묵게 되었는데, 그 집주인 할머니가 이상한 일행을 보고 매우 무거운 표정으로 "어디서 오는 누구들이냐?"고 물었다.

일행 중에 어떤 이가 우리들은 목사들인데 서울에서 끌려와 이렇게 고생을 한다고 슬쩍 말했더니 할머니는 깜짝 놀라며 눈물을 흘리며 아껴서 남겨 두었던 몇 마리의 닭을 잡아 경비병들 몰래 밤참을 해 주었다. 그리고 목사들이 식사기도를 드릴 때 옆에서 따라 기도하고 "아멘"까지 했는데, 할머니는 자신도 과거 교인이었다는 것을 말하며 지금은 숨어서 간신히 신앙을 유지한다고 했다. 물론 이 일은 경비병들 몰래 이루어진 일이다.

만포를 떠난 지 일주일쯤 후 이들은 대동군 문성리(大同郡 文聖里) 근방에 도착하여 그곳 농가에 분산 정착했다. 그리고 매일 같이 남기고 온 동료들이 하루 빨리 오기를 손꼽아 기다렸으나 끝내 오지 않았다. 경비병들에게 물으면 그들은 "모른다"는 대답뿐이었다. 결국 그들은 영영 돌아오지 않았다.

공산 집권자들은 납북인사들을 한 곳에 두어 서로 위로하고 격려하며 잔명을 보존하는 것조차 미워하여 고의적으로 분산시켰던 것이다. 그것도 당 간부들과 상의하여 협동조합, 인쇄공장, 개간 사업장 등에 배치하여 강제 노동을 시켰다.

〈1951. 5. 20〉

참고문헌 「죽음의 세월」(남북 인사 북한 생활기)
동아일보 (1962. 4. 20) 기사

71

재북 목사들이 비밀 쪽지 전달

― 숨은 목사들의 활약

☞ **그때 남한의 이모저모**

• 51. 7. 10 / 휴전회담 개시
• 51. 7. 15 / 부산에서 서울 직통 열차 개통

　북으로 강제로 납북되어 끌려간 목사들 중에 성결교의 두 지도자 이 건(李鍵 : 함경남도 북청〈北靑〉 출신, 성결교 신학교 교장), 김유연(金有淵 : 황해도 옹진〈翁津〉 출신, 성결교 부총회장) 목사가 있었다.

　이들이 납북되어 북한 각지를 전전하며 강제노동에 시달리고 갖은 고역을 치르는 중, 1951년 7월에 평양에서 12㎞ 떨어진 평안남도 대동군 문성리 근처 농가에서 기거할 때 된 사건이다.

　하루는 이웃 마을에 사는 노파가 이들에게 비밀히 '쪽지'를 전해 왔다. 그 쪽지는 아직 평양에 숨어 지내던 목사들에게서 온 것이었다. 당시 북한에는 그때까지 월남하지 못한 채 숨어 지내는 목사들이 상당수가 있었던 것으로 추정된다. 그들은 이 노파를 통하여 납북된 목사들인 줄 알고 극비리에 그 노파를 통하여 비밀 쪽지를 보내온 것이었다. 처음에는 목사의 신분을 밝히지 않고 오랫동안 비밀리에 연락만 취해왔다. 그리고 노파를 통하여 별미(떡, 고기, 엿들)까지 전해왔다. 물론 마음씨 고운 경비병들이 파수를 볼 때에만 이루어 졌다.

그러던 어느 날 경비 책임자가 느닷없이 납북인사들의 거처를 기습 순시하는 중에 먹다가 아껴서 남겨 두었던 약간의 엿과 떡을 발견했다. 그들은 이모저모로 추궁한 끝에 쪽지를 전해 준 노파의 존재가 알려졌다. 곧 노파에 대한 심문이 시작되었으나 나는 그들이 너무 불쌍해서 단순한 동정심에서 먹을 것을 갖다 주었다고 핑계했으나 그 당시 자기 먹을 것도 유지하기 힘든데 가난한 노파가 엿과 떡을 어디서 샀겠느냐 하면서 계속 추궁하고 노파의 집을 샅샅이 뒤지는 중에, 납북인사들에게 미처 전하지 못한 비밀쪽지가 적발되어 더 이상 핑계하지 못하고 실토하게 되었다. 그 쪽지 끝에는 김인준(金仁俊 : 평양신학교 교장 역임), 박상희(朴相熙) 두 목사의 이름이 적혀 있었기 때문에 꼼짝 못하고 사실대로 토로하게 되었다.

김인준, 박상희 두 목사는 그 당시 평양에 숨어 있어 지하 교회 운동을 하고 있던 참인데, 그만 탄로가 나서 용하게 숨었던 두 목사들도 체포되어 처형되었고 물론 할머니도 처형되었다.

이들 두 목사는 11월 3일 주일선거를 반대하고 기독교도연맹에 도전하여 북한 5도 연합노회 간부로 활약한 일급 인사들이었다.

〈1951. 7. 21〉

참고문헌 「죽음의 세월」(납북인사 북한 생활기)
동아일보(1962. 4. 30) 기사

72

납북 목사들 포섭 회유

– 소위 기독교 민주동맹의 정체

☞ **그때 남한의 이모저모**

• 53. 7. 27 / 6·25
  전쟁 휴전협정 조인
  (판문점)
• 53. 8. 8 / 한·미
  상호 방위조약 가조인
  (10·1 본조인)

    6·25 전쟁 때(1950년 8월 초) 서울에서 강제로 납북된 인사들은(주로 목사들) 그 동안(1950. 8~1953. 7) 북한 각지에 이리저리 끌려 다니면서 지치고 시달리는 어간에 수많은 사람들이 희생되었다. 혹은 난치의 전염병에 걸려 신음하다가 병사(病死)하거나 혹은 남달리 강경하게 대항하다가 처형(處刑) 되거나 또는 내용도 모르게 어디론지 끌려간 후 생사조차 모르는 행방불명자들이 많이 생겨나는 암담한 실정이었다.

    문성리(文聖里) 근방 농가에 배치되었을 때 남궁혁(南宮赫), 박상건(朴相健), 오택관(吳澤寬), 송태용(宋台用) 등 10여명의 목사들이 쓸쓸한 나날을 보내고 있는 중이었다. 서울에서 납북된 목사

283

들이 여럿이 동거할 때에는 그래도 고통을 서로 위로하며 지냈는데, 이렇게 10명 정도뿐이니 심리적으로 상당히 고독한 심정이었다.

그런 중에 3년 넘어 싸우던 6·25 전쟁이 밑도 끝도 없이 1953년 7월 27일 휴전협정(休戰協定)으로 종전(終戰) 되었다. 전쟁이 끝난 것은 좋으나 유엔군 16개국이 후원하면서도 불법 침략자인 공산군을 끝내 항복시키지 못하고, 그 동안 공산 탄압 밑에 신음하던 북한 동포들을 공산 정권 하에 그냥 계속 버려 두고 전쟁을 그만 둔 것은 우리 민족으로서는 또 하나의 비극이 아닐 수 없었다.

휴전이 되자 납북인사들은 막연한 일루의 희망을 가지게 되었다. 대개 종전되면 전쟁 상대국끼리 포로교환 하는 일이 있게 되니, 이런 기회에 납북인사들도 어떤 형식으로든지 교환 또는 기타 다른 방법으로 남쪽으로 돌아갈 기회가 생기지 않겠는가 하고 기대를 가지기도 했다. 그러나 그런 꿈은 영영히 이루어지지 않았다.

상황이 이렇게 되자 공산당 간부들이 납북인사들을 취급하는 태도가 약간 풀어져서 차차 완화되었다. 그러나 이것도 다음 작전을 위한 예비작전이었다. 그들은 무슨 방법을 쓰든지 이들 10여명 기독교 지도자들을 반드시 포섭하여 회유해 보려고, 여러 가지 방법으로 여러 면으로 여러 사람이 동원되어 시도했으나 결론은 실패였다.

그것은 앞으로 대남 정치공작(對南 政治工作)과정에 있어서 이들을 앞장 세워서 북한에도 종교가 허용되고 신앙의 자유가 있다는 것을 과시하며 선전하려는 의도요, 진정한 민주주의를 표방하는 척 겉치레만 하려는 위장 사기극(僞裝 詐欺劇)에 불과했다.

과거 대한민국에서 입법의원(立法議員)을 지낸바 있는 윤기섭(尹琦燮)이란 자가 월북하여 평양에서 김일성 밑에 있었는데, 한국에서 같이 입법의원을 역임한 오택관 목사를 특히 포섭하려고 찾아왔다.

북한에도 신앙의 자유가 보장되고 오 목사와 같은 훌륭한 어른이 협조한다면 북한에서도 최고대우를 해 줄 것이라고 감언이설로 유혹했으나, 이때 오 목사는 서로 인간적인 정리는 느꼈으나 한편으로는 가엽기도 하여 "당신이나 나나 같은 신세가 아니오 특히 날더러 협조 운운 하니 참을 수 없이 마음이 아프구려. 당신도 본의 아닌 그런 교섭일랑 아예 말아주시오"라고 점잖게 눈물 흘리며 책망했다. 참으로 위대한 목사다운 충고요 태도였다. 본래 성품이 온순한 윤기섭은 낯을 붉히며 미안하다고 사과하고 그대로 돌아갔다.

그는 돌아가서 조국통일본부 간부에게 보고할 때 혹시 오택관에게 화가 미칠까 염려하여 조금 더 기다리면 포섭이 될 것이라고 오택관을 감싸서 말한 것도 나중에 알려졌다. 그래도 윤기섭에게는 일루의 양심이 살아 있었다고 본다.

다음으로는 기독교 민주동맹(위원장 : 김창준)의 간부들이 김창준의 지시를 받고 찾아와서 납북인사들을 위로하는 척 하면서 담화식으로 대응하며 회유하려고 기도했다. 그들은 강경정책 방법으로 그 동안 몇 차례 하다가 실패했기 때문에 이번에는 아첨하기도 하고 심지어는 비굴한 태도까지 보이면서 애를 썼다.

이 때 송태용은 "정치보위부에서 우리와 같이 있던 수많은 목사들을 어디로 끌고 갔소. 그 동료들의 생사와 거처를 먼저 알려주오. 그리고 그들을 우리와 함께 있게 해주면 우리도 고려해 보겠소. 그러니 우리들만 가지고는 더 이상 이야기를 말아주오"라고 점잖게 그리고 권위 있게 타일렀다.

기독교 민주동맹 인사들이 돌아간 후 10여명의 동지 인사들은 수많은 동료 친구들이 죽고 행방불명이 된 이 마당에 끝까지 지조를 지킬 것을 다시 다짐하는 결의를 했다. 혹시라도 약해지는 사람이 있을까 해서인데 이것은 남을 의심해서가 아니고 자신을 권고하는 입장에서 스스로를 다짐하고 책임지자는 결의였다.

이들은 매사에 확실하고 든든한 삶을 살았다. 그러면서 일제시대의 종교 박해 특히 신사참배 강요에 분연히 일어나 끝까지 투쟁하다가 옥중에서 순교한 주기철(朱基徹) 목사, 최봉석(崔鳳奭) 목사, 박관준(朴寬俊) 장로의 뒤를 따르자고 눈물로 맹세하고 기원했다.

해가 바뀌고 1954년에 이르러서도 이들 인사들이 전혀 협조할 기미가 보이지 않고 기독교 민주동맹에 가입할 기미가 보이지 않자 조국통일 위원회에서는 이들 인사들을 모두 처단하기로 결정했다.

그러나 엄항섭(嚴恒燮 : 임정 선전부장 역임)이 납북되어 북한에 가서 1956년 7월 재북 평화통일 촉진협의회(在北 平和統一 促進協議會) 상임위원 및 집행위원 등 전향한 저명한 납북인사들의 권유를 받아들여, 또 앞으로 종교계에 미칠 영향들을 고려하여 다시 한 번 포섭의 기회를 주기로 했다.

포섭 방법은 아주 희한한 방안인데 각자를 분산시켜 조국통일 촉진회에서 파송한 위장 감시원 겸 식모(食母)를 두어 그들의 생활을 감시하고 가능하면 동거하는 것을 전제로 하는 하나의 미인계(美人計?) 비슷한 매수공작이었다.

오택관, 송태용은 동평양, 장춘 등 임시가옥으로 옮기게 하고, 나머지 인사들은 서평양 곤우동(困友洞) 민가에 각기 기거하게 했다. 물론 각자마다 조국통일 촉진회에서 파송한 독신여자(獨身女子)들을 한 명씩 배치하였다.

그러나 이들은 여자에 대해서는 관심도 없으니 거들떠보지도 않고 매일같이 기도만 올렸다. 그런데 아무래도 개별적으로 분산해서 사니 기도하는 것은 비교적 그때마다 제재를 받지 않으니 그것만도 좀 수월한 형편이었다. 그러나 그들의 포섭공작에 넘어 가지 않기 위해 더욱 조심스러웠다.

송태용에게 배치된 여자는 아주 성격이 괄괄한 여자였다. 그녀는 송태용이 밤낮 기도만 하니 "그 까짓 귀신만 섬기면 뭐 하느냐?"라고 매일 같이 짜증을 부렸다. 그러나 그 때마다 송태용은 "하나님을 믿으면 구원을 얻으리라"고 전도하며 타일렀다. 그러나 그녀는 "그런 태도라면 영 반동은 못 면하겠소"라고 모욕적인 언사를 퍼붓는 바람에, 어느 날 윤기섭과 원세훈(元世勳 : 대한민국 국회의원 역임, 6·25 때 납북된 후 재북 조국통일 촉진회 상임위원) 등 조통 간부들이 방문했을 때 그들에게 부탁하여 그녀를 딴 곳으로 옮기게 했다.

그와 반면에 박상건에게 파견된 여자는 아주 성질이 유순하고 이해심이 많은 여자였다. 그 여자는 박상건이 매일같이 기도를 하며 행방불명이 된 동료들의 소식을 몰라 그들이 무사하기를 한결 같이 비는 광경을 보고 크게 감동을 받고 동정과 존경을 아울러 하며, 자기의 옷과 세간을 팔아가며 남 몰래 고기를 사다 대접하기도 하며 "같이 살았으면…" 하는 눈치였으나, 박상건은 끝까지 인간적으로 따뜻하게 상대했다.

이윽고 1956년 이들은 모두 어디론가 추방되고 말았다. 아무리 회유정책을 써도 소용없으니 그만 또 다시 추방하게 된 것이다. 아마도 어디론가 끌고 가서 처형된 것이 아닌가 라고 판단되나 그후의 그들에 대한 정보를 전혀 얻지 못하여 안타까울 뿐이다.

그런데 박상건을 모셨던 그 여자는 부부 이상으로 박상건을 붙들고 석별의 정을 못 이겨 목메어 흐느꼈다고 전해진다.

〈1953. 8. 20〉

[참고문헌] 「죽음의 세월」(납북인사 북한 생활기)
동아일보(1962. 5. 11.) 기사

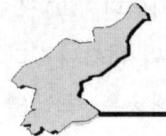

73

지하교회 비밀 조직

― 이만화 목사의 비밀 활동

☞ **그때 남한의 이모저모**

• 57. 7. 1 / 유엔군 사령부 동경에서 서울로 이전
• 57. 8. 1 / "기독교계" "기독사상" 창간
• 57. 8.   / 농가 부채 총액 600억환
• 57. 9. 1 / 가짜 귀순자 이강석 간첩

기독교를 전면 반대하고 탄압하던 북한 공산 정권은 그간에도 많은 기독교 지도자들을 불법 연행하여 극심한 고문과 잔인하게 처형한 사건이 많았으나, 6·25 전쟁을 겪으면서 갖은 잔인한 수단을 총동원하여 탄압하다가 무조건 학살하는 데까지 이르렀다.

그러기 때문에 휴전이 된 후 북한 땅에는 공식화 된 종교생활 특히 기독교인의 모습은 사라져 버렸다. 전란 중에서도 교회 지도자급 인사들과 청년들은 피난할 수 있는 지역에서는 모두 38선을 넘어 남하하고 해변이 가까운 지역에서는 배(船)를 이용하여 북한을 탈출하여 남하했다.

그러나 미처 피난하지 못했거나 하고자 하되

지역적으로 보아 피난 불가능한 지역의 교인들은 모두 지하로 숨어 들게 되었다. 이것이 북한 지하교회의 시발이다.

여기에서 한 특별한 경우에 한 사건을 소개한다.

비교적 온화하여 그 당시까지 은밀히 생존해 있던 이만화(李萬和) 목사란 분이 있었는데, 그는 평안남도 용강군(龍岡郡) 협동조합 작업 반원으로 일하면서 공산당 정책에 적극 협력하는 체 하면서 당 간부들의 신임을 받는 중에, 일변으로는 지하교회(地下敎會) 조직 운동을 비밀리에 진행했다.

이 목사가 이끄는 지하교회 조직은 소조(小組) 단위로 구성하여 비밀리에 예배를 드리며 신앙을 유지했다. 이 일이 점점 확장되어 용천군내 10여 개 협동조합 관내에 500여 개 소조가 생기고, 여기에 가담된 교인이 2,000명에 달하게 되었다. 위협을 느끼면서도 이를 막을 수도 없고 거부할 수도 없는 실정에서 매일처럼 확장 일로에 있어서 그야말로 즐거운 비명이요 불가항적 입장이었다.

그런데 이 조직체가 탄로난 것은 1957년 8월 27일 소위 북조선 최고인민회의 제2기 대의원 선거 때였다. 이만화 목사는 지하교인들에게 선거에는 참여하되 투표를 하는 체 하면서 투표용지를 투표함(投票函, 黑 白=두 통)에 넣지 말고 교묘하게 없애버리라고 권유하였다. 그러므로 실제로는 선거를 거부하도록 지시하여 교인들은 선거를 거부했다.

이에 따라 선거에 참여한 투표자 수와 투표함에서 나온 투표지 수는 약 2,000표의 차이가 생겨 사건이 표면화되었다. 이렇게 될 것을 예측하지 못했다.

이 일을 단서로 하여 북괴 사회안전부에서는 용천군내 2,000명의 반동분자를 색출하는데 혈안이 되었다. 혐의를 받는 사람들의 집을 수색하는 중에 지하교인 집에서 성경책이 발견되었다. 이런 사람이 많아지게 되자 이만화 목사는 자진 출두하여 자신이 책임자임을 밝히고 교인들의 선처를 빌었다. 결국 이 일로 인하여 이 목사와 그 측근들 10여명이 공개 처형을 당했다.

그 후부터는 이런 형태의 지하교회마저 활동이 끊어졌다.

〈1957. 8. 10〉

참고문헌 「기독교대백과사전」(제2권) 1984. 기독교문사 간

74

강제 노동 수용소 확장

− 감옥의 별칭 : 노동수용소

☞ 그때 남한의
이모저모

• 58. 2. 16 / KAL
여객기 납북사건
• 58. 2.   / 신민법
공포
• 58. 2.   / 군정법령
55호 발동
(진보당 등록 취소)

　북한은 자기네 정책과 사상에 굴종하지 않는 자들을 소위 '반동분자' 라는 죄목으로 검거, 투옥, 고문 끝에 학살하는 예는 너무나 많고 알려진 사실이다. 6·25 때 서울에서 납북(拉北)해 온 인사들 주로 종교 지도자들을 이리 저리 끌고 다니다가 휴전이 되고(1953. 7. 27) 북한에도 어느 정도 안정상태에 들어가게 되던 1957년, 북한 전역에 걸쳐 대대적으로 비밀리에 강제 노동수용소를 건축하는 공사가 진행되어 1958년 초에는 완공되었다. 전부 12개소였다.
　그 당시 규모가 큰 곳은 함경북도 아오지(阿吾地) 탄광지대에 있었고, 다음은 함경북도 갑산(甲山)지방에 화전(火田) 개척을 목표로 세운 수용소,

291

양강도(兩江道) 자성(慈城)군내 벌목(伐木) 강제 노동수용소, 그리고 평안북도 철산(鐵山) 광산수용소, 강원도 고성(高城)지방 개간을 위한 강제 노동수용소 신설 등이었다.

공산정권은 이미 1954년부터 이런 강제 노동수용소의 기초계획을 세우고 소위 '민주수도 정화'라는 명목으로 정령(政令)까지 내려 평양시내에 거주하고 있는 정치적 불신임자 즉 지주, 자본가 출신, 과거 종교인, 일제하에서 관리를 지낸 자, 전과자들을 조사하여 시외 12km밖으로 쫓아냈다. 이런 현실에서 골치를 앓다가 강제 노동수용소를 만들고 여기에 수용했다.

김두봉(金枓奉), 최창익(崔昌益) 등을 중심한 소위 연안파(延安派) 숙청이 최고조에 달하던 것과 때를 같이 하여 먼저 평양지방에 남아 있던 종교계 납북인사들(주로 목사들)을 모두 강제 노동수용소에 이감시켰다. 1958년 3월 말 깊은 밤에 북한 경비원들이 오택관, 남궁혁, 송태용, 박상건 등을 차에 싣고 서평양 역으로 나갔다. 역 구내에는 이미 수백명의 다른 사람들이 보따리를 짊어지고 웅성거리고 있었으며 모두 핏기를 잃고 불안한 모습들이었다.

오택관 등도 이들과 함께 기차에 실려 북행하여 양강도(兩江道) 자성 벌목사업소 강제 노동수용소에 수용되었다. 수용소 안에는 임시로 만든 '바락크'가 100여동 있었고, 간이우편국, 진료소 식당들도 있었고, 설비가 참혹한 부속 양로원도 있었다.

가족이 있는 자는 작은 '바락크' 방 하나 부엌 하나로 된 곳에 수용되고 독신자들은 큰방에 집단적으로 수용되었다. 그곳에는 경비원 대신 노무반장이 배치되었다. 60세 이상 비교적 건강한 사람은 매일같이 개간과 벌목작업에 혹사당했고 책임량이 있기 때문에 게으름을 피울 수도 없었다. 뼈가 부서지는 중노동을 해야 했다.

오택관과 남궁혁은 부속양로원에 보내져 매일같이 그물뜨기와 새

끼 꼬기를 했다. 당시의 임금은 월 1,000원에서 3,500원으로 간신히 목숨을 유지할 정도였다.

　수용소 안에 있는 사람은 여행도 통제되고 편지도 엄격한 검열을 받기 때문에 수용소 생활의 불편성이나 사상적으로 지목 받을 수 있는 내용은 애당초 쓸 생각조차 못했다.

　오택관은 수용소 안에서 결혼식이 있으면 주례(主禮)를 도맡았다. 그래도 수용소 안에서 목사 노릇을 할 때라고 느껴 보람이 있었다. 아니 그래도 수용소 안에서 여러 사람들에게 존경을 받는 분은 오택관 목사와 남궁혁 목사였다.

　특히 그곳에 방탕생활을 하다가 붙들려 온 이춘식(李春植)이란 청년이 있었는데 박상건을 몹시 따랐다. 어느 날 이춘식이 노동반장과 시비가 벌어진 끝에 몽둥이로 노동반장을 때려죽인 사건이 생겼는데, 이로 인하여 이춘식은 죽을 정도로 매를 맞고 어디론가 끌려가 처단된 것으로 알려졌다. 이 사건 이후로 일반인과 종교인들을 분리하여 수용하였는데 감시와 학대는 더욱 심해졌으나, 그래도 종교인들은 어느 정도 신임 받았고 존경까지 받았다.

　사실 북한에서 강제 노동수용소라는 곳은 한번 들어가면 그곳에서 복역하다가 죽는 날이 끝나는 날이니 사실상 종신 징역이나 다름없고 살아서 석방 출감한 사람은 한사람도 없었다. 그야말로 '울타리 없는 감옥'이었다. 이름만 수용소라고 하여 여타 교화소(教化所 : 과거의 형무소, 감옥)와 다른 것 같으나 어느 면으로 보면 더욱 고역을 치르는 생지옥(生地獄)이었다.

〈1958. 2. 10〉

[참고문헌] 「죽음의 세월」(납북인사 북한생활기)
　　　　　1962. 5. 28 동아일보 게재. 내외문제 연구소 제공

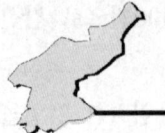

75

은밀히 게양된 태극기

- 운산지방의 태극기

☞ **그때 남한의 이모저모**

- 64. 2. / 4대 경제 흑막 사건 파동
- 64. 2. / 쌀값 가마당 4,000원으로 폭등
- 64. 2. / 총회 신학교 3교수 해임 파동

평안북도 운산군(雲山郡)은 옛날부터 금광(金鑛)이 많은 곳으로 유명한 곳인데, 험준한 산들이 둘러쳐 있어 천연적으로 감옥과 같은 곳이다. 이 산골에는 일찍부터 기독교(감리교)가 전파되어서 운산, 북진, 강촌, 고장교회 등이 설립되어 비록 농촌이지만 교인들이 비교적 많은 곳이었다.

8·15와 6·25를 겪은 후 공산 세력을 피하여 많은 교인들이 고향을 떠났지만, 남은 교인들은 계속되는 박해와 압박 밑에서 살았다. 그런데 1964년 초에 세칭 〈태극기(太極旗) 게양사건〉이 일어났다. 운산군내 여러 지방에서 태극기를 간직했던 집이 많이 발각되어 공산당 리당(里黨) 위원장들이 문책되는 소동이 벌어졌다.

사건의 발단은 운산군내에서 밤중에 누가 게양했는지 모르게 태극기가 높은 나무 꼭대기에 걸려 펄럭이고 있어 공산당 간부들은 신경을 곤두세웠다. 한 곳이 아니고 여러 곳에 게양되었고 일단 제거하면 며칠 후에 다시 걸리고 하여 아무리 잠복 근무를 철저히 해도 범인이 쉽게 잡히지 않았다.

이 지역 주민들은 속으로 쾌재를 불렀으나 두려우니 만큼 내색을 하지 못하고 또 누구의 소행인지 몰라서 궁금할 뿐이었다. 처음에는 특수지역 주민들의 소행으로 믿고 이미 침투중인 비밀 경찰들이 더욱 엄중히 감시하고 철야회의를 해도 그 다음 날 새벽에는 또 다시 태극기가 걸렸다. 참으로 귀신이 곡할 노릇이라고 할 지경이었다. 이제는 외부 인사로 단정하고 초점을 여기에 집중시켰다.

외부에서 특수지역으로 통하는 길목에 비밀 경찰을 배치하고 계속 감시했는데, 다음 날 밤중에 장정 5명이 부락을 빠져 나와 숲속으로 사라지는 것을 포착하고 추격하여 그들이 태극기를 게양하는 현장을 기습 체포하는 바람에 그 진상이 드러났다.

살인적인 고문 끝에 이들이 기독교인인 것은 드러났으나 배후 사실은 끝까지 말하지 않았고 어디까지나 자기네 독자적인 행동임을 주장했다. 그들은 기독교인의 신앙 양심상 무신론 공산주의를 반대하여 이런 일을 했다고 진술했다.

드디어 운산군내 각 가정 가택 수사를 한 결과 많은 기독교인의 집에서 태극기가 발견되었는데 이것은 국군이 북진해 왔을 때(1950. 10월 경) 환영하며 사용했던 것을 그대로 간직했던 것이었다. 이로 인해 당사자와 교인들은 또 한번 수난을 겪어야 했다.

〈1964. 2. 17〉

참고문헌 「북한 종교말살의 진상」(김영국 편) 1979. 백합출판사 간

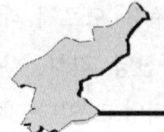

76

소설 「순교자」 시비 사건

― 순교자의 정의가 바른가?

그때 남한의 이모저모

- 64. 3. 9 / 대일 굴욕 외교 반대 범국민 투위 결성
- 64. 3.   / 연대 연합신학 대학원 창립 (학장 : 김정준)

김은국(金恩國, 리챠드 김)이 처녀작으로 쓴 소설 「순교자」는 소위 순교자가 없는 순교자, 아니 순교자를 모독한 순교자를 집필했기 때문에 시비가 크게 생겼고, 말썽이 크게 일어났다.

김은국은 1932년 함경남도 함흥(咸興)에서 출생했고, 8·15 해방 직후 월남하여 서울대학 재학 중 6·25 전쟁을 겪으며 미군 통역으로 군에 복무했고, 종전 후에 도미하여 홉킨스대학, 아이오와 주립대학, 하버트 대학원 등 여러 학교에서 수업했고 대학원 졸업 논문으로 쓴 것이 곧 소설 「순교자(殉敎者)」이다. 1964년에 발표되었고 미국에서 영문으로 나온 이 책은 상당히 큰 반응을 일으켰고 그 해 장왕록(張旺祿)씨 번역으로 한국어 판이 나왔다.

작가는 이 책을 '알베트 까뮈에게 바친다'고 했으며 여러 나라 말로 번역되었다. 소설 순교자에 대하여 외국에서는 양극(兩極)으로 찬반(贊反) 시비가 상당히 벌어졌거니와 우리나라에서는 이 책이 나오자마자 한국 기독교계 대부분의 인사들이 작가를 가리켜 "사탄", 또는 "20세기의 가롯 유다"라고 혹평을 하고 반박하는 글이 빗발치듯 쏟아졌다.

왜 세계적으로 몇 나라 말로 번역되었다면 대단한 작품인데, 국내에서는 말썽이 생겼는가. 한국 교회 지도자들의 무지에서 생겨진 소치인가?

이 소설은 한국의 6·25 전쟁을 배경으로 하여 신(神)과 인간의 관계를 다룬 심오한 종교문학 작품이다. 가장 고상한 문제를 다룬 것이 가장 큰 말썽을 일으켰다.

이 소설의 줄거리는 대개 다음과 같다.

1950년 6월 25일 새벽 4시 동족 상쟁의 전쟁이 일어났다. 북한의 공산군이 남침하면서 전쟁을 야기했다. 공산군의 기습전에 대비가 없던 국군이 처음에는 크게 당했으나 유엔군의 후원을 받아 전세를 가다듬고 반격전을 전개함으로 공산군들이 낙동강변에서 전멸상태에 이르고 국군은 계속 진격하여 9월 28일에는 수도 서울을 탈환하고, 계속 북진하여 10월 19일에는 평양에 입성했다.

평양에 주둔했던 국군 정보 장교 이 대위(李大尉)는 수효를 알 수 없는 북한의 목사들이 모두 행방불명이 되었다는 정보를 접했다. 이어 육군 정보국장 장 대령(張大領)은 이 사실에 대하여 철저히 조사하도록 지시한다. 그러면서 그는 전쟁이 시작되던 날, 그 동안 구금 중에 있던 목사들이 모두 총살되었다는 정보를 접했으나, 조사 내용 중 피살된 목사의 수가 14명과 12명으로 차이가 있는 엇갈리는 정보에 대해 규명하는 일이었다.

14명의 목사 중 12명은 총살되어 순교했고 나머지 살아남은 2명의 목사가 문제였다. 이들은 한(韓) 목사와 신(申) 목사로서 그 중에 한 목사는 정신이상이 생긴 자로서 의문의 대상에서 제외되었다. 그러나 신 목사는 자신의 행적에 대해 함구하면서 동료 목사들의 순교에 대해 찬양하는 태도를 보인다. 이에 대해 정보국장 장 대령은 신 목사가 기독교 신앙을 포기했기 때문에 생존했으리라는 추측을 한다.

사실 신 목사의 내면 속에 무신론적 신념이 충만했다. 그러나 신목사는 기독교 신앙을 포기했기 때문에 산 것이 아니다. 이 대위가 포로로 잡힌 공산군 장교로부터 들은 바에 의하면 다른 목사들은 모두 신을 저주하며 죽었는데 신 목사는 핍박하는 공산군을 경멸하며 흐트러지지 않는 태도를 지킴으로 그만 살려두었다는 내용이었다.

여기에서 주제(主題)되는 문제가 발생했다. "그럼 과연 누가 순교자냐?" 하는 문제였다. 별도로 죽은 12명의 목사들은 모두 '개죽음'을 당했거나 하나님을 저주하며 죽었으니 이상적인 기독교 목사라고는 볼 수 없고, 남은 두 목사 중 한 목사는 죽음이 두려워서 정신이상이 되었으니 순교자가 될 수 없고, 자신의 고상한 신념을 위해서 죽을 수 있는 신 목사는 순교자의 면모는 있으나 자신의 말처럼 무신론자가 되었으니 그도 순교자가 될 수 없는 것이다. 신 목사는 이 대위에게 신은 존재하지 않으며 이 세상은 고통과 불의로 충만할 뿐이라고 고백했다.

중공군이 불법 참전함으로 인하여 국군의 후퇴가 불가피하게 되었을 때 신 목사는 월남할 것을 거부한다. 그는 북한에 남아있으며, 남아 있을 수밖에 없는 교인들을 돌보며 생사를 같이 하며 북한에서 죽기로 결심했기 때문이었다. 신의 종으로 감히 신을 회의하고 있지만 전쟁이라는 부조리 하에서 희망과 약속을 간구하는 교인들을 위해 마지막 순간까지 설교하고 공산당원들에게 죽음을 당했다.

그가 교회를 지키는 동안 그의 교회만은 우뚝 솟아 복음을 전파했다. 그의 순교소식을 전해들은 이 대위는 그를 조사하던 때에 그에게 진실을 밝힐 것을 강요하던 자신의 절규를 기억하고 깊은 감회에 잠긴다.

"당신의 신이건 어떤 신이건 이 세상의 모든 신들은 도대체 우리에게 무슨 관심을 가지고 있습니까? 당신의 신은 우리의 고통을 이해하지도 않을 뿐더러 애당초 아무 상관도 하려고 하지 않았습니다"고 말했다.

이 작품은 우리가 눈으로 보고 귀로 듣는 것이 한낱 환상(幻想)에 지나지 않고 그 이면의 진상(眞想)은 사뭇 다르다는 것을 적극적으로 표현했다고 할 수 있다. 기독교 신앙에 대한 신 목사의 견해가 옳은가 그른가에 대하여는 또 하나의 관심과 논란의 여지를 준다.

결국 작가는 신 목사가 기독교적 개념의 하나님을 믿지 않으면서도 신도들에게 희망을 주기 위하여 십자가를 진 것은 순교자의 가치를 더욱 높인 것이라는 의중을 피력하고 있다.

그런데 여기에 대한 한국 기독교계의 일반적 비판은 대단하다. 작가 김은국이 과연 기독교인인가 하는 문제다. 그는 평양 남문밖 교회를 시무하다가 순교한 이학봉(李學鳳) 목사의 외손자이다. 그가 쓴 작품은 하나의 소설이니까 역사를 가상적으로 상상하며 작가 나름대로의 글을 썼으니 사실이 아닌 것도 사실이다.

그러나 우리가 일반적으로 추상해 보아도 북한에 거주하며 목회하던 수많은 목사들이 거의 공산당 압제 하에서 항거하다가 순교했는데 12명의 목사들이 구차하게 목숨을 유지하려고 하나님을 저주하고 육신을 살려 보려고 하다가 오히려 개죽음을 당했다는 논조를 강하게 피력하여, 실제로 순교했을 많은 목사들의 순교를 그와 같은 맥락(脈絡)으로 취급했다는 것은 너무 그 당시의 북한 사정을 감안하지 못한 필자의 무식과 무지의 소치라고 본다.

또 신 목사가 무신론자라고 자처하면서 고통받는 북한 교인들에게 희망을 주기 위하여 설교하다가 죽었다고 했는데, 설교란 참 하나님의 말씀인 성경을 토대로 성립되는 말이므로 무신론자의 말은 일종의 강연은 될지언정 설교라고는 할 수 없다.

그리고 기독교에서 '순교자'를 정의한다면 적어도 '사도신경'에 의한 신자의 소명감에 의하여 충성되게 일한 성직자들, 예수교인임을 숨기지 않고 신앙 때문에 죽은 사람을 순교자라고 하겠다. 신성하고 고귀한 순교자의 이름을 함부로 악용(惡用)하거나 남용(濫用)하거나, 오용(誤用), 도용(盜用)하는 자는 저주를 받을지어다.

〈1964. 3. 10〉

참고문헌 「기독교대백과사전」 제9권 1985. 기독교문사 간

77

온천군 박 목사 사건

― 비밀 종교단체의 활약

> **그때 남한의 이모저모**
>
> • 68. 5. 27 / C.E 전국연합회 창립 (외장 : 황성수)
> • 68. 6. / 주택복권 5억원 어치 발행

1963년 6월에 평안남도 온천군(溫泉郡) 운화리(雲火里)에 세칭 "박 목사 사건"이 발생했다. 운천리에는 개성(開城)지방에서 강제 이주된 사람들이 주로 살던 곳이다.

6·25후 개성시가 공산권에 들어감에 따라 북한은 남북 적화 후에 대민 정책의 경험을 얻기 위해 개성시를 특별시로 정하고 시민들에 대한 설득을 시험적으로 시행했다. 시민들의 성분 검토에 기초하여 계속 거주하게 하는 사람, 이주 대상, 투옥 또는 강제 노동수용소에 보내는 사람들로 분류하고 여러 지역에서 공산주의 동조자들 소위 "믿을 수 있는 사람들"을 개성시에 이주시켜 시민 구성을 변경시켰다. 이렇게 강제 이동된

사람들의 일부가 온천군(과거 용강군(龍岡郡))에서 살았다.

그런데 운하리에 이상한 유언비어(流言蜚語)가 자주 퍼졌고 김일성의 초상화가 자주 찢어지는 불상사가 생겼고 협동조합 공동 재산이 감쪽같이 파손되는 사건들이 종종 발생되어 리당(里黨)과 그 간부들이 안절부절했다.

상부에 보고되어 "사회안전원(경찰)"들을 증파하고 밤낮으로 주민들의 동태를 살폈으나 아무런 단서도 잡지 못했다.

그러던 중 박 목사가 걸려들었다. 박 목사는 운화리에 이주한 후 공산정권에 복종하지 않는 일이 없었으며 모범 협동조합원 노릇을 하고 있었음으로 현행범으로 체포할 만한 단서를 잡지 못했다.

그러나 박 목사의 과거 생활상에서 죄목이 될만한 단서를 찾아서 함경북도 어느 지역으로 이주시키려고 했는데 이삿짐을 꾸리는 과정에서 그만 그 동안 숨겨 왔던 성경책과 태극기가 발각되었다. 그 동안 위험성을 느껴 독안에 넣어 땅속에 묻어 두었던 것이 이사를 가려고 꺼내 숨기려다가 적발되었다.

물적 증거를 확실히 잡은 경찰은 그것을 단서로 무서운 고문을 계속했고 그 결과 박 목사가 비밀히 지도하던 비밀 종교단체가 있었음이 탄로되어 수많은 희생자가 생겼다.

1960년대에 북한에서 일어난 종교 박해사건들은 이 밖에도 많이 있었으나 철저한 보도 통제로 윤곽조차 알기 힘든 실정이었다.

〈1968. 6. 13〉

참고문헌   「북한종교말살의 진상」(김영국 편) 1979. 백합출판사 간

78

인간 분류 정책 사건

― 기독교를 가려내는 방법

☞ 그때 남한의
이모저모

• 71. 2. 9 / 제3차
경제개발 5개년 계획
발표
• 71. 4. 11 / 공동번역
(신약) 발간
• 71. 4. 27 / 박정희
제7대 대통령 당선

1971년 2월 1일자 북한 노동당 비서국이 각급 당비서 책임자들에게 하달한 소위 〈인간 분류 목록(人間分類目錄)〉에 따르면 공산당국은 북한 주민을 '3계층 51개 부류'로 구분했다.

이 인간 분류 목록에 따르면 ;

① 핵심 계층=약 870,000가구, 3,915,000명 27%

② 동요 계층=약 700,000가구, 3,150,000명 22%

③ 적대 계층=약 1,730,000가구, 7,935,000명 51%

그러던 것이 1976년에는 핵심 계층이 25%, 동요 계층이 31%, 적대 계층이 40%로 변했다.

(이 통계 자료는 內外通信 1977년 제22회 근거함)

이중에서 종교인과 그 가족은 적대 계층으로 분류됐다. 8·15 해방 직후와 6·25 전쟁을 기하여 월남한 종교인을 제외한 북한에 잔류해 있는 종교인과 그 가족을 북한은 적대 계층으로 분류했다.

그 당시 북한의 종교 인구는 약 10만 가구에 45만 명으로 집계되어 있다. 이를 다시 분류하면, ① 기독교인(개신교, 천주교)과 그 가족, ② 천도교 관계자와 그 가족, ③ 불교 관계자와 그 가족, ④ 기타 종교인과 그 가족 등이다.

공산당국은 이 네 종류의 종교인 중에서도 기독교, 천도교, 불교인들은 특수 감시 대상으로, 기타 종교인들은 일반 감시 대상으로 삼아 사회안전부에 등록케 하여 철저히 감시 통제되었다.

노동당은 '우리는 왜 종교를 반대하는가?' 라는 팜플렛을 발간하여 "종교는 과학과 진보의 적이며 우리 인민의 사회주의 공산주의 건설을 위한 자각적이고 의식적인 투쟁을 방해하는 큰 장애물이다. 우리는 속에 남아 있는 비과학적인 종교 미신에 대한 잔재를 뿌리째 뽑아 버려야 한다"라고 종교 탄압을 공개적으로 노골적으로 선언 시행했다.

또 노동당은 종전 헌법에 "공민은 신앙 및 종교의식의 자유를 가진다"(제17조)로 규정했던 조항을 뜯어 고쳐 새 헌법(1972. 12. 27 채택)에는 "공민은 신앙의 자유와 반종교 선전의 자유를 가진다"(제54조)라고 개정했다.

이는 남북 통일에 대비하여 북한 종교인들을 회유하기 위해 형식상 내세웠던 간판마저 내버린 것으로 해석된다.

공산당국은 1946년 2월 5일 소위 〈토지개혁령〉을 선포하여 교회, 성당, 사원 등 종교 단체가 소유하고 있던 15,195 정보의 광범한 토지를 강제로 몰수했고, 또 이른바 산업 국유화 법령으로 종교단체가 경영하고 있던 일체의 기업체들을 무조건 약탈하여 종교 재산에 대한 기반을 뿌리째 무너트렸다. 또 종교시설의 개축 신축은 물론 6·25 전쟁시 피해를 본 종교시설(주로 예배당, 성당, 절간 등)의 복구도 허용하지 않았다.

이러한 일련의 조치를 취하던 공산당은 드디어 기존 종교시설(주로 예배당, 성당, 사원 등)들을 강제 몰수하여 회의장, 유치원, 선전장으로 전용했다. 이런 조치로 특히 황해도, 평안남북도에 밀집되어 있던 예배당, 성당은 현재 한 곳도 남아 있지 않다.(근래 남한에서 북한교회 재건 사업을 추진하며 조사 파악한 북한교회〈개신교만〉의 수가 3,000을 넘는다). 또 불교의 사찰은 삼림 감시원의 사무실로 또는 당 간부들의 휴양소로 이용되고 있다. 명승지의 일부 사찰은 외국 관광객들을 속이기 위하여 삭발한 스님이 있는데 이 스님은 외관상 스님의 복장을 입고 있으나, 실은 관광객들을 속이기 위한 액세서리에 불과하고 실인즉 일급 공산당원들이다.

공산당국은 종교시설을 몰수하고 다음 단계로 종교인들에 대한 탄압을 강행했다. '종교는 반혁명적 활동'이라는 모토 하에서 북한은 기독교 예배나 미사 같은 활동까지 금지시켰다. 만일 비밀리에 예배를 드리거나 미사를 행하다가 적발되면 즉시 처단했다.

이런 상황하에서 공산당국이 현재 '기독교 민주당' '천도교 청우당' '조선 불교연맹' 등 유령 단체의 이름이나마 남겨 둔 것은 소위 통일전선의 이용물로서 종교의 존재를 가장하는 것이다.

공산당국이 종교인들에 대한 박해와 탄압을 강화하기 위하여 종교인과 그 가족들을 소위 149호 대상으로 낙인찍어 자강도(慈江道) 발전소 건설장, 양강도(兩江道) 일대의 삼림사업소 및 벌목장, 함남 만덕광산 및 홍남지구의 탄전 등지에서 강제 노동을 시키고 있다.

종교인들의 자녀들은 4년제 인민학교 이상 진학할 수 없고 인민군의 병사로서도 중요 직책을 맡을 수 없다. 심지어는 노동 직장에서까지 작업반장이나 분조장 책임도 맡지 못하며 아무리 기술 기능이 우수하다 해도 고급 기능공의 대우를 받지 못한다.

이런 종교인과 그 가족들의 차별 대우와 불평과 불이익 때문에 반 김일성 투쟁으로 번지고 있다.

그 대표적인 것이 덕원수도원(德源修道院) 습격사건, 천도교 재건운동사건, 기독교 청년동맹사건, 조선민주당 경비원사건, 천도교 영우회사건, 박천 종교인 시위 투쟁사건, 용천 종교인 폭동사건 등을 들 수 있다.

〈1971. 2. 1〉

참고문헌 「북한 종교말살의 진상」(김용국 편) 1979. 백합출판사 간

79

궁색한 기자회견

- 남한 기자의 질문

☞ 그때 남한의 이모저모

• 72. 8. 3 / 8 · 3 조치 (기업사채 동결)
• 72. 8. 30 / 남북 적십자(제1차) 본회담(평양)

　1971년 8월 12일 대한민국 적십자사(赤十字社) 총재인 최두선(崔斗善)은 〈이산가족 문제 해결을 위한 남북 적십자회담〉을 공식적으로 북에 제의했다. 이틀 뒤인 8월 14일 북한 적십자회 위원장 송성필(宋成弼)이 즉각 긍정적인 반응을 보였다. 이것은 7월 4일(1972) 공동성명이 발표되기 1년쯤 전에 된 일이었다.

　그리고 9월 20일 제1차 예비회담이 판문점(板門店)에서 열렸다. 남북이 분단 된 지 26년만에 열리는 역사적인 첫 접촉인 만큼 전 국민들이 특히 남북으로 생이별해 있는 이산가족들의 마음이 한층 들뜨고 있었다.

　장장 26차에 걸친 예비회담 끝에 드디어 1972

307

년 8월 30일 평양에서 제1차 본 회담이 열렸다. 1차, 2차 본 회담에서는 남북 이산가족들의 주소 및 생사 확인, 자유로운 방문과 상봉, 자유로운 서신 교환, 자유로운 의사에 의한 재결합 등 상당한 부분까지 합의했으나 나중에 시행된 것은 하나도 없었다.

하여튼 제1차 회담에 수행했던 대한민국의 한 신문 기자(記者)가 그 당시 북한의 실세인 강양욱(康良煜, 북조선 기독교도연맹 위원장, 북조선 최고 인민 위원회 서기장, 전 목사)을 간신히 붙들고 질문한 일이 있었는데, 강양욱은 거북해 하면서도 피하지 못하고 매우 궁색한 입장과 태도로서 다음과 같은 기자회견이 있었다. 그 내용을 문답식으로 간추려 기록한다.(문=남한기자, 답=강양욱)

문=북한의 기독교 형편을 말해 주시오.
답=미(美國) 제국주의자들이 돌발한 침략전쟁 3년 동안에 미군 비행기의 폭격으로 교회가 파괴되고 없어졌습니다. 그런데 미군 종군기자들은 선전하기를 "미국을 반대하는 것은 하나님을 반대하는 것이다"라고 하며 미국에 복종하라는 술책을 썼습니다. 미국 선교사들이 종교를 선전했는데 교회를 파괴한 것도 미국 선교사들이었습니다. 북반부에서는 미국 선교사들이 선교도 많이 했지만 말아먹기도 많이 했습니다(북괴는 6·25 전쟁을 미국군의 돌발적인 침략전이라고 주장하고 있었다).
문=북한의 기독교인 수와 예배 형식에 대해서 말씀해 주시오.
답=교회당도 파괴되었고 신앙을 포기하는 사람이 많아서 누가 신자인지 알기 곤란합니다. 개별적으로 혹시 있는지 모르겠습니다. 또 혹 지방에는 있는지 모르겠습니다.
문=당신은 목사인 줄 아는데 현재의 개인적인 신앙생활에 대해 말해 주시오.

답=예. 내 자신의 신앙생활은 과거나 다른 바 없습니다.

문=강 목사는 하나님의 존재를 믿고 계신지요?(목사라고 하면서 하나님의 존재를 믿는가라는 질문에 대해 공화국의 종교정책을 어떻게 보고 묻는 것이냐라는 듯한 불쾌해 하는 인상을 받았다)

답=당신은 나를 보고 목사라고 하면서 어째서 그런 질문을 합니까? 내가 적어도 목사인데 안 믿을 수 있습니까?

문=거리를 다녀 보아도 교회당을 볼 수 없던데요.

답=당연합니다. 과거에는 평양에 교회가 많았습니다. 그런데 지난 전쟁 때 미국 놈들이 폭격해서 다 부수어 버렸습니다. 미국 놈들은 종교의 원수입니다.

문=새로 하나 지을 생각은 없는지요.

답=그건 모르겠습니다. 교인들이 앞으로 잘하면 지을 수도 있을 것입니다. 공화국 헌법 제14조에 신앙의 자유가 보장되어 있으니까요.

문=기독교인들이 모이는 일은 없는지요.

답=그런 일은 많지 않다고 봅니다. 지방에 혹시 있는지 모르겠습니다.

문=성경의 보급은 어떻습니까.

답=교인들이 없는데 성경을 받을 사람도 없지 않습니까?

너무나 궁색한 답에 오히려 기자가 민망스러워 질문을 그만둘 지경이었고 강양욱 역시 회피해 달아나는 형편이었다.

〈1972. 8. 10〉

참고문헌 평양신문(1987. 6. 24. 27일자 기사)
「북한 종교 말살의 진상」(김영국 편) 1979. 백합출판사 간
「해방후북한교회사」(연구, 증언, 자료)(김홍수 편) 1992. 다산글방 간

80

기독교신학교 재건

- 평양신학원으로 재 개교

☞ 그때 남한의
이모저모

• 72. 9.   / 남북한 스포츠 교류안 합의
• 72. 10. 17 / 유신 선포

무신론 공산주의 정권이 수립되어 있는 평양에 목사를 양성하는 신학교가 있다는 사실을 아는 사람도 없거니와 혹 안다고 할지라도 그 말을 액면 그대로 믿을 사람이 있겠는가.

평양에 신학교가 처음 창립된 역사는 구 한말(舊 韓末) 시절인 1901년에 조선 장로교 신학교부터 시발되어 38년 간 전통을 지켜 왔는데, 일제 말엽(1938)에 일제의 강압적인 탄압으로 인하여 (신사참배 강요) 자진 폐교되었지만 친일(親日) 사상을 가진 목사들이 신사참배를 찬성하면서 신학교를 계속하는 변질된 역사도 있었다(5년간).

1945년 일제의 패망과 조국이 해방되었지만

38선으로 남북이 양단되었으며 더구나 북한지역은 소련군이 진주하여 공산주의 정권이 수립되었다. 그러나 북한 지역은 본래부터 기독교가 크게 부흥되던 곳이요 신학교도 오랜 역사와 전통을 지켜왔기 때문에 공산치하에서도 신학교가 다시 개교하여 600여 명의 신학생이 훈련을 받고 있었다. 참으로 놀라운 힘이었다.

공산정권은 신학교를 없애려고 갖은 박해를 감행하다가 1949년 말 평양신학교와 감리교 성화신학교를 강제로 통폐합하여 소위 〈기독교신학교〉라는 이름으로 기독교도연맹에서 운영하다가 한 학기 수업도 제대로 못하고 6·25 전쟁으로 자동 폐교된 후 신학교라는 이름도 없어졌다.

그러한 북한에서 22년만인 1972년에 〈평양신학원〉이란 이름으로 새로 신학교가 신설되었는데 사실 계통을 따진다면 기독교신학교의 재건이라고 보겠다. 신학원의 재건은 당시 공산정권의 제2인자 격인 서기장 강양욱(康良煜)이 기독교도연맹 위원장의 이름으로 재건하고 운영하였다.

아마도 7·4 공동성명(1972)이 성립되고, 재미교포 기독교 지도자들(주로 목사)은 미국 시민권이 있음으로 평양 여행이 가능하매 표면상 신앙의 자유를 허용한다고 하면서 기독교가 없다고 할 수 없기 때문에 여기에 대비하기 위한 정치적 목적으로 그 동안 잠자고 있던 기독교도연맹을 재 가동하면서 신학교도 형식상 만들었다고 보는 것이 타당하다.

평양신학원의 학제는 3년제이며 한 기수 당 10명 정도를 선발하는데 한 기수가 3년 공부하고 졸업하면 또 다른 기수를 선발하여 채우는 식의 학제이다. 지금까지(1998) 9기생 90명 정도의 졸업생을 냈다. 학기초는 9월인데 최근 다시 3월로 변경했다는 설이 있다.

신학원의 건물은 평양 사회민주당 건물을 빌려쓰다가 봉수교회를 신축한 후(1988) 옆에 기독교도연맹 건물을 건축하고 그 건물 3층을 신학교에서 사용한다.

교장은 기독교도연맹 위원장이 당연직으로 맡는데 현재는 강영섭(강양욱의 아들)이고, 교수는 오경우(목회학), 리성봉(성경), 리춘구(조직신학), 고기준(성서신학), 김득룡(신학, 실천신학), 김손무(실천신학), 김운봉(교회사, 조직신학), 김표렴(조직신학), 정경숙(찬송가학) 등이 있다고 전한다.

교수와 강의는 교실 강의와 교실 밖 통신 교수의 두 가지의 체제인데, 신학생이라고 한가스럽게 신학 공부에만 전념할 수 없고 일상 업무를 담당하면서 신학공부를 해야 하기 때문에 자연히 통신수업에 치중한다고 하니 그 수업이 어느 정도라는 것은 가히 짐작할 수 있다.

평양신학원을 졸업한 사람은 목사 안수를 받기까지 출신 가정 교회나 각 지방의 가정교회에서 봉사해야만 한다. 일정한 기간 봉사한 후 목사 안수를 받고 연맹 사무 부서나 교회에서 일한다. 그런데 공인된 교회는 현재 두 곳(봉수교회, 칠골교회) 밖에 없으니 대관절 어디서 목사 일을 본다는 것인가? 이해하기 힘들다. 가정교회 운운하지만 그 실상은 파악하기 힘들다. 안수 받는 기간은 일정한 기간이 없고 보통 2년 내지 5~6년 걸린다고 한다.

〈1972. 9. 1〉

참고문헌 「북한에도 교회가 있나요?」(백중현 지음) 1998. 국민일보사 간

81

신흥군 지하교인 압살
- 교인의 머릿속에 예수가 있는가?

☞ 그때 남한의 이모저모

- 73. 11. / 각 대학생 가두시위 만연
- 73. 11. 28 / 구국 기도회 개최 (NCC주최)

이 사건은 북한 인민군 경보병 대대에 근무하다가 1977년 8월 19일 자유를 찾아 임진강 하류를 약 6㎞나 수영으로 도강하여 대한민국으로 의거(義擧) 월남한, 이영선의 진술과 증언에 나타난 내용을 간추려서 다음과 같이 기술한다.

이영선이 17세 되던 해인 1973년 11월 30일에 일어난 일이었다. 오전 11시경에 신흥군(新興郡, 함경남도 소재) 안전부로부터 갑자기 공설운동장에 집결하라는 지시가 내려와 신흥읍내에 사는 사람들은 남녀노소 할 것 없이 모두 모였다. 그러나 무슨 영문인지도 모르고 어리둥절한 중에 모두 모일 수밖에 없었다.

오후 2시쯤 되어서야 짐칸을 포장으로 둘러친 트럭 한 대가 군중 앞으로 굴러 와 멈췄는데 안전원들이 달려와 트럭에서 세 명의 노인들을 끌어 내렸다.

역시 예측대로 그 노인들에 대한 인민재판이 시작되었다. 그 재판은 신흥군 당위원회와 안전부가 주최했는데 재판은 평양 중앙재판소에서 지도원이 나와서 집행했다. 운동장에는 세 명의 노인들 이외에 25톤 급 소형 프레스가 차에서 내려져 설치되어 있었다.

세 명의 노인들은 심한 고문을 당했는지 걸음을 옮길 때마다 몸을 제대로 가누지 못하고 비틀거리고 있었다. 참으로 보기에 딱하고 안쓰럽기도 했다. 그런데 세 명의 노인 가운데 한 명이 하늘을 우러러보고 간절히 기도를 하였다. 기력이 모자라 그런지 아니면 목이 쉬어서 그런지 몰라도 노인의 기도 소리는 옆에서도 거의 들리지 않을 정도였다. 그 노인의 그런 기도가 끝나자 다른 두 명의 노인은 "아멘"으로 화답하고 입을 모았다.

그런데 참으로 이상하게 여겨진 것은 죽음을 목전에 둔 그 노인들의 표정이었다. 어찌 그리 평화스러운지 그 날 그 노인들의 죽음을 앞두고 이미 순교를 각오하고 결심했던 모양이었다. 그들은 죽음을 초월했기 때문에 그렇게 태연하고 의젓하다 못해 성(聖)스러웠다.(내가〈증언자 이영선〉자유를 찾아 남한에 와서 알게 된 일이지만 그것이 기독교인들의 죽음을 초월하는 순교(殉敎)라는 것을 알았다.)

노인들의 기도가 끝나자 군중들 가운데서 선동대원으로 보이는 몇 명의 청년들이 큰 소리로 "처단하라 처단하라"고 소리 질렀다. 그 소리가 신호인 듯 또 다른 청년들이 노인들 앞에 나아와 입에 재갈을 물렸다. 이윽고 군중재판소에서 내려 왔다는 지도원이 군중을 향해 미친 듯이 큰 소리로 외쳤다.

"동무들 어버이동지 김일성 수령님의 유일 사상으로 튼튼히 무장하기 위해 전체 인민이 하나같이 단결해 나가는 이 시점에서 종교에 미친 악독한 자들이 우리 공화국에 존재한다는 것은 믿을 수 없는 사실이요. 그럼에도 불구하고 놀라웁게도 저런 반동분자 종교인들이 남아서 지하 활동을 해 왔다고 하니 저자들은 우리 수령 김일성 동지의 교시를 귀담아 듣기는 고사하고 종교라는 아편에 중독되어 저들만의 쾌감을 즐겨왔던 것이다. 그렇다면 저들의 골통 속에 무엇이 들어 있는지 이제부터 다같이 관찰해 봅시다."(결국 노인들의 골통을 깨겠다는 선언이었다)

세 명의 노인들이 끌려오게 된 것은 위생 검열단의 위생 검사 과정에서 감추어 두었던 성경책이 발견되었기 때문이었다. 그 당시 북한에서는 위생검사라는 명목으로 갑자기 검열단을 각 가정과 공장 기타 기업소 조합 단위로 불시에 나타나 검열하는 방법을 쓰고 있었다.

세 명의 노인은 신흥군 상원천리(上元天里)의 한 집에서 은밀히 예배를 드리다가 느닷없이 들이닥친 검열단에 의해 성경책이 발견되어 압수되고 체포되기까지 한 것이었다.

소위 재판관 지도원의 연설이 끝나자 군중 속에 끼어 있던 안전원들이 "처단하자 처단하자"라고 구호를 외쳤다. 군중들이 처음에는 웅성거리기만 하더니 차츰 그 구호를 따라 외쳤다. 마침내 안전원들이 달려들어 세 명의 노인들을 끌어다가 프레스 철판 위에 눕히고 머리를 압축판 쪽으로 밀어 넣는 것이었다.

그 때도 다시 군중 속에서 선동적 외침이 나왔다.

"저 인간 쓰레기들을 인민의 이름으로 처단하라." 마침내 신흥군 재판소장의 구령이 떨어졌다. "작동 준비, 작동 개시" 구령과 함께 안전원들이 스위치를 누르자 25톤 급 소형 프레스가 서서히 작동하기 시작했다. 압축판이 노인들의 머리를 향해 조여들고 있었다.

마침내 압축판이 노인들의 머리를 사정없이 짓눌렀다. 노인들은 비명을 질렀다. 그러나 비명소리가 채 끝나기도 전에 갑자기 두개골 터지는 소리와 함께 뇌수와 선혈이 사방으로 튀기며 흘러 나왔다.

그 같은 참상을 목격한 주민들은 비명을 지르며 고개를 돌렸다.

"보라 이자들의 머릿속에는 뇌수와 선혈뿐이고 예수는 없다"라고 악을 쓰며 외쳤다.

"목불인견, 잔인 처참(目不忍見 殘忍 悽慘)" 주민들은 한동안 몸이 굳어지고 심장이 얼어들고 꼼짝 못하고 떨었다.

그리고 야수 같은 살인마들을 마음속으로 극단의 저주를 하며 치를 떨었다. 여자들은 흐느끼며 오열했다.

그런데 처형 집행이 마무리 단계에서 중앙 재판소에서 내려 왔다는 지도원이 "종교의식을 가진 자 또는 그런 자들과 결탁하는 자는 이유 여하를 막론하고 무조건 이놈들과 같이 처벌받게 될 것이오"라고 말한 후 어디론가 사라져 버렸다.

〈1973. 11. 30〉

참고문헌 「북한 종교와 선교통일론」
탈북 귀순자 이영선씨의 증언

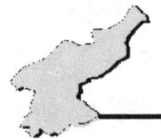

82

세계교회협의회(W.C.C) 가입 좌절

– 망신만 당한 기독교도연맹

☞ 그때 남한의
이모저모

• 74. 8. 15 / 박정희
대통령 피격,
육영수 여사 피살
• 74. 8. 14 / 엑스폴로
74 부흥집회
(연인원 655만 명)

　북한은 지난 1974년 8월 2일 이른바 〈북조선(北朝鮮) 기독교연맹(基督敎聯盟)〉이란 이름을 내세워 〈세계교회협의회(世界敎會協議會, World Council Of Churches)〉에 가입 신청을 내는 뻔뻔스러운 연극을 연출했다.

　세계교회협의회(약칭=W.C.C)는 1948년 8월 25일부터 9월 24일까지 네델란드(Netherland)의 암스텔담(Amsterdam)에서 '인간의 무질서와 하나님의 계획'이라는 주제로 모였는데 세계에서 44개국, 147교파로부터 파송된 351명의 대표들이 참석한 회의였다. 방청원도 많이 있었다.

　우리 대한민국에서는 김관식(金觀植) 목사가 대표로 참석했다. 즉 창립 초부터 참석한 회원국이다. W.C.C는 "성경이 말하는 대로 예수를 하나님이요, 구주로 믿고, 한 분이신 성부와 성자와 성령께 영광을 돌리기 위하여 서로 하나가 되어 공동의 사명을 완수하려는 교회들의 친목단체"로 창설했다.

W.C.C는 하나의 교회도 아니고 또 각 교회에 대하여 명령하는 상회기관도 아니다. W.C.C는 〈오이쿠네메〉 즉 '사람이 거주하는 모든 세계'에 가서 예수 그리스도의 복음을 전파하는 이른바 〈에큐메니칼(Ecumenical) 운동체〉이다. 교회 일치와 갱신을 도모하며 대화의 광장을 마련하여 함께 대화하고 함께 기도하는 동시에 상호 이해와 관용성으로 함께 일하는 협력단체이다.

그런데 하나님이 없다는 공산주의 국가인 북한이 언감생심(焉感生心 : 감히 그런 생각을 일으킬 수도 없음) W.C.C에 가입 신청을 하다니 속된 말로 웃기는 노릇이다.

사실상 그 당시에는 북한에 기독교가 없었고 물론 교회도 없었다. 기독교는 미신이요 아편이라고 악선전하던 북한이 무슨 명목으로 가입을 신청했는가.

북한에는 6·25 전쟁 이전까지 갖은 박해와 핍박으로 많은 목사와 교인들이 투옥되어 고통 끝에 순교했고, 나머지 교인들은 6·25 전쟁 당시 북한을 탈출하여 대한민국으로 왔기 때문에 남은 교인이라곤 거의 없었고, 또 북한은 사실상 기독교를 완전히 멸절하는 정책을 썼기 때문에 사실상 기독교는 없었다.

기독교가 없어진지 10년이 넘었으니 혹시 지하교인은 간혹 있을 수 있을는지 모르나 표면상 기독교는 없었다. 기독교 활동은 이미 단절된 지 10년이 넘었던 때였다. 그리고 기독교도연맹이 해방 후에 공산주의 정권 밑에서 기독교를 말살하는 인민정권의 주구(走狗) 노릇을 하다가 6·25 전쟁 후에는 그 이름조차 없었고 활동도 전혀 중지되어 있던 때였다.

그러므로 북한의 W.C.C 가입시도는 북한에도 종교 사상의 자유가 있으며, 기독교가 있다고 세계에 선전하려고, 다시 말하면 세계적으로 공인(公認)을 받으려는 심산에서 선전 효과를 얻으려고 하는 하나의 연극이었다.

또 국제무대에 나가서 자기네 정치선전을 하는 무대로 삼으려는 목적이며 또 적화통일을 달성하기 위해서는 대한민국의 기독교가 이미 가입해 있는 W.C.C에 가입해 두면 한국에도 손쉽게 손을 뻗칠 수 있다는 것을 계산에 넣고 가소롭게도 가입신청을 냈다.

그러나 W.C.C 중앙위원회는 이 신청을 보기 좋게 기각했다. 기각 이유는 현재 W.C.C는 북한에 있어서의 정확한 기독교의 교인수, 성직자의 실재 여부, 통계 그리고 활동 사항들을 조사해서 파악한 뒤에 고려하겠다고 발표했던 것이다. 이것은 너무나도 당연하고 논리에 맞는 결정이었다.

그러나 사실 교회도 없고 성직자도 교인도 없을 뿐 아니라 숨었던 교인이 적발되면 가차없이 처단하는 실정 아래 대한민국 대표자에게 조사하라고 받아들일 리도 없으며 사실 존재하지 않는 기독교를 어떻게 조사할 것인가.

그렇기 때문에 가입 신청 자체가 부끄럽고 뻔뻔스러운 기만행동이었다. 결국 이 일은 비참하게 좌절되고 말았다. 그들로서는 또 하나의 실패작이요 검은 오점을 남겨 놓고 말았다.

〈1974. 8. 2〉

참고문헌 「북한 종교 말살의 진상」(김영국 편) 1979.
「한국기독교교회사총람」(이찬영 저) 1994. 도서출판 소망사 간

83

지하교회 적발

— 20년간 비밀 지하교회 생활

☞ **그때 남한의 이모저모**

• 74. 8. 12 / 비상군법회의 기독교인들 재판
• 74. 10. 8 / 박정희 언론 탄압 언명
• 74. 10. 15 / KSCF 지도자들 내한

6·25 전쟁이 휴전되고(1953. 7. 27) 한동안 어수선하던 시대가 좀 진정되던 시절, 즉 1970년대에 이르러 북한에서도 비밀리에 지하교회가 곳곳에서 활동하기 시작했다. 그러나 얼마 안가서 결국은 공산도배들에게 적발되어 무참히 처단되는 사례가 많이 생겼다.

그 중에서 함흥시(咸興市)에서 일어났던 사건 하나를 소개한다.

함흥시 반룡구역(盤龍區域) 용마동(龍馬洞) 부근 지하실에 꾸며졌던 비밀 지하교회에서 예수를 섬기던 기독교인들 10여명이 일시에 체포되고 뒤이어 처형된 사건이다.

이 사건은 1974년 10월에 터졌는데 그 사건의 내용은 다음과 같다.

문제의 지하실 교회는 옛날 교회(운흥교회로 추정됨)가 있던 터전을 이용해 꾸몄던 곳인데, 6·25 전쟁 당시 본 교회당은 파괴되고 지하실 입구마저 막혀 버렸다. 그래서 교회가 서 있던 자리는 누구나 관심 있게 거들떠보지도 않았다.

그러나 이 교회 구조를 잘 아는 김태용(金泰鏞) 목사는 교인들을 비밀리에 동원하여 그 터 위에 집을 짓고 비밀 통로를 통하여 지하실로 내려가 예배하였던 것이다.

그 지하실 교회는 용케도 비밀이 잘 유지되어 20년이 지나도록 누구에게도 발견되지 않았고 공산당 간부들의 눈도 잘 피해 왔었다.

그러던 것이 1972년 7월 4일 남북 공동성명이 발표되며 남북한 대표들이 서울로 평양으로 왕래하면서 회담을 하게 되었다. 남한 대표 이후락(李厚洛) 정보부장, 북한 대표 김영주(金英柱) 등의 공동성명은 남북한의 무력 통일을 포기하고 자주적 평화통일을 다짐하는 중요한 의미를 담고 있었다.

이런 중요한 회담으로 남북한 대표들이 서로 왕래하게 되자 공산

사건현장으로
추정되는 운흥교회

당들은 자기네들의 누추한 모습을 보이지 않으려고 도로 주변 주택들을 강제 정비하는 중에 이때 미처 위장을 철저히 하지 못했던 이 지하 비밀교회가 노출되고 탄로되고 말았다.

당시 그 교회 신도 수는 18세 소년으로부터 80세 노인 층까지 모두 36명이었다. 이들은 20년 동안 용하게도 적의 이목을 피하여 지하 비밀교회에서 눈물 흘리며 하나님께 예배드리는 신앙의 용사들이었다. 언제 적에게 적발되어 처단될지 모르는 상태에서 오직 하나님만 믿고 바라면서 지내왔다.

이들은 모두 체포되었고 인민 재판 과정을 거쳐 함흥시 만세교(萬歲橋) 다리 아래 강변에서 교수형(絞首刑)으로 공개 처형되었다.

또 해주(海州), 사리원, 평양(平壤), 신의주(新義州) 등지에서도 이와 유사한 사건이 여러 번 있었다.

〈1974. 10. 2〉

참고문헌 「북한 종교와 선교통일론」(박완신 저) 1994. 지구문화사 간

84

영화, "김 목사의 일가" 상영

— 소위 "예술 영화"의 내용

☞ **그때 남한의 이모저모**

- 74. 10. 18 / 전국 대학생 데모 휴교 상태
- 74. 11. 27 / 민주 회복 국민회의 발족
- 74. 11.   / 예장 (합동측) 총회 1만교회 운동 전개

　북한 공산 정권은 종교 말살정책을 쓰는 중에 특히 기독교를 극구 모욕 비난하며 갖은 수단과 방법을 총동원하여 기독교를 없애려고 광분했다. 그 이유는 여러 종교 중에도 기독교가 제일 강대하고 힘이 있어서 공산주의를 반대하고 대항하는 데 가장 힘이 있었기 때문이다. 그러므로 그들의 종교 말살 정책 중에 첫째가 기독교였다. 또 기독교의 배후에는 미국이 있다는 것을 인식하기 때문에 더욱 신경을 썼던 것이다.

　그래서 소위 혁명영화라고 내세우는 것 중에 〈성황당(城隍堂)〉, 〈종치기 노인의 생애〉와 아울러 〈김 목사의 일가〉라는 영화를 만들어 끝까지 기독교를 모독하고 끝내는 말살하려는 음모를 꾸몄고 실현시켰다.
"김 목사의 일가"라는 영화의 내용 줄거리는 다음과 같았다.

> 김 목사에게는 아들 둘이 있었는데 방탕한 큰아들과 착한 둘째 아들이었다.
> 그런데 방탕한 큰아들은 동네 처녀를 강간하고 나서 처벌이 두려워 38선 이남으로 도망쳐 버리고 말았다. 그리고 그는 국군 장교가 되었다. 그와 반대로 둘째 아들은 인민군에 입대하여 그도 역시 장교가 되었다. 그런데 6·25 전쟁이 나고 열세에 몰렸던 국군이 전세를 만회하며 북진해 왔는데 고향에 와 보니 교회당은 미군 비행기 폭격으로 파괴되었고 아버지 김 목사도 전쟁 과정에서 죽고 말았다.
> 허탈에 빠졌던 형은 공교롭게도 인민군 대열에서 낙오된 동생 인민군 장교를 만났다. 형은 동생에게 항복하고 국군에 귀순하라고 간곡히 권고하나 끝까지 듣지 않아 결국 형이 동생을 처형하는 것으로 영화 내용을 꾸몄다.

이런 정도의 스토리가 북한에서는 '교전적 로작'이라고 하여 매우 높이 평가하며 적어도 '예술 영화'로 통한다.
이상과 같은 작품에서 공통적인 점은, 종교는 부르조아가 프로레타리아들을 착취하기 위한 지배 수단임을 강조한다는 공산주의 이론의 공식을 그대로 적용하고 있다는 것이다.

〈1974. 10. 10〉

참고문헌 「북한의 종교 정책」(고태우 저) 1988. 민족문화사 간

85

아시아 기독교 평화회의 참가

― 북조선 선전장인 평화회의

☞ **그때 남한의 이모저모**

• 75. 2. 12 / 유신 헌법 찬반 국민투표 (찬성 : 73.1%)
• 75. 2. 13 / N.C.C 국민투표 무효 선언
• 75. 2. 15 / 긴급조치 위반 수감자 전원 석방

아시아 기독교 평화회의는 C.P.C(기독교 평화회의=동구라파 제국을 포함한 16개국이 가입해 있고, 본부는 체코의 프라하에 있다. 가입국 및 기관들은 대개 공산권 산하에 있음) 주관화에 있는 아세아 지구 기구로서, 이 회의는 아세아 지역 각국과 동구 제국이 참가한 공산주의 국가들의 모임이다. 참가 대표들은 각국 대표라기보다는 좌익(左翼) 기독교 인사들이며 솔직히 말하면 소련의 대미(對美) 공격을 위한 조직체이다. 평화를 가장하고 기독교의 이름을 파는 사람들이다.

1975년 2월 9일부터 14일까지 인도국 케랄라주 콧타얌에서 열렸는데, 22개국 대표 100여명이 참가한 자그마한 회의였다.

325

이곳에 북한 기독교 대표라는 사람들도 참가했는데, 그 명단은 단장=김성련(조선기독교도연맹 중앙위원회 부위원장), 단원=허성익, 김광일, 그리고 수행원으로 영어 통역을 맡은 현지 공관원 정성자와 힌두어 통역을 맡은 현지 공관원 정성명 등이었다.

이 회의에서 소위 〈조선에 관한 성명〉과 〈조선에 관한 결의〉라는 것을 채택했는데 그 내용은 대개 다음과 같다.

〈조선에 관한 성명〉

① 전세계의 기독교인들은 민주주의적 권리 회복과 자유를 쟁취하기 위하여 '남조선 형제들의 투쟁을 주시하고 있다.'
② 1974년 2월 4일에 '통일의 3대 원칙'에 입각한 남북 공동성명이 조인되었으나 박정희(朴正熙) 정권은 이 원칙에 의한 실현을 위해 아무런 노력도 하지 않았다.
③ 1973년 6월 23일 북조선은 자주 통일을 위하여 '5대 방침'을 제시했다.
④ 남조선의 유명한 목사들이 자유와 정의를 위해 투쟁했다는 이유로 구속했다.
⑤ 미국은 남조선을 강점하고 있고 남조선 정권의 정책은 순전히 워싱톤의 영향하에 있다.
⑥ 외세의 지배로부터 해방을 위한 조선 인민의 정의와 위협과 나라의 자주적 평화 통일을 위한 지지를 보내어 다음과 같이 결의한다.

〈조선에 관한 결의〉

① 주한(駐韓) 미군과 미국 중앙정보부는 철수하라.
② 비상사태 및 긴급조치의 해체와 국가보안법 등 악법을 철폐하

라.
③ 조선의 평화 통일을 '통일의 3대 원칙'과 '평화 통일의 5대 방침'에 근거하여 실현할 것.

북한은 이렇게 1972년 7월 4일 통일의 3대 원칙에 입각한 남북 공동성명에 조인했지만 한국 정부가 이 원칙 실현에 대해 아무런 노력도 하지 않고 있다고, 한국에 대해 적반하장(賊反荷杖) 격의 공세를 취했다.

그러나 남북 공동성명에 따라 개시된 남북 조절위원회가 북한의 일방적인 거부 선언으로 말미암아 단 일년만에 정체상태에 빠졌다고 하는 사실은 천하가 다 아는 사실이다.

그 남북 공동성명에 의한 회의가 성립된 이유로는 국제 조류가 냉전으로부터 화해로 대세를 바꾸어 가고 있었다는 배경적 흐름에 부득이 거슬릴 수 없다는 요인이 있지만 하나의 표면적 구실이고, 기실은 대화 과정에서 통일전선 전술적 사상 침투를 꾀해 한국 내에 저들의 지지세력을 구축하자는 속셈이었다는 것 또한 분명해진 지 이미 오래다.

몇 차례 서울과 평양을 왕래해 본 결과 한국인의 반공의식이 너무 투철하여 도저히 사상적으로 발붙일 일이 없다는 인식을 하게 되었고, 특히 두드러진 남북의 경제력 격차는 내왕이 거듭할수록 저들에게 불리한 영향을 미칠 것이라는 판단이 들어, 1973년 8월 28일 김영주의 파기 선언으로 북한이 대화를 중단했다는 것도 주지의 사실이었다.

〈1975. 2. 10〉

참고문헌 「북한 종교말살의 진상」(김영국 저) 1990. 백합출판사 간

86

종교에 대한 "비밀교시"

− 헌법을 초월하는 비밀교시

☞ **그때 남한의 이모저모**

- 75. 3. / 대학생 데모 계속 취진
- 75. 3. 20 / 기독교 정의 구현 전국 성직자단 창립

1975년 3월 17일 북한의 김일성은 종교를 한반도 공산화 혁명 전략전술과 연계시켜 비밀교시를 하달했는데, 그 내용은 다음과 같다.

" '우리는 종교를 반대하면서도 왜 중앙에 종교단체를 조직해 두는가?' 라는 말들이 많습니다. 우리는 조국을 통일시키지 못하고 있으며 국제적으로 많은 종교인들이 있음으로 우리가 종교인을 인정하지 않는다면 우리를 반대하는 적이 많기 때문입니다.

우리나라를 방문하는 많은 외국인들과 해외 동포들은 우리에게 왜 종교를 믿지 못하게 하느냐? 라고 질문합니다. 그래서 우리는 종교는 허락하지만 인민들이 각성하여 믿지는 않는다고 말하고 있으며, 우리 조국 남반부엔 많은 종교인들이 살고 있는데 우리가 종교인을 다 죽인다면 그들도 우리를 반대하는데 가담할 것 아닙니까? 그래서 우리는 중앙에 불필요한 종교 조직을 만들어 놓고 있습니다."

이상과 같이 김일성의 비밀 교시를 들어 볼 때 북한의 모든 종교활동은 한반도 공산화 혁명달성을 위한 통일전선의 기본 정신인 3대 기본역량(국제혁명 역량, 대내혁명 역량, 대남혁명 역량) 강화에 있음을 알 수 있다.

국제적으로 많은 종교인이 있음으로 북한이 종교를 인정하지 않는다면 북한이 외국으로부터 고립되기 때문에 종교를 부득이 인정하고 있음을 알 수 있다. 이것이 바로 국제혁명 역량, 강화의 술책인 것이다. 또한 한국에 수많은 종교인이 살고 있는데 북한이 종교인을 죽인다고 한다면 한국 종교인들이 우선 북한을 반대할 것이기 때문에, 북한도 종교를 인정한다고 해야 할 것이니 이것이 대남혁명 역량의 강화술책이다.

그리고 북한 주민들이 각성하여 종교를 허용해도 스스로 믿지 않는다고 하는데 이것 역시 북한 자체의 대내혁명 역량을 위한 것으로 볼 수 있다.

이처럼 북한은 인간의 절대 권리인 신앙의 자유권마저 그들의 혁명전략의 이용 수단으로 삼고 있다.

북한에서 김일성이 발표한 종교에 대한 비밀교시는 강력한 힘을 가지고 있다. 다시 말하면 헌법을 초월하여 존재한다고 주장했다.

〈1975. 3. 20〉

참고문헌 「북한종교와 선교통일론」(박완신 저) 1994. 지구문화사 간

87

"종치기 노인의 생애"

- 허위 날조로 찬 선전 영화

☞ 그때 남한의
이모저모

• 78. 4. 30 / 정부
영애 12애리 선포
• 78. 5. 18 / 제2대
통일주체 국민회의
대의원 선거
• 78. 5. 25 / 찬송가
통일위원회 총회

 1974년 경 김정일(金正日)이 권력 표면에 나서고 있을 때, 본래 영화광(映畵狂)이라는 별명이 붙었던 그는 소위 예술영화라고 선전하면서 기독교 탄압을 목적으로 〈종치기 노인의 생애〉라는 제목의 영화를 만들어 상영했다.
 이 영화는 어느 계층의 일부 인사들을 상대로 만든 것이 아니고 관람료를 받고 상영한 것이 아니라 전국적으로 전 인민에게 무료로 아니 강제로 구경시켰다.

 그러면 이 영화의 내용은 무엇인가?
 이 종치기 노인은 어느 미국 선교사가 설립한 시골 교회에서 평생을 종치기로 지내 오다가 6·

25 전쟁을 맞이했다. 미국인 선교사는 남쪽으로 도망을 치면서 종치기 노인에게 끝까지 남아서 교회를 지키라고 지시하고 떠났다.

노인은 선교사의 말대로 피난도 가지 않고 남아서 교회를 지키고 있었으나 미국 비행기가 무차별 폭격하는 바람에 교회당은 산산이 박살나고 가족들도 모두 죽었다. 간신히 살아남은 노인은 설상가상으로 국군이 북진해 오면서 혼자 남아 있던 차에 북괴군 게릴라에 의해 극적으로 구출되었고 드디어 위대한 수령님 품에 안기게 되었다는 것이다.

북괴는 이런 류의 영화를 통하여 북한 주민들에게 종교의 반동성을 주입시키려는 것이다. 그 영화의 목적은 미 제국주의자들의 앞잡이인 선교사들과 미군의 교회당 폭격을 조작하여 '계급적 원수'들에 대한 경각심을 심으려는 것이 분명했다.

(여기에서 크게 모순된 사실이 있다. 미국 선교사들은 일제 말년에 강제 추방되어 국내에 한 명도 없었다. 8·15 해방 이후 38선으로 남북이 분단되고 북한에는 소련군이 진주하고 공산정권이 수립되어 정치했기 때문에, 6·25 이전에 북한에는 미국 선교사는 한 사람도 없었다. '선교사가 있다가 6·25 당시에 도망가며…' 따위의 거짓말은 너무 허황한 날조이다.
—필자 주)

〈1978. 5. 20〉

[참고문헌] 「북한의 종교 정책」(고태우 저) 1988. 민족문화사 간

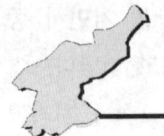

88

김일성의 신화(神話)
- 허위 조작된 유치한 날조 신화

☞ **그때 남한의 이모저모**

- 79. 3. / 민주주의 와 민족통일을 위한 국민연합 결성
- 79. 3. 30 / 오순절 성결교회 창립 (감독 : 나운몽)

대개 역사적으로 통치자들은 원시시대의 생활을 종교적으로 윤색한 고대 여러 종족의 신화 전설들을 이용하여 자기의 시조가 하늘과 어떤 관계를 가지고 있는 것처럼 꾸며냄으로써 자기의 지배적 지위를 합리화하려고 기도했다.

종교는 물론 신화와 전설까지, 지배계급의 착취제도의 정신적 도구가 되었다고 주장하는 북한의 김일성(金日成) 일가 특히 김일성의 모든 행적에 그대로 적용하고 있음은 참으로 아이로니칼하다고 하겠다.

1979년 평양 금성출판사가 발행한 「백두산의 장수별」이란 책자에서 보면 8·15 해방 직후 어느 해 가을에 유별나게 동해 바다가 설레이고 설악산의 단풍이 붉게 타더니 갑자기 큰 장군별, 여 장군별, 아기 장군별이 나타났는데 그 별들이 김일성, 김정숙, 김정일을 상징화하고 있다고 선전했다.

이 책자의 소제목을 보면 "김일성 장군님은 솔방울로 폭탄을 만드시고 모래알로 쌀을 만드신다" "김일성 장군님께서 술법을 쓰시면 하늘이 울고 땅이 움직인다" "김일성 장군님은 하늘로 올라갔다 땅으로 찾았다 자유로이 하신다" "김일성 장군님은 물위에 종이 한 장을 펴시고 강을 건너신다" "김일성 장군님은 하늘이 내리신 분으로 천리 밖을 내다보신다"

이런 류의 소제목 속에 있는 내용 역시 그런 범주를 벗어나지 못하고 있다. 그 내용 일부를 소개하면

"이때 강가 바위 위에서 건너편을 바라보던 위대한 장군님께서는 오른손을 천천히 드시며 먼 산을 바라보셨습니다. 그러자 방금 전까지 맑게 개였던 하늘에 갑자기 안개가 끼며 우레가 울고 천둥이 치기 시작했습니다. 하늘과 땅이 뒤집히는 듯하였습니다. 그런데 한동안 계속되던 우뢰 소리가 그치며 무섭게 내리 드리웠던 안개가 서서히 거치더니 강 위에 넓은 다리(橋梁)가 펼쳐졌습니다.
장군님은 유격대원들을 보시고 왼손으로 다리를 가리켰습니다. 이에 유격대원들은 재빨리 다리 위로 강을 건너갔습니다. 유격대원들이 다리를 모두 건넌 다음 뒤를 돌아보았을 때 다리는 온데 간데 없이 사라졌습니다. 원수 놈들이 헐레벌떡거리며 강가로 밀려왔을 때 거기에는 유격대원들이 그림자 하나도 보이지 않았습니다."

이상에서 볼 때 발상(發想) 자체가 기독교의 구약성경에 소개된 모세가 홍해를 건넌 기적적인 사실을 연상하게 된다고 보겠다.

"놈들을 쥐락펴락 하시는 위대한 장군님께서 하늘을 향해 총 한 방을 쏘시었습니다. 그러자 산에 있던 수많은 나무들이 군사가 되

어 줄을 지어 원수놈들 속으로 부리나케 공격해 들어갔습니다. 그리고 수천 수만 개의 가랑잎과 돌들은 총칼이 되고 포탄이 되어 윙윙 소리를 내며 줄지어 날아갔고 또다시 총 한방을 쏘시니 조선 군대는 온데 간데 없이 사라졌습니다."

한 가지만 더 인용해 보자.

"장군님께서는 또다시 왼손을 쳐드시며 명령하셨습니다. 그러자 먹장 같은 구름이 온 골짜기를 뒤덮었습니다. 왜놈들의 움직임을 지켜보시던 장군님께서는 잠시 후 구름을 잡아타시고 골짜기로 날아 오셨습니다. 소낙비는 눈 깜짝할 사이에 온 골짜기를 물로 채웠습니다. 이리하여 골짜기에 숨어있던 왜놈들은 모두 고기밥이 되고 말았습니다."

이 책자의 소제목의 하나인 "김일성 장군은 하늘이 내신 신(神)"이라는 것이 보여주듯이 신적인 절대성을 나타내기 위해 꾸며낸 이야기들이라는 점을 쉽게 알 수 있다.

또한 김일성의 위대성을 묘사하는 각종 형용구(形容句)들을 살펴보면 종교적인 표현을 인용하고 있음을 알 수 있다. 예를 들면 "영세불멸의 주체사상을 창시하시고 공산주의의 미래를 안겨주신 위대한 태양"이라든가 "이 땅이 생겨 처음으로 모시는 절세의 애국자"라든가 "하늘 끝에 닿는 사랑의 높은 언덕"과 같은 표현들은 시적이라기 보다는 종교적이라고 보는 것이 보다 타당한 것이라고 할 수 있다.

"오늘에서 내일을 내다보는" 또는 "재생의 은인" "민족의 태양" 같은 표현들 역시 그러하다. "백전백승의 강철의 영장" "이 세상 어디에도 없는 신묘한 전법으로 강도 일제를 쥐락펴락 하시며 멸망의 구렁텅이로 몰아 넣으신 위대한 장군" "건설적인 영웅" "탁월한 전략가" 등등의 표현으로 남성적인 강인함을 나타냄으로써 원시 종교 형태를 모방하고 있기도 하다.

이와 같은 현상은 김일성의 사망 후에도 격하운동 없이 더욱 더 기승을 부리고 있다.

〈1979. 3. 14〉

참고문헌 「백두산의 장수별」 1979. 평양 금성출판사 간
「북한의 종교정책」(고태우 저) 1988. 민족문화사 간

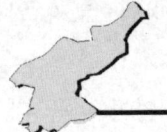

89

김성락 목사 방북

- 김일성과 면담한 김성락

> **☞ 그때 남한의 이모저모**
> • 81. 6.　/한·일 의원 연맹 발족
> • 81. 6. 11/C.P발행
> • 81. 8.　/해외여행 자유화

　1981년 미국 거주 김성락 목사가 평양에 들어가 김일성을 면담한 일이 있었다.
　김성락은 1904년 평양에서 김선두(金善斗, 평양 신암교회 시무) 목사의 아들로 태어났다. 숭실전문학교, 평양신학교를 졸업하고 미국에 건너가 파크대학, 프리스톤대학, 예일대학에서 수업하고 달라스 신학교에서 신학박사(Th.D) 학위를 받고 루이스빌 신학교에서 철학박사(Ph.D) 학위를 받은 대 학자이다.
　1958년에는 귀국하여 남한에서 재건된 숭실대학교(崇實大學校) 학장을 역임한바 있는 한국인으로는 더구나 목사로서는 일급(一級)에 속하는 최고급의 큰 인물이라고 할 수 있겠다.

그는 또다시 도미하여 이번에는 반정부 운동(反政府運動)을 전개했다. 아마도 숭실대학 학장 재임 시에 한국 정부에 대해 크게 실망했던 것으로 간주되며, 미국에 다시 가서는 〈조국통일 촉진회〉를 조직하여 회장직을 맡아 활동했으며, 또 〈미국 한인교회 연합회〉 고문이기도 했다.

김성락 목사

기독교의 원로격인 김 목사가 반정부 운동을 하자, 북한 공산당으로서는 절호의 기회로 알고 해외 교포들을 포섭하기 위해서는 김 목사를 이용할만한 가치가 있는 인물로 간주했다.

공산주의 이론대로라면 도저히 묵과할 수 없는 반동분자이지만 김일성은 '민족적 양심과 애국심을 높이 평가하시어 애국지사'로 초청했다. 뿐만 아니라 김일성은 "기독교인의 양심을 존중히 하며 나라와 민족을 위하는 기독교인을 높이 평가한다"고 선전을 아끼지 않았다.

그런데 그 당시 북한 평양에서 발간하는 공산당 기관지 '노동신문'에 실린 김성락의 방북 기사를 보면, "재미교포이며 조국통일 촉진회 회장인 김성락 선생"이라고만 하고 재미 한인교회 연합회 고문이라는 직함이나 목사라고 하는 칭호는 전혀 쓰지 않았다.

또한 당시 북한에서 활동 중이라는 김득룡 목사의 생애가 사실이지만 그가 당시 성직 생활을 하고 있지 않다는 것도 사실로 확인되었다. 다만 말년에 북한 기독교도연맹 산하에서 일하고 있다고 전해진다.

방북한 김성락 목사가 김일성과 면담시 같이 식사를 했는데 김일성이 김성락에게 "먼저 선생(목사)께서 식사기도를 올려야 하지 않겠습니까. 어서 기도를 드리십시오"라고 기도를 부탁했고, 드디어 김성락이 기도를 마치자 김일성도 "아멘" 하였다고 전해지고 있다.

〈1981. 5. 10〉

참고문헌 「기독교 대백과 사전」(제3권) 1981. 기독교문사 간
「북한의 종교 정책」(고태우 저) 1988. 민족문화사 간

90

해외 기독자와의 대화

- 북한의 진상을 모르는 해외 교포

☞ 그때 남한의
  이모저모

• 81. 11. 25/86
  아시안게임 서울개최
  선언
• 81. 12. /한국
  수출 실적 200억 달러
  돌파

　북괴는 "종교는 아편이다"라고 악선전하면서 종교 말살정책 중 특히 기독교를 집중적으로 탄압 말살하는데 총력을 기울였고 6·25 전쟁을 기하여 북한의 기독교를 완전히 폐쇄시켰다.

　그러나 국제적인 흐름은 막을 수 없었다. 더구나 외국의 인사들이 자주 북한을 찾아오게 되자 종교와 신앙의 자유는 있다고 주장하면서 교회가 없다고 할 수 없게 되었다. 더구나 해외 거주 교포들의 북한 방문이 늘어가는 중에 상당수의 기독교 지도자들(주로 목사들)의 방북이 증가되자 이에 대한 대책 중의 하나로 소위 〈조국통일을 위한 북조선과 해외동포 기독자간의 대화〉라는 긴 이름의 모임을 만들어 낸 것이다.

339

1981년 11월 3일부터 6일까지 중립국인 오스트리아(Austrian) 빈(Wien)에서 개최하였다. 북한측에서는 허정숙(許貞淑 : 조국통일 민주주의 전선 서기국장), 염극열(廉克烈 : 사회 민주당 중앙위원, 기독교도연맹 부위원장), 전금철(소수哲 : 평화 통일 위원회 부위원장), 김득룡(金得龍 : 기독교도연맹 총무), 고기준(高基俊 : 기독교도연맹 사무국장) 등이 참석했고, 해외 교포 측에서는 최덕신(崔德新 : 배달 민족회 회장), 최흥희(崔興熙 : 배달신보 발행인), 최정열(崔政悅 : 미주 민주연합 전 의장), 이화선(李和善 : 재독 조국통일 해외 기독자회 회장), 이영빈(李英斌 : 선우학원(鮮于學原 : 미시칸 대학교수), 강위조, 최도식, 전충림(全忠林 : 코리아 타임즈 발행인), 강원진(姜元鎭 : 캐나다 민주 민족통일 연구회 회장), 김윤하(金允河 : 신한민보 발행인), 이선주(李善柱 : 뿌리잡지 발행인), 임명식 등이 참석했다.

제2차 모임은 그 이듬해인 1982년 11월 3일부터 5일까지 핀란드(Finland) 헬싱키(Helsinki)에서 개최되었다. 이때 참석자는 북한측에서 양형섭(梁亨燮 : 조국통일 민주주의 전선 의장, 사회과학원 원장), 허정숙, 김득룡, 전금철 등이었고, 해외 교포측에서는 김성락(金成樂 : 조국통일 촉진회 회장, 미국 한인교회 연합회 고문), 차상달(車相達 : 재미 조선 민주회복 남가주 민주회의 의장), 최덕신, 강위조, 최흥희, 박성옥, 강광석(姜光錫 : 재미 통일위원회 회장), 최기환(崔基煥 : 재 스위스 조국통일 해외 기독자회 총무), 홍동근(재미 목사) 등이 참석했다.

이 회의에서 토론된 내용은 제1차 회의에서는 강위조가 "분단 역사에 있어서의 기독자의 책임", 염극열이 "조국통일의 외세", 이영빈이 "통일을 위한 기독자의 과제", 전금철이 "고려민주 연방공화국 창립 방안과 그 실현을 위한 민족적 과제"라는 주제였으며, 제2차 회의에서는 전금철이 "조국의 자주적 통일과 그 실천적 과제", 최기환이 "김대중 구출운동과 남조선 사회의 민주화", 양형섭이

"주체사상과 조국통일", 홍동근이 "민족의 화해와 통일에서 기독 신자의 책임과 사명" 등의 명제로 모임을 이루었다.

두 차례에 걸쳐 진행된 이 모임은 그 후 아무런 이유도 없이 이어지지 않았다.

어쨌든 이 모임에서 참석자들 개개인의 신념이나 사상 그리고 신앙이야 어떻든 간에 북한의 〈조국통일 민주주의 전선〉이라는 단체가 이 회의를 주관했다는 점과 참석자들이 한결같이 "위대한 수령 김일성(金日成) 주석과 친애하는 지도자 김정일 동지의 만수무강을 축원하는 축배(祝杯)를 들었다"는 점, 그리고 〈고려연방제(高麗聯邦制)〉의 정당성을 재확인하고 그 조속한 실현을 위하여 투쟁해야 한다는 데는 의견일치를 보았다고 주장했다는 점에 유의할 필요가 있다고 본다.

그러면 〈조국통일 민주주의 전선(祖國統一 民主主義 戰線)〉이란 어떤 단체이기에 종교적 색채를 띤 행사를 주관하고 있을까?

우리나라의 공산주의자들은 1946년 북한에서는 소위 〈북조선 민주주의 통일전선〉 남한에서는 〈남조선 민주주의 민족전선〉이라는 공산주의 단체를 조직하였는데, 이것이 1949년에 김일성이 날조한 소위 '남북한 연석회의'에서 71개의 정당 사회단체의 대표로 구성했다는 통일전선 전술의 일환으로 만든 조직이었다.

〈1981. 11. 3〉

참고문헌 「북한의 종교 정책」(고태우 저) 1988. 민족문화사 간

341

91

"현대조선말사전" 기독교 모독

- 사전에서까지 기독교 모독

> ☞ **그때 남한의 이모저모**
>
> • 82. 1. / 정부 야간 통금 전면해제
> • 82. 5. / 소위 장영자(이철희)사건 파동
> • 82. 5. 22 / 한미수교 100주년 기념비 기공
>
>

북한에서 1982년 발행한 「현대 조선말사전」에 실린 기재내용 중 종교 관련 용어 중에서 특히 기독교를 고의적으로 모독한 내용이 있었다.

예를 들어 몇 항목을 검토해 보자.

구약성경(舊約聖經)=예수가 나시기 전의 기사를 모았다고 하는 이른바 예수교의 성서(聖書). 깨닫지 못한 사람들을 끌기 위하여 비과학적인 허황된 거짓으로 꾸며져 있다.

구세주(救世主)=이른바 인류를 구원하는 우두머리의 뜻. 착취사회에서 지배계급과 그 대변자들이 근로대중의 계급적 각성을 무디게 하며 저들에게 순종하게 만들 목적 밑에서 꾸며진 허황된 존재.

복음서(福音書)=구세주의 은혜나 구원에 대하여 쓴 책. 무지한 사람들을 속이며 사상의식을 마비시키는데 응용한다.

십자가(十字架)=예수쟁이들이 들고 다니면서 이른바 위선과 박애의 위장물(偽裝物)로 삼는 십자형(十字形) 막대기. 예수가 이 나무에 못 박혀 죽었다고 신성시한다.

이상과 같이 학문과 문화를 대표하는 사전(辭典)중에 이렇게 무식하고 허황되게 고의적으로 기독교를 모독 멸시하였다. 이로 인해 같은 공산권 세계에서도 크게 비난이 있었다. 그러자 할 수 없이 1992년 새로 발간한「조선말 대사전」에는 다음과 같이 약간 수정하여 기술했다.

구약성경(舊約聖經)=하나님의 언약을 담은 거룩한 글이라는 뜻으로 예수 출생 이전의 천지창조설(天地創造說)과 인류의 번성 역사, 예언자(豫言者)들을 통하여 주어진 하나님의 언약을 기록했다는 책이다.

구세주(救世主)=세상을 주재하는 주인이라는 뜻으로 기독교에서 예수를 일컫는다.

교회(敎會)=기독교의 여러 가지 종교의식을 거행하고 사람들에게 기독교를 믿도록 선전하기 위해 지은 건물.

복음서(福音書)=기독교에서 구세주의 은혜나 구원에 대하여 썼다고 하는 책.

십자가(十字家)=기독교인들이 기도할 때 손에 들거나 일상적으로 목에 걸고 다니는 십자형의 표. 예수가 십자가에 못 박혀 죽었다고 주장한다.

성령(聖靈)=기독교에서 말하는 하나님의 혼(魂), 곧 하나님의 자신이라고 함.

삼위일체(三位一體)=기독교에서 설교하는 교리의 하나, 하나님(聖父)과 예수(聖子)와 성령(聖靈)은 신이 나타난 것임으로 원래는 하나다.

〈1982. 5. 5〉

참고문헌 서부연회 〈창간호〉 1997. 감리교 서부연회 간

92

〈성황당〉 연극 상영

— 종교 말살 정책의 일환책

☞ 그때 남한의 이모저모

• 82. 7. 3/예금 실명 거래제 실시
• 82. 8.   /명성그룹 (김철호) 사건

　북한에서 발행한 「정치사전(政治辭典)」에는 '종교'에 대한 개념을 다음과 같이 설명하고 있다. 즉 "종교란 신이나 하나님을 맹목적으로 믿고 숭배하는 것이다." 또한 "기독교란 예수를 믿는 종교로 환상적(幻想的)이며 사회적 불평등과 착취당하는 노동대중의 해방 투쟁을 말살하고, 천당을 미끼로 인민들에게 순종을 강요하는 일종의 미신(迷信)이다."라고 기술했다.

　이처럼 종교를 부정적 시각의 개념으로 규정함으로써 북한은 종교를 말살하기 위한 정책적 기초를 마련했다.

　특히 1982년 김일성이 직접 지도해서 만들었다는 소위 혁명연극〈성황당(城隍堂)〉에서는 공산

345

주의를 위해 종교를 없애 버리려는 목적으로 하나의 연극을 연출하게 된 것이다.

그 문제의 연극 성황당의 줄거리는 대개 다음과 같다.

1920년대 일제 치하를 배경으로 하여 만든 연극인데, 어느 시골에 악질 지주와 구장, 그의 처 등 부르죠아 계급들을 등장시키고 지주와 구장이 면장(面長) 자리를 놓고 음모를 꾸미며 전도사(傳道師), 승려(僧侶), 무당(巫堂) 등의 힘을 빌리려 한다. 그러나 이들 종교인들은 지주 구장을 이용해서 소득을 얻으려 한다.

이에 프로레타리아 계급을 자처하는 머슴들은 지주 구장의 행동을 규탄하고 종교를 미신으로 몰아 부치면서 성황당을 불태운다. 결국 프로레타리아 계급이 부르조아 계급과 종교인들을 없애고 승리한다는 것이다. 특히 이 연극이 의도하는 내용은 성황당 주제가(主題歌)에 잘 나타나고 있다. 그 가사 내용은 다음과 같다.

연극 <성황당> 포스터

천대받는 머슴살이 총각이지만 야학에서 배우더니 눈이 떴다네.
인민을 속여먹는 온갖 원수를 웃음과 지혜로 족쳐 버렸네
저마다 신성한 체 날뛰는 무리, 지혜 많은 총각에게 걸려 드누나
무당도 부처님도 하나님도, 모조리 모조리 걸려드누나
얼씨구 절씨구 좋네 미신에서 깨어 났네.
십년 묵은 학질 떼듯 성화당 귀신을 뚝 떼어 버렸네.
얼씨구 좋아라 춤도 절로 난다
하나님도 부처님도 사주팔자도 모두 없다네
얼씨구 좋구라 살길을 찾자

　　북한 공산 정권은 공산 혁명과 김일성 김정일 독재체제를 신격화(神格化)하기 위하여 종교와 미신을 동일시하며, 자기네 정책에 반대하는 모든 무리를 없애려 한 것이 이 연극 이면에 깔려 있는 숨겨진 의도라고 하겠다. 이렇게 해서 북한 당국은 북한에 종교가 완전히 사라졌다고 장담한다.
　　지금 이 지구상에는 200여 국가가 있고 60억 인구가 있지만, 그 중에서 하나의 종교도 미신도 없는 나라는 영광된 우리 조국 조선민주주의 인민공화국 단 하나뿐이라고 떠들고 있다.

〈1982. 7. 7〉

참고문헌 「북한 종교화 선교통일론」(박완신 저) 1997. 지구문화사 간

93

성경(聖經) 발간

― 부득이한 성경 발간

> **그때 남한의 이모저모**
>
> • 83. 9. 1 / KAL기 사할린에서 소련 전투기에 의해 격추 (269명 전원사망)
> • 83. 10. 9 / 아웅산 사건(17명 사망, 14명 부상)

지금 지구상에 200개가 넘는 나라가 있고 60억이 넘는 사람이 살고 있다. 그 가운데 하나의 종교도 미신(우상)도 없는 나라는 영광된 우리 조국 '조선민주주의 인민공화국' 뿐이다라고 북한 정권은 자랑스럽게 선전하고 있다.

더구나 기독교가 가장 왕성하고 부흥했던 북한 지역에(근래에 북한교회 재건작업 과정에서 파악된 대로의 통계는 8·15 이후 3,000여 교회가 존재했었다.) 1945년 8·15 해방 후에 무신론의 조국 소련군의 진주와 아울러 하나님이 없다는 공산주의 정권이 수립된 이래, 종교 탄압정책 특히 기독교 말살정책을 강제 수행했다. 이런 과정에서 수많은 목사(종교 지도자)들이 희생 순교하였고, 6·

25 전쟁으로 인하여 수많은 기독교인들이 희생되기도 하고 또 남하 하였고, 북한에 남아 있던 교인들에게는 무서운 철퇴를 내려 기독교를 완전히 궤멸하고 소탕해 버린 상태에서, 이상과 같이 종교가 없다는 궤변을 발하여 자랑해 왔으나 이제는 그렇게만 할 수는 없었다.

아무리 폐쇄된 지역이요 무자비한 정책을 쓴다고 할지라도 북한 홀로 살수는 없는 것이다. 세계 각국과 교류하려니 무종교 국가라는 간판만 가지고는 안 되는 것을 늦게라도 깨닫고 정책상으로라도 또는 선전용으로라도 종교를 인정하는 척하고 신앙의 자유가 헌법상 보장된다고 가장하며 그 역할을 맡을 허수아비를 내세웠다. 그 것이 소위 기독교도연맹, 불교도연맹 등 가짜 종교 단체를 날조한 것이다.

1981년 11월에 〈조국통일을 위한 북한 해외동포 기독교 신자간에 대화〉라는 긴 간판을 걸어놓고 회의를 개최했는데, 소위 기독교도연맹 사무국장이란 고기준(高基俊)은 "우리는 오랫동안 준비해 온 성경과 찬송가를 출판하게 될 것이라"고 보고했다.

또한 1982년 10월에는 북한을 방문한 재미교포 목사인 김성락(金聖樂)에게도 신약성경은 곧 출판할 것이며 구약성경도 교정을 완료했다고 말한 일이 있었다. 이런 일로 미루어 보아 북한은 1980년대부터 성경, 찬송가를 출판할 준비를 했던 것은 사실이다. 너무 허위 선전이 많아서 좀처럼 믿어지지 않았으나 이상과 같은 흐름을 보아 성경 출판의 가능성은 어느 정도 짐작할 수 있었다.

그러다가 드디어 1983년 10월 5일 신약성경을 발간했다. 발간 취지문이나 안내문 같은 것도 모두 생략하고 발행소는 〈조선 기독교도연맹 중앙위원회〉이고 인쇄소는 〈평양 종합인쇄공장〉이라고 되어 있다.

다른 일반 서적에서 발간 시에 반드시 찍게 되는 7-85226이나, ○○부, 값 ○○원 등의 표시가 일체 없는 것도 특징의 하나다. 어쨌든 공산 치하에서 성경이 발행된 것만은 사실이니 다행한 일이다.

그러면 출판한 성경을 검토해 보자.

첫째, 남한에서 사용하는 성경을 그대로 복사(複寫)한 것은 아니고 자기네 나름대로 번역했다고 주장한다. 그런데 북한 학계(學界)에 고대(古代) 헬라어나 히브리어, 라틴어를 번역할 학자가 없다는 사실이다. 북한의 최고 교육기관인 김일성 종합대학의 교육 내용을 살펴보아도 그런 류의 교육 내용을 찾아볼 수 없는 것이다.

둘째로 지적 할 수 있는 것은 북한식 특유의 서술체가 아니라는 점이다. 그러면 북한이 발행한 성경의 일부를 북한식 표기(表記)대로 인용해 보자.

고린도전서 7장 1절 이하의 몇 절을 살펴보자.

"이제 여러분이 적어보낸 여러 가지 문제에 대하여 대답하겠습니다. 남자는 여자와 관계를 맺지 않는 것이 좋습니다. 그러나 음행(淫行)에 빠지지 않기 위하여 각각 자기 아내를 가지고 여자는 각각 자기 남편을 가지는 것이 좋습니다…… 만일 믿지 않는 쪽에서 헤어지려고 한다면 헤어져도 좋습니다. 이런 경우에 남녀 교우들은 아무런 속박도 받지 않습니다. 하나님께서는 부르심을 받은 여러분이 평화스럽게 살기를 원합니다."

그런데 이와 똑같은 장절을 우리나라 공동번역 성경에서는 "이제 여러분이 적어 보낸 여러분의 질문에 대답해 드리겠습니다. 남자는 여자와 관계를 맺지 않는 것이 좋습니다. 그러니 음행이 성행하고 있으니 남자는 각각 자기 아내를 가지고 여자는 각각 자기 남편을 가지도록 하십시오. 만일 믿지 않는 쪽에서 헤어지려고 한다면 헤어져도 좋습니다. 이런 경우에 남녀 교우들은 아무런 속박도 받지 않습니다. 하나님은 부르심을 받은 여러분이 평화스럽게 살기를 원합니다"라고 되어 있다.

그러므로 북한에서 펴낸 성경은 고대(古代) 헬라어, 히브리어 또는 라틴어에서 번역하지 않은 것이 자명(自明)한 일이다.

또 1981년부터 발간을 준비해서 2년만에 발간했다는 것이다. 북한에 성경이나 신학이나 어학에 해박한 지식을 가진 학자가 없다는 것은 너무나 확실한 사실이다. 그런 상황 속에서 2년이란 짧은 시간에 성경을 번역, 출판했다는 것은 거의 불가능한 일이다.

그리고 또 지적할 수 있는 점은 북한식 특유의 서술체(敍述體)가 아니라는 것이다. "안해, 녀자, 헤여지다" 등의 우리 국어와 다른 용어는 쓰고 있으나 문장 구조로 보아 그들의 서술체가 아니라는 것이다.

'어버이 수령님의 문풍(文風)따라 배우기'의 대원칙 아래서의 북한 모든 공식 문장은 위에 인용한 성경 문체와는 다르다. 즉 북한 문체는 문장을 길게 늘여 쓰는 만연체(蔓衍體)와 일상생활에 대한 형식인 구어체가 복합된다는 점이 특징인 것이다. 그런데도 위에 인용한 여러 가지 점에서 북한의 성경은 우리의 공동 번역 성경을 표절(剽竊)한데 불과하다는 결론을 얻을 수 있다.

〈1983. 10. 15〉

참고문헌 「북한의 종교 정책」(고태우 저) 1988. 민족문화사 간

94

장군님과 목사

– 목사 이름까지 도용 선전

☞ 그때 남한의
이모저모

• 85. 4. 3 / 민한당
신민당 합당
• 85. 5. 28 / 남북
적십자회담 본회의
개최(평양)

　북조선 기독교도연맹은 강양욱의 정치 선전 무대이고 기독교 간판을 내세운 북한 정권의 지령을 받는 일개 주구단체로서 그 실력자는 강양욱이나 그 다음 실세자는 김득룡(金得龍)으로, 목사의 성직을 받았던 인물이다.

　김득룡은 평양신학교를 1942년에 제37회로 졸업했다(동기 졸업자 중 저명한 순교자 김길수, 지형순, 허천기 목사 등이 있다).

　8·15 이후 북한 땅에 소련군이 진주하고 공산정권이 수립하면서 기독교를 전면 탄압하면서도 한편으로 약점이 있거나 나약한 목사들을 골라 회유 매수작전을 폈다. 거기에 말려든 분 중에 김득룡 목사가 있다. 거기 관련된 날조된 일화

한 토막을 간단히 소개하면 다음과 같다.

> 1950년 10월경이다. 6·25 전투가 한참 치열하던 때 미군 비행기들의 평양 폭격이 매일같이 치열했는데 군사시설이 아닌 민가와 심지어는 십자가를 높이 건 교회당도 가리지 않고 무차별 폭격했다. 그래서 교회당이 파괴되고 예배를 보던 많은 교인들도 참살되었다. 이 때 장군님(김일성)께서는 기독교도연맹의 한 간부를 전화로 찾으시어 미군에 의해 교회당이 폭격 받아 교인이 많이 희생되는데 교직자들을 교회당에서 떨어진 안전지대로 소개시키도록 지시했다.
> 장군님의 이런 조치에 의해 김득룡 목사도 교회당으로부터 안전한 곳으로 자리를 옮기었다. 그 후 김 목사의 교회당도 미군의 폭격을 맞아 무참히 파괴되었다. 그래서 김 목사는 그 후부터 김 장군은 자기 생명의 은인이라고 하며 그 얘기를 할 때마다 눈물을 금치 못한다고 한다.(중략)

이상에서 인용한 내용은 마치 서울에서 활동하고 있는 것처럼 위장하고 흑색 선전까지 내 보내는 대남 모략기관인 통일 혁명당 선전삐라인 '혁명전선(革命戰線)(1985. 4. 3일자)의 장군님과 목사' 라는 선전 내용의 일부이다.

김득룡은 그 후 기독교도연맹의 제2인자로 활동하며 1979년에는 동 연맹 총무, 1981년에는 부위원장 직을 맡았으며, 사회민주당 개성시 당대표, 동당 중앙위원, 1981년과 82년에는 "북한 해외동포 기독자와의 대화" 회의에 두 번씩이나 대표로 참석하여 연설하는 열성분자가 되었으며, 공산당 어용 신학교인 〈평양신학원〉 창설에 주체가 되었으며(1972) 동 신학원의 교수(신약, 실천신학 담당)로 일하고 있다.

〈1985. 4. 3〉

참고문헌 「북한의 종교정책」(고태우 저) 1988. 민족문화사 간

95

평양 호텔에서 주일예배

- 평양방문단의 지혜로운 행사

☞ 그때 남한의 이모저모

• 85. 5. 23 / 미문화원 농성
• 85. 8. 6 / 학원 안정법 시비

우리나라는 38선과 휴전선으로 남북이 분단되어 극한 대치를 이루고 심지어는 1950년 6월 25일을 기하여 남북한은 동족 상쟁의 전쟁으로 대결하여 피차에 처참한 피해와 희생자를 내고 간신히 휴전이 되었으니(1953. 7. 27) 남북한은 여전히 적대국가처럼 극심한 대결상태에 놓여있다.

휴전으로 인하여 남북한의 이산가족(離散家族)이 1,000만이 넘는 엄청난 숫자가 생겼고 그리고 피차 생사조차 모르고 있는 실정에서 지낸다.

그러던 중 1971년부터 남북적십자회담(南北赤十字會談)이 시작되어 양측에서 꾸준히 노력하는 중에 드디어 1985년 5월 28, 29일에 걸쳐 개최된 제8차 회담의 결정에 따라 남북한간에 분단 이후 처음으로 남북 이산가족 고향방문단 50명과 예술공연단 50명이 서울과 평양을 서로 방문하기로 하는 협의가 성립되었다.

이 결정에 따라 1985년 9월 20일부터 23일까지 3박 4일간 〈남북 이산가족 고향 방문 및 예술공연단〉의 행사로 남북한 고향 방문이 실현되었다.

그러나 상봉이래야 9월 21, 22 양일 간에 이루어진 만남에서 35명이 41명의 가족과 친지들을 잠깐씩 만난 것뿐이다. 서로하고 싶은 말도 제대로 못하고 더구나 북의 가족들은 사전에 엄격한 예비 억압을 얼마나 받았는지, 반가움보다 불안과 공포심에 기를 펴지 못하는 실정을 남쪽 식구들은 간파하고, 만나봄으로 인해 괴로움과 아픔을 더 해주는 결과를 가져왔다.

9월 22일은 마침 주일(主日)이었다. 일행 중에는 목사(牧師), 주교(主敎)를 위시하여 기독교인이 대다수 섞여 있었다. 이들은 모처럼 좋은 기회를 놓칠세라 주일 예배를 호텔 안에 한 방에서 드렸다.

십자가나 제단은 쌓지 못했지만 미리 준비해 가지고 갔던 현수막 간판을 걸었는데 〈고향방문단 예술공연단 주일예배 1985. 9. 22. 평양〉이라고 쓰여 있었다. 이른 아침 6시부터 예배를 드렸는데 방문단 일행 중에 교인들과 북한에 있던 교인들(?) 과연 그들이 진정한 교인인지 의심스럽지만, 여하튼 몇 사람이 동참하여 50여명이 모여 예배를 드렸다.

"삼천리반도 금수강산 하나님 주신 동산
삼천리반도 금수강산 하나님 주신 동산
이 동산에 할 일 많아 사방에 일꾼을 부르네
곧 이날에 일 가려고 누구가 대답을 할까
일하러 가세 일하러 가 삼천리 강산 위해

하나님 명령받았으니 반도강산에 일하러 가세"

371장 찬송을 힘차게 불렀다. 그런데 이 찬송가는 우리나라 민족 지도자이며 선구자요 독립운동가인 남궁 억(南宮檍) 선생이 작사한 순수한 우리 찬송가이다. 현대 찬송가는 북한 교인이 모르는 것이 많을 것인데, 유독 이 찬송가는 1907년(대한제국 당시)에 작사(作詞) 한 유명한 찬송가로 일제는 한국 민족이 이 찬송가를 부르면 독립사상이 강화된다고 간주하여 1937년 3월에 영구 금지령을 내려 부르지 못하던 찬송인데, 8·15 해방 후 남북한에서 활기 있게 불렀기 때문에 교인들도 잘 부를 수 있는 찬송이었기에 더욱 감격적이었다.

이날 설교를 담당한 황준근(黃俊根) 목사는 '만남과 이별' 이라는 제목으로 설교를 하여 모두에게 큰 감명을 주었는데 황 목사는 서울에 돌아와서 다음과 같이 말했다.

황 목사는 그 전날 어머니를 만난 자리에서 안내원(실인즉 감시원)이 있는 것도 잊은 채 "어머니 내가 내일 이곳에서 예배를 드릴 것입니다"라고 하며 어머니에게 예배 참석을 부탁하려 했는데, 내

고향방문단
평양 주일예배
모습

말이 끝나기도 전에 어머니는 내 입을 막으면서 "예배 보지 마라 하나님이 어디 있다고" 하면서 울먹이며 만류했다는 것이다. 북한 땅에 종교가 말살되었다고는 이미 알고 있었지만… 어머니는 고향에서 교회를 지켜야 한다면서 피난도 마다했는데, 그 어머니의 입에서 예배 보지 말라는 강권과 걱정스러운 눈길이 내 몸을 감쌀 때 나는 아연실색하고 공포와 전율을 다시금 실감했다고 말했다.

"남(南)"은 고향방문단의 이산과 만남을 통하여 민족적 감정을 일깨우려 했으며 그리고 종교를 통하여 부드러움을 보여 주려 했으나 실패했고, "북(北)"은 예술단과 집단 체조를 이용하여 혁명 의지가 담긴 선동을 보여 주려고 했으나 피차 모두 실패했다.

남북 분단 이후 이 두 가지 종교적인 사건에서 참으로 많은 교훈을 얻게 되었다. 참으로 긴 세월이지만 북한 땅에서 종교적인 의식을 치를 수 있었다는 것만으로도 하나의 가능성을 제시해 준 사건이다.

〈1985. 9. 20〉

참고문헌 「북한의 종교 정책」(고태우 저) 1988. 민족문화사 간
「북한사 100장면」(고태우 저) 1996. 가람기획 간

96

김일성 종합대학에 종교학과(宗敎學科) 신설

- 성경이 읽히기 시작했다

☞ 그때 남한의
이모저모

김일성 종합대학은 북조선 임시인민위원회의 결정에 따라 1946년 8개 학부로 개설된 북한 최고의 대학이다. 1948년 북조선 인민위원회 제157호 결정에 의하여 고등교육이 확장되었다. 이때 김일성 종합대학은 농학부, 의학부, 공학부를 분리하여 3개 단과 대학을 만들었다.

1986년 14개 학부(5년제 사회과학부, 6년제 자연과학부, 조선노동당 역사학부를 비롯하여) 50여 개의 학과로 조직되었다. 북조선의 유일한 정무원 직속기관으로 되어있으며 북한 최고의 명문 종합대학이다.

이 대학은 북한 체제(體制) 유일의 핵심 엘리트를 키워내는 김일성 종합대학인데 이 대학에 가장 반체제적 요소로 간주되는 종교학과(宗敎學科)가 신설되었다.

종교학과의 신설 이유는 북한에서 인민들에게 종교를 자유로이 신앙적 차원에서 가르치려는 것이 아니고 외국 종교 단체들과 접촉 및 교류를 위한 요원을 양성하기 위해서이다. 더구나 미국에서 우리 교포들(특히 목사들)의 방북이 빈번해지자 이들과 상대할 요원들이 절대 필요하여 시급히 만들었다.

김일성 종합대학 전경

북한에서 가장 인기 있는 직종은 해외 관련부문이고 종교학과를 졸업하면 해외 진출의 기회가 생기고 보장되기 때문에 가장 인기가 좋은 것이다.

종교학과의 신설은 1987년 역사학부에 비밀리에 신설하였는데 같은 대학 내에서도 그런 학과가 새로 생긴 사실조차 모르고 있을 정도였고 정원도 5명이었다.

1989년 "세계청년학생축전" 개최를 계기로 북한의 대외 활동이 활발해 지고 종교적 색채를 가진 외국 단체들의 방북이 연속되자 이들을 상대할 전문요원들이 절대 필요하여 종교학과 개설을 공개하고 정원도 20명으로 늘리게 되었다.

종교학과의 신설은 북한이 형식적으로나마 종교의 자유를 인정하고 있음을 선전할 수밖에 없는 소재가 되기도 했다.

수업 교재는 학교에서 만든 것만 사용하고 성경책은 수업 중에도 볼 수 없고 대학 도서관 "비공개 열람실"에서만 접근이 가능하다고 한다.

종교학과 졸업생들은 노동당 외곽단체인 종교단체 기관이나 대남 관련 부서에 주로 배치되어 일하게 된다.

그러나 대외 선전용으로 세워진 평양의 봉수교회 목사나 직원은 종교학과 출신이 아니고 다른 특수 훈련을 받은 사람들이라고 한다.

김일성 종합대학에서 제한적으로나마 성경이 읽히고 연구되고 있다는 것은 그들의 목적이 복음을 받아들이고자 하는 것이 아닐지라도 우리의 관심을 끈다.

하나님의 말씀은 생명력이 있어서 그들의 불순한 목적을 넘어 새로운 변화를 이끌어 내실 것이 분명하기 때문이다.

〈1987.〉

참고문헌 「북한에도 교회가 있나요?」(백중현 저) 1998. 국민일보 간
조선일보(North Korea 리포트) 2000. 10. 9 조선일보사 간

97

평양 봉수교회 건립

- 정치 선전용으로 건축한 예배당

☞ **그때 남한의 이모저모**

• 88. 7. 7 / 노태우 대북 정책 9개항 특별선언
• 88. 9. 16 / 제24회 서울올림픽 개막

무신론 공산주의가 집권하며 행정하는 지역에 교회가 있겠는가?

지금 북한에 진정한 교회가 있겠는가? 있다면 6·25 전쟁 이후로 지금까지 신앙의 절개를 지키며 숨어서 비밀히 믿어 온 지하교회 교인들이 있을는지 모르나, 공인된 교회는 없다고 보는 것이 타당하다.

그런데 근래 북한에 공인된 교회가 생겼다. 6·25 전쟁 이후 완전히 문이 닫혀진 상태에서 30년이란 긴 세월이 흘렀다. 이제 북한에도 해외동포들의 잇단 방북과 외국인(주로 기독교인)들의 빈번한 방문으로 인해 개방의 바람이 불기 시작했다. 교회 건립은 이런 개방의 물결이 가져다

준 선물이다. 그것은 북한 사회에서 기독교가 공적인 위치를 차지하게 된 출발점이다. 이 사건은 이유 여하를 막론하고 우리 기독교의 입장에서는 반가운 일이라고 하겠다.

새로 세운 교회는 봉수(鳳岫)교회인데 평양역에서 자동차로 10분 거리인 평양특별시 만경대구역(萬景臺區域) 봉수동에 소재한고로 〈봉수교회〉라고 이름하였다.

물론 북한 땅에 진정한 자유가 있어 신앙생활을 마음대로 하게 되었다는 결과는 아니다. 북한 당국에서는 북한에도 종교와 신앙의 자유가 있으며 기독교 예배당도 있다고 선전하기 위하여 교회당을 세운 것도 사실이지만, 바울의 말과 같이 "외모로 하나 참으로 하나 무슨 방도로 하든지 전파되는 것은 그리스도니 이로써 내가 기뻐하고 또한 기뻐하리라."(빌 1:18)고 한 것처럼 평양에 교회당이 건립된 사실만으로도 감격스럽다.

정부에서 대지를 제공하고 전국 교인들이 건축헌금을 하여 건축했다고 말하나, 그 당시 공인된 교인은 한 사람도 없었고 설혹 있다해도 그 당시 그들의 경제사정으로 누가 큰 예배당을 지을 수 있는 건축헌금을 낼 수 있었겠는가? 라는 의문이 생긴다. 아마도 해

봉수교회 전경

외 교포들의 헌금이 있었겠지만 북한 당국이 그 어려운 경제 여건 속에서도 교회를 건축해야할 불가피한 입장 때문에 불가불 음성적으로 예산을 지출했으리라고 본다. 그러면서도 표면상으로는 전국 교인들의 헌금이라고 선전할 수밖에 없는 실정의 고충이 있었다.

봉수교회는 붉은 색 석조 건물로 지붕에 십자가가 세워져서 예배당이라는 것을 한 눈에 알 수 있다. 건물 왼쪽에는 3층 규모의 흰색 건물이 보이는데 이것이 북한 기독교를 총괄하는 〈조선 기독교도연맹본부〉이다. 그리고 또 그 뒤에는 목사관이 있다.

성전 내부에는 정면에 강당과 십자가가 있고 강단 오른편에는 20여명이 앉을 성가대석이 있고 성가대석 옆에는 피아노가 놓여있고 최근에는 파이프 오르간과 대형 냉방기, 온방기도 갖추어 있는데, 이런 비품들은 대부분의 이 곳을 방문한 해외교포 성도들이 헌납한 것이라고 한다.

좌석은 1, 2층 모두 450석 규모인데 출석교인은 보통 300명 정도이고 대개 50세 이상의 노인들이며 그 중에 60% 이상이 여자다. 담임 목사는 리성봉(74세)이고 부목사는 리창순이다. 직제는 장로교식으로 장로가 8명, 권사가 14명, 집사가 5명이고 여전도사가 있다. 그런데 이 300명의 교인이 진짜 교인인가? …전하여 파악된 대로는 이들은 모두 1급 공산당원들인데 교인들로 위장 훈련되어 허수아비 노릇을 한다.

〈1988. 5. 30〉

참고문헌 「북한에도 교회가 있나요?」(백중현 저) 1998. 국민일보사 간

98

문익환 목사 방북

- 재야 정객 문익환

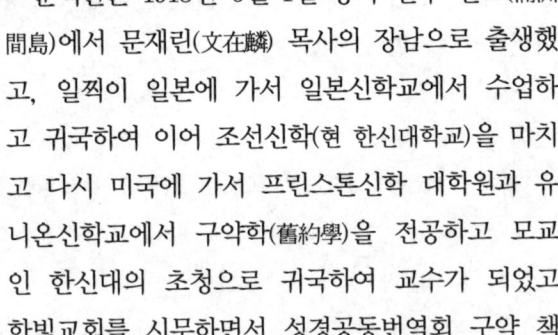

☞ 그때 남한의 이모저모

1989년 3월 25일, 전국 민주민족운동연합 상임고문 문익환(文益煥) 목사가 북한 당국의 초청을 받고(조국 평화통일 위원회 초청) 평양을 방문하여 정치계와 교계에 크게 물의를 일으킨 사건이 발생했다.

문익환은 1918년 6월 1일 중국 만주 간도(滿洲間島)에서 문재린(文在麟) 목사의 장남으로 출생했고, 일찍이 일본에 가서 일본신학교에서 수업하고 귀국하여 이어 조선신학(현 한신대학교)을 마치고 다시 미국에 가서 프린스톤신학 대학원과 유니온신학교에서 구약학(舊約學)을 전공하고 모교인 한신대의 초청으로 귀국하여 교수가 되었고 한빛교회를 시무하면서 성경공동번역회 구약 책임자로 일했다.

1975년 〈민주 구국선언(民主 救國宣言)〉 사건으로 투옥되었다가 이듬해 풀려 나왔고 1978년 〈민주주의 국민연합 중앙상임〉 위원장, 〈전태일(全泰壹) 기념사업회〉 위원장직을 역임하면서 유신헌법(維新憲法)의 비민주성을 비판, 성명을 발표함으로 다시 투옥되었다가 1979년에 석방되었다. 1983년 기독총회 교·사 위원장(基督總會 敎·社 委員長), 1984년 민주통일 국민회의 의장, 1985년에서 1989년까지 민주통일 민주운동 연합 의장으로 활약하면서 재야(在野)정치계의 대표격으로 활약하다가 드디어 방북(訪北)하는 데까지 이르렀다.

문익환 목사

1989년 3월 25일, 문익환은 통일민주당 당원 유원호, 재일 교포 김원모와 함께 개인 자격으로 평양을 방문해, 남북 분단 이후 처음으로 반(半)공개적으로 김일성(金日成)과 허 담(許錟 : 조국통일위원회 위원장)과 회담했다.

방문기간 중 김일성과 두 차례에 걸쳐 통일문제를 중심으로 회담을 했으며, 허 담과의 회담을 통해 4월 2일 인민문화궁전에서 내외 신문기자 회견을 가졌다. 그리고 〈자주적 평화통일〉과 관련된 원칙문제 9개항에 대한 합의 성명을 발표했다.

그 합의 성명의 내용 골자는 대개 다음과 같다.
① 자주, 평화, 민족 대 단결의 3대 원칙에 기초해 통일문제를 해결한다.
② 정치, 군사회담을 전진시켜 정치적 군사적 대결상태 해소와 동시에 다방면으로 교류 접촉하며 실행한다.

③ 연방제 방식의 통일
④ 팀스프리트 훈련 반대 등을 주요 골자로 하고 있다.

이런 회담 성명을 하고 귀국하자 대한민국 정부는 문익환이 사전에 정부와 협의 허락 없이 독자적으로 방북 했으며 평양 도착 성명에서 "존경하는 김일성 주석" 등의 표현을 사용했고 대한민국 정부를 일방적으로 비방했다는 이유로 국가보안법상의 〈반국가 단체 잠입죄〉를 적용하여 의법 조치했다.

이어 합동 수사본부를 구성하여 조사하고 시인 고은(高銀)과 전국민족민주운동연합, 조국통일위원회 위원 이제오를 구속했다.

재판 결과 문익환은 지령 수수, 잠입, 탈출 혐의가 적용되어 징역 7년을 선고받고 복역하게 되었다.

한편 문익환이 귀국 후 검거 투옥되자 북한에서는 조선기독교도연맹 중앙위원회가 비상회의로 모여서(1989년 5월 9일) 남한에 대해 규탄대회를 열고 성명을 발표했다(평양 방송 1989년 5월 10일 자).

그러나 문익환은 1993년 3월 6일 사면되었고, 1994년 1월 18일 별세했다. 그는 청년시절 애국시인 윤동주(尹東柱)와는 죽마고우(竹馬故友) 이었으며 그런 관련으로 문익환은 문학 특히 시(詩)에도 일가견이 있는 인물이다. 저서로는 시집 「새삼스런 하루」 「꿈을 비는 마음」 「난 뒤로 물러 설 자리가 없어요」, 기타 「통일은 어떻게 가능한가?」 옥중서신인 「꿈이 오는 새벽 녘」 외에도 많은 저서와 논문이 있다.

〈1989. 3. 25〉

참고문헌 「기독교 대백과사전」(제6권) 1982. 교문사 간
「브리태니커 백과사전」(제8권) 1983. 동아일보사 간

99
한국 기독교도서 기증
- 김일성 대학에 한국 기독교도서 수장

☞ 그때 남한의 이모저모

• 92. 6. 17 / 남북 한글 로마자 표기법 통일안 회의

　　1987년에는 김정일의 직접적인 지시로 김일성 종합대학에 "종교학과(宗敎學科)"가 설치되었다. "통일을 위해서 우리는 종교를 잘 아는 전문가가 필요하다"라고 주장하며 종교학과 설치를 지시했다는 사실이다.

　　그런데 무신론(無神論) 정권이 지배하는 북한에서 최고로 인정받는 김일성 종합대학에 대한민국에서 발간한 기독교도서(基督敎圖書)가 기증되어 도서관에 진열되었다는 사실이다.

　　대한민국은 출판(出版)에 대한 자유가 보장되어 있어서 기독교 계통의 관련 도서가 1년에 3,000여권이나 발간되는데 한국기독교 출판협의회에서 수집한 기독교도서가 기증되었다.

김일성대학에
기독도서를 전달
하는 모습

　1992년 5월 23일 한국기독교 출판협의회(당시 회장 : 박종구〈朴鐘九〉목사)의 주선으로 소망사를 비롯한 54개 출판사에서 발간한 기독교 관련 도서 2,517권을 선정 수집하여 김일성 종합대학에 기증하여 도서관에 비치 진열하였다.

　도서 수집은 한국기독교 출판협의회에서 했으나 기증하는 업무 주선과 담당은 미국 소재 윌리암 케리 대학교 고려연구소(高麗硏究所, 소장 : 조동진〈趙東震〉목사)에서 일체 경비를 부담하여 북측에 전달하는 작업을 하였다.

〈1992. 5. 23〉

참고문헌　브리태니커 백과사전 1994. 한국브리태니커 회사
　　　　　북한에도 교회가 있나요? (백중현 저) 1998. 국민일보사 간
　　　　　자료제공 : 한국기독교출판협의회, 월간 목회사

100
칠골교회 건립
- 반석교회로 출발된 칠곡교회

☞ **그때 남한의 이모저모**

• 92. 11. 12 / 영종도 국제공항 착공
• 92. 11. 19 / 한·러 정상회담

앞서 소개한 북한의 공식 교회인 봉수교회 (1988. 5. 30. 창립)가 건립된 이후 두 번째로 건립한 교회가 칠골교회인데, 1992년 11월 22일 건립되었으며 그 소재는 평양특별시 만경대구역 칠골동이다. 봉수교회와 같은 만경대구역이지만 칠골동은 다소 후미진 농촌지대였으나, 근래에는 '통일거리' 조성을 위한 계획에 따라 고층 아파트들이 속속 들어서고 있는 신흥 개발지구이다.

칠골교회 설립의 배경은 유명하다.
김일성의 어머니 김반석은 과거 칠골교회 장로 강돈욱(康敦煜)의 딸이다. 강돈욱은 강양욱의 6촌 형이다. 이 칠골교회 과거 소재지는 평안남도 대

칠골교회 전경

동군 용산면 하리 191이었고, 창립은 1899년 2월 15일이며, 하리에 소재한고로 하리(下里)교회라고도 불렀다. 강돈욱은 1918년 10월 10일 장로 장립을 받았으며 지방유지요 선각자로 창덕(彰德)학교를 설립하여 인재 양성에 진력했다.

딸의 이름을 "반석(盤石)"이라고 지은 것만 보아도 그들의 신앙정도를 짐작할 수 있다. 김일성은 어렸을 때 어머니의 손에 이끌려 주일학교에도 다녔고 창덕학교에서 공부도 했다.

이상과 같은 배경이 있는 곳에 교회를 건립하여 처음에는 반석교회로 부르다가 근래에 와서 지명 따라 칠골교회로 고쳤다. 교회 규모는 실내 158석 좌석이고 교인은 100여명이라고 하나 보통 60여명 모인다.

담임목사는 유병철 목사(기독교도연맹 선전부장)였는데 1996년 사망하고, 후임으로 박춘근 목사가 시무중이다(부목사 : 오경의, 장로 : 허정기, 성가대장 : 유정하).

〈1992. 11. 23〉

참고문헌 「북한에도 교회가 있나요?」(백중현 저) 1998. 국민일보 간
「북한교회 사진명감」(이찬영 편) 2000. 예장총회출판부 간

■ 글을 맺으며…

북한교회의 밝은 미래상

　이상 『북한기독교 100장면』을 기술함에 있어서 너무 처참하고 극단적인 장면만 소개한 감이 있어 독자의 마음을 무겁게 만든 것 같다. 그러나 근래에 때가 이르매…(남북 정상회담 등) 북한에서의 기독교의 미래가 밝아오는 기대를 걸어본다. 밝은 미래상 몇 가지를 소개하면서 본서의 결론을 맺는다.

　① 1972년에 평양신학원(神學院)에 개설
　공산정권은 1949년에 평양신학교(장로교)와 성화신학교(감리교)를 강제 폐쇄하고 기독교도연맹 직영 기독교신학교를 만들었으나 6·25 전쟁으로 한 학기도 제대로 수업을 못하고 없어졌던 것을 그들의 정책상 필요성을 느껴 1972년동에 평양신학원을 개설하고 지금까지 근 100명의 졸업생을 배출하여 목사 임직을 했다.

　② 1983년 이래 성경(聖經), 찬송가(讚頌歌) 발간
　북한에서 기독교(종교)를 아편이라고 혹평하며 숨은 교인들이 성경을 은익했던 사실이 발각되는 대로 극형에 처해 오다가 1983년

성경과 찬송가를 발간하고 연이어 84년과 90년에 걸쳐서 계속 발간하였다. 금기(禁忌)의 책이 공개적으로 출간되었다. 변화된 역사는 사실이다.

③ 1987년 김일성 종합대학에 종교학과(宗敎學科) 신설

"종교도 연구해 볼 가치가 있다"는 이유에서 1989년에 김일성 종합대학에 종교학과가 신설되었는데 이는 북한에서 기독교가 갖는 위상의 변화를 보여준다. 그런데 이 일을 직접 지시하고 추진하기는 김정일이 하였다. 그는 "통일을 위해서 우리는 종교를 잘 아는 전문가가 필요하다"고 주장하며 진행하였다.

④ 1988년, 1992년 교회당(敎會堂) 건축

북한에는 8·15 해방 후, 6·25 전쟁까지 교회당이 3,000여 처 있었는데 전쟁 이후에는 한곳도 남기지 않고 폐쇄시켜서 전무상태였는데 1988년 평양시 만경대구역에 봉수교회(450석)를, 1992년에는 만경대구역 칠곡동(김일성의 출생지)에 칠골교회(처음에는 반석교회 150석)를 건립하였다. 가시적(可視的)인 예배당이 생겼다.

⑤ 1991년 종교용어(宗敎用語) 풀이의 변화

사전은 그 분야의 표준적인 규범을 의미한다. 따라서 용어의 변화는 곧 사회적 인식의 변화를 의미한다. 북한은 1981년에 "현대조선말사전"을 발간했는데 1991년도에 "조선말대사전(朝鮮語大辭典)"을 다시 내면서 종교용어의 풀이가 변화되었다. 한 예를 들면 "성경(聖經)"을 현대조선말사전에는 "예수교의 허위적이고, 기만적인 교리를 적은 책"이었는데 1991년판 조선말대사전에는 "기독교의 교리를 적은 책"이다.

⑥ 1992년 헌법(憲法)에서 반종교(反宗敎) 선전의 자유 조항 삭제

북한은 1992년 헌법을 수정하면서 해방 이후 계속돼 왔던 "반종교 선전의 자유"를 삭제했다. 이같은 법 개정은 "공민의 기본권 조항"중에서는 유일한 것이어서 관심을 끌었다. 반종교 선전의 자유는 기독교를 말살하려고 무리하게 만들었던 조항인데 이를 삭제했다는 사실 자체가 크게 주목된다.

⑦ 주체사상(主體思想)의 기독교 긍정성(肯定性) 인정

북한은 1972년 사회주의 헌법을 선포하면서도 마르크스주의를 폐기하고 김일성의 주체사상이 국가의 지도이념으로 자리잡는다. 80년대 후반에 와서 기독교의 대한 재해석 작업도 활발해졌다. 그 결과 기독교는 "아편"의 위치에서 "연대의 대상"으로 탈바꿈했다. 이것은 주체사상의 기독교 긍정이라고 보겠다.

⑧ 반기독교(反基督敎) 정서(情緖)의 이완(弛緩)

남한 종교인(문익환 목사, 임수경 양 등)들의 방북(訪北)은 북한 사회에 애국적인 기독교인상이라는 새로운 모델을 심어 주었으며 북한 기독교가 발전할 수 있는 사회적 토양이 되었다. 즉 반기독교 정서의 이완 현상은 사회적으로 기독교가 존립할 수 있는 토대가 되었다.

⑨ 김일성의 종교적(宗敎的) 배경(背景)의 공론화(公論化)

1990년대 들어 진행된 김일성의 종교적 배경의 공론화는 앞서의 변화를 가속화시켰다. 그가 북한에서 갖는 위상을 생각해 볼 때 파급 효과를 짐작할 수 있다.

김일성의 회고록(回顧錄) 등 문헌에 이같은 일들이 기록되면서 일

반 인민들에게까지 영향을 미쳤다.

⑩ 1995년 고기준 목사가 조국 통일상을 수상한 일
 1990년 4월 북한에서 열린 국제평화 예배를 자체 행사 프로그램으로 기획, 진행했다는 사실이나 1995년도에 고기준 목사의 조국통일상 수상도 한몫을 단단히 했다고 본다.

찾아보기
(주요 인명)

〈가〉
간 디/261
강광석/340
강돈욱/71, 369
강문구/212
강반석/71
강병모/112
강병석/74
강복균/112
강성국/112, 187
강송덕/89
강송성/91
강송운/91
강양욱/71, 95,
 154, 175, 181,
 227
강영섭/312
강원진/340
강위조/340
강의홍/122
강인구/72
경준섭/200
계달현/189
계수영/69
계창봉/233
계효언/212
고기준/312, 340,
 349, 374
고몽은/41
고병간/85
고성훈/69
고 은/366
고익균/200
고택구/175
고한규/157

고홍봉/24
곽선희/187
곽희정/95, 133,
 233
구자옥/247, 270
권성훈/233
권태희/167
기주복/153
길선주/210
김경종/236
김관식/317
김관주/142, 157,
 178
김관호/129
김광실/187
김광진/28
김 구/38, 111,
 159, 248, 273,
김규식/164, 235,
 247, 272
김기봉/63
김기승/84
김기화/84
김길수/59, 70,
 98, 138, 352
김덕모/176, 198
김동원/28, 235
김동진/264
김동철/166, 236,
 247, 275
김두봉/292
김두석/25, 236
김두영/69, 120
김두희/201
김득룡/312, 340

김득호/74
김만균/84
김병기/41
김병섭/69, 122
김병연/28, 41
김병조/105, 117
김보현/38
김복현/189
김삼석/236
김석복/232
김석원/233
김선묵/263
김성락/336, 340
김성묵/113
김성업/28
김성여/264
김성칠/72
김세진/84, 212,
 233
김손무/312
김순애/248, 273
김순영/201
김승찬/90
김신자/201
김약숭/169
김약제/170
김양선/60, 85,
 266
김양순/62
김 연/236
김영담/187
김영락/62
김영서/63
김영섭/107
김영수/187

김영윤/125, 212
김영주/166, 236,
 321, 327
김영철/232
김용련/145
김용상/187
김용옥/145
김운봉/312
김원규/236
김원벽/200
김원우/187
김유각/112
김유순/166
김유연/166, 236
김윤서/189
김은국/296
김응순/96, 232
김응율/232
김이철/84
김익두/97, 181,
 254
김익준/34, 84
김인길/145
김인준/60, 72,
 97, 138, 211,
 282
김인철/187
김일림/84
김일성/37, 42,
 71, 77, 94, 101,
 128, 136, 164,
 182, 223, 248,
 302, 328, 332
김자수/138
김장선/189

375

김재준/211
김정일/330, 341, 367, 372
김종권/112
김주교/28
김준근/187
김진규/236
김진수/59, 72, 85, 97, 129, 132, 211, 255
김창규/62
김창근/221
김창인/187
김창일/225
김창준/163, 274
김창진/189
김 책/41, 74
김철훈/59, 98
김최균/84
김 춘/55
김충신/187
김치근/95, 212
김태복/212
김태석/200
김태용/321
김태주/236
김현구/187
김현석/37, 121
김형락/25
김형원/200
김형철/141
김화순/201
김화식/39, 59, 97, 121, 136, 157
김홍순/241
김홍수/161
김희운/237

〈나〉
나시산/95
남궁혁/166, 210, 247, 269, 279, 283, 292
남 일/141
노대풍/187
노백린/199, 248
노진설/28

〈라〉
로버츠/210
루즈벨트/22
류도선/233
류삼근/112
리문혁/233
리성봉/312
리영태/233
리창호/233
리춘구/312
리피득/233

〈마〉
마 펫/209
맥아더/220
맥코믹/210
명관조/140
무 정/264
문순희/232
문신규/62
문익환/364
문재구/72
문준희/96
민병지/112
민응열/161

〈바〉
박경구/125, 181
박관준/24
박달원/189
박동규/201
박동인/84
박만춘/237
박명대/232
박봉윤/84
박상건/237, 276
박상순/95, 154, 175, 185, 274
박상희/282
박선택/233
박성빈/179
박승환/28, 41
박신근/25
박양원/189
박영준/84
박영희/55
박용욱/187
박윤구/84
박윤선/132
박이선/189
박인관/212
박인세/201
박제문/201
박정호/214
박정희/326
박종구/368
박주원/189
박찬목/112
박치복/187
박현각/179
박형규/237
박현명/166, 237, 247, 279
박현숙/28, 41
박형룡/84
박호준/84
박홍국/201
박홍양/201

박희상/84
방기창/210
방준원/176
방지일/85
방효원/84
방 훈/237
배덕영/95, 140, 144
백락준/84
백남홍/41
백매수/125
백문학/154
백선행/28
백영엽/35, 84
백학신/141, 237
변영순/84
변인서/212

〈사〉
서경조/210
서두성/237
서정환/24
서태원/237, 275
석옥린/135
석창익/84
선우학원/340
손명복/24
손양원/25
손피득/142
손학규/55
송상석/132
송성필/307
송영길/176, 198
송수은/201
송인서/174
송정근/39, 87, 120, 139, 144
송창근/166, 237, 247, 270, 275

송태용/237, 275,
　　　283, 292
스탈린/22
신명섭/237
신봉길/142
신석구/78, 140,
　　　147, 198
신영철/95
신익희/38 75
신재일/41
심익현/95

〈아〉

아담스/221, 266
안광근/189
안귀백/189
안길선/237
안대선/119
알 렌/209
안봉진/207
안상현/145
안오선/214
안이숙/25
안재복/81
안중근/248
안창호/27
안형일/107 118
양대록/25
양봉현/189
양주삼/166, 237
양춘택/142
양형섭/340
어드맨/210
언더우드/209,
　　　221, 272
엥겔/210
여운원/233
여운형/28
여인계/201

여찬수/201
염극열/340
염응규/214
오경덕/201
오경우/312
오긍선/27
오기원/200
오석희/187
오윤선/25, 27,
　　　41
오택관/166, 237,
　　　247, 270, 275,
　　　279, 283, 292
오하영/201
오화영/235, 247
오형택/72, 127,
　　　129
우경천/157
우문선/187
우성옥/176, 179
우제순/41
우춘삭/187
위두찬/233
위영근/87
원춘도/125
유금봉/206
유병철/370
유세근/237
윤무준/41
유정철/177
유하용/200
유병철/370
윤성근/170
윤동주/366
윤재만/233
윤장엽/41
윤하영/40
이 건/237
이경봉/169

이경선/107, 116
이계환/41
이관구/199
이광록/25
이광은/200
이구태/96
이국승/200
이권찬/134
이기선/24
이기혁/47, 84
이길함/205
이남철/169
이능백/187
이대위/85
이덕수/62
이동춘/187
이동혁/189
이동희/72
이두성/145
이두식/169
이만화/289
이명룡/107, 116
이범석/195
이병남/142
이병덕/187
이병일/189
이병준/187
이상찬/187
이선주/340
이성근/84
이성열/75
이성택/187
이성화/187
이성휘/210
이세창/84
이수영/241
이승만/159, 182,
　　　228, 248, 265
이승훈/27

이영순/187
이영빈/340
이 웅/95
이유택/59, 97
이윤영/28, 41
이원식/187
이웅선/187
이인식/60, 266
이재면/145
이정옥/172
이종원/187
이종현/28, 41
이주연/28
이준식/84
이진구/87, 140,
　　　145
이찬봉/187
이찬순/187
이찬영/130, 200
이창도/62
이춘식/293
이춘우/161
이치수/189
이치복/189
이피득/87, 139,
　　　145
이학봉/39, 212,
　　　299
이현숙/25
이호빈/41
이화선/340
이환수/72
이효숙/55
이후락/321
이희실/81
이희주/75
임기주/125, 129
임명식/340
임창섭/112

임채윤/125, 129
임춘길/206

〈자〉

장개석/22
장덕로/166, 237, 279
장두희/25
장병욱/224
장석중/63
장성칠/72, 112
장영윤/84
장원삼/189
장윤식/84
장은하/141
장준하/85
장창호/214
전영택/41
전재선/60
전준삼/41, 122
정기수/28
정기원/85
정명채/72
정봉일/63
정용현/125
정윤식/62
정윤성/64
정인숙/41
정춘수/86
정태희/199
조기성/232
조기호/142
조낙범/187
조만식/27, 37, 41, 73, 88, 95, 112, 116, 122, 134, 207, 261
조명하/199
조병식/42

조봉하/112
조성학/206
조성환/38
조순덕/187
조순천/175, 179, 185
조승익/38, 179
조용성/
조원승/140
조윤승/141, 145, 233
조인명/89
조중서/38
조지찬/187
조창석/142
조택수/97, 133, 233
조화철/142
주계성/160
주기철/24, 27, 32, 286
주남선/25
주영록/90
주재명/166, 238, 275
주종돈/84
주채원/166, 238
지창규/28
지태선/89
지형순/138, 352

〈차〉

차경창/238
차상빈/75
채정민/24
채필근/211
처 칠/22
최기복/55
최기성/75

최덕지/25
최문식/235
최봉석/24, 286
최상봉/145
최상은/238
최석모/238
최석주/89
최세복/55
최승길/196
최운학/189
최익환/107
최종묵/238
최지영/107
최지화/212
최창근/190
최창신/145
최창주/142
최창준/189
최태봉/206
최태준/63
최택규/107

〈카〉

클라크/119
킨슬러/221, 266

〈타〉

탁상호/115
트루먼/219

〈하〉

한경직/40, 50, 157, 221, 266
한계래/84
한계선/84
한근조/28, 42
한상동/24
한석진/210
한설야/141

한승진/187
한의문/138, 233
한재성/187
한준명/223, 244
함석훈/199
허 간/160
허덕화/62
허봉락/85
허 은/238
허정웅/189
허천기/59, 98, 352
현병찬/140
현석진/238
현준혁/29
홍기주/28, 41
홍석황/49
홍원섭/122
홍정숙/28
홍태우/187
황금천/200, 221, 266
황덕주/238
황봉찬/157
황은균/38, 69, 78, 266
황인규/189
황종율/221
황창세/189
황치헌/221
히로히토/26

■ 북한교회재건위원회 사역

> 동방의 예루살렘! 무너진 북녘의 제단을 다시 살리는 선교운동!

3040 옛 북한교회재건, 20000 북한교회개척에 동참합시다.

　새 천년 21세기를 맞이하여 한반도의 평화통일의 날이 가까워 오고 있습니다.

　한기총 북한교회재건위원회는 분단 전 북한에 존재한 교회를 다시 재건하기 위해 1995년부터 활동을 시작하여 제1기(1995년~1997년) 북한교회사료 연구 및 발굴기간, 제2기(1997년~1999년) 북한교회재건담당 한국 및 해외 한인교회 결연과 동원기간, 제3기(2000년~2002년) 북한교회재건의 현재성, 현장성, 미래성을 확보하는 종합사역기간으로 확대 발전하고 있습니다.

　북한복음화와 무너진 북한교회를 재건하는 일을 위해 교파를 초월하여 4만 한국교회와 해외 한인교회의 뜨거운 기도와 적극적인 동참을 호소합니다.

한국기독교총연합회 상임총무
박 영 률 목사

북한교회재건위원회
제3기(2000년~2002년) 종합사역

① 재건 3원칙(연합, 단일, 독립) 준수
② 교회별 북한교회재건을 위한 북한선교부 조직
③ 재건기금 2002년 12월까지 1차 적립완성
④ 북한교회재건지역별 식량직접지원
⑤ 북한지상교회 재건을 위한 지하교회 30,000곳 이상 육성
⑥ 북한지하교회 지도자 양성(탈북성도 지원 포함)
⑦ 북한교회재건 사역자 양성 – 통일선교대학 입학
⑧ 교회별 〈북한선교의 밤〉 개최
⑨ 북한교회재건담당교회별 탈북귀순동포 결연동참
⑩ 해외한인교회 재건 및 선교동참
⑪ 북한교회재건가 작사, 작곡 공모
⑫ 북한교회재건을 위한 유산헌납 운동
⑬ 북한교회재건 모델링교회 모형도 제작
⑭ 북한교회재건을 위한 홈페이지 홍보
⑮ 통일전 북한내지 개방지역 내 종합문화복지센터 건립

한국기독교총연합회 북한교회재건위원회를 섬기는 사람들

고　　문 : 박맹술　정진경　이성택　최　훈　지　덕
지도위원 : 한기총 가입 50개 교단 교단장 및 16개 기관 단체장
실행위원 : 한기총 가입 50개 교단 교단총무 및 16개 기관 단체총무
상임임원 : 위 원 장 : 박태희
　　　　　 부위원장 : 김인태　윤두호　이진선　박규영　여성삼
　　　　　 상임위원 : 정종옥　김재용　이찬영　강신원　김철봉
　　　　　　　　　　 장흥제　박성민　류중현　남반열　강갑중
　　　　　 서　　기 : 이운구
　　　　　 부 서 기 : 이정운
　　　　　 회　　계 : 박종국
　　　　　 부 회 계 : 여세현
　　　　　 감　　사 : 이형용　박헌옥
　　　　　 선교국장 : 박요셉
　　　　　 간　　사 : 배드로　조기연　김경주　박정수

✉ 한기총 북한교회재건위원회-본부사역을 후원해 주십시오

▶ 정기선교후원
　매월 : 1만원(　　), 3만원(　　), 5만원(　　),
　　　　10만원(　　), 기타 (　　)

▶ 후원입금구좌
　지로번호 : 7621819
　국민은행 : 008-01-0577-358 (예금주 : 한기총북재위)

● 한기총본부 사무실 :
　　110-738 서울시 종로구 연지동 1-1 여전도회관 408호
　　☎ (02) 745-0191(代)　🖷 (02) 3675-4870
　　E-mail : agapenk@hotmail.com

著者 / 이찬영 목사

▶ **약력**
- 황해도 은율 출신
- 평양신학교 예과 졸업
- 총회신학교 졸업(1953)
- 명예 신학박사 학위 취득(1982)
- 목회·교역생활 58년
- 현 총회신학교 교수
  현 한기총 북한교회 재건 위원

▶ **저서**
- 요약강해 요절설교 신약
- 요약강해 요절설교 구약 1 2 3 권
- 심방사전·심방설교 1 2
- 찬양설교 1 2 3 권
- 한국기독교회사연대표
- 역사예화
- 한국기독교회사총람
- 황해도교회사
- 성경지리총람
- 풍천읍교회 100년사
- 사건으로 본 한국기독교회사 400장면
- 해방전 북한교회총람
- 북한교회 사진명감 외 다수(전체 62권)

북한 기독교 100장면

판 권 저자소유	발행처 / 한국기독교총연합회 북한교회재건위원회 ☎ (02) 745-0191

지은이 : 이 찬 영
펴낸이 : 이 석 만

2000. 11. 30.   초판 1쇄
2005. 8. 30.   초판 2쇄

펴낸곳 / 도서출판 **소망사**
1977. 5. 11, 제11-17호
서울 서대문구 충정로 2가 157
사조빌딩 403호
☎ 392-4232, ℱ 392-4231
E-mail : somangsa77@hanmail.net

정가 12,000원

Printed in Korea
ISBN 89-7510-001-4 03230